非正規公務員のリアル
欺瞞の会計年度任用職員制度

上林陽治

日本評論社

はじめに

前著『非正規公務員の現在　深化する格差』を発刊したのが二〇一五年。この本も、二〇一二年の『非正規公務員』と同様に各紙誌で取り上げられた。私自身もさまざまなメディアに呼ばれ、非正規公務員の実情、崩壊の恐れさえある公共サービスの現状、それが住民にもたらす影響などについてコメントする機会に恵まれた。

たしかに「非正規公務員」という用語は、人口に膾炙するところとなった。新聞雑誌記事横断検索では二〇〇〇年以降五四二件ヒットするが、このうち二〇一二年以降の九年間が四九〇件、二〇一五年以降の六年間では三八〇件なのである。

「非正規公務員」という用語が流布するにつれ、当事者である非正規公務員自身がメディアに登場し、自らの境遇について発言するようになってきた。その多くは、公共サービスの前線で様々な困難を抱える住民の声を聞き取り、公的支援へつなげ支えるという仕事に従事する当事者で、その語りは重たく響くものだった。

二〇二〇年に入り、コロナ禍が蔓延すると、ＤＶ（配偶者や恋人からの暴力）や児童虐待の相談、生活困窮者への支援業務が格段に増加した。これら困難を抱える人々の声に耳を傾け、公的支援につなげてきた彼女ら・彼ら非正規公務員は、いつしか地域社会を支えるエッセンシャルワーカー（必要不可欠な労働者）と呼ばれるようになった。

そして彼女ら・彼らは、たとえ感染リスクに見合わない処遇であったとしても、人を支えるという使命感だけで対面での支援を進めてきたのだった。

前著発刊からの五年間で、国・地方自治体の非正規公務員依存体質はさらに強まった。二〇二〇年の総務省調査によれば、地方自治体に勤務する非正規公務員の実数は一一二万五七四六人。この人数に基づき計算される非正規率は二九％。全国のすべての地方公務員の三人に一人は非正規公務員である。このうち住民に身近な市区町村（政令市除く）の非正規率は四四・一％。もはや公務員は安定した職業ではない。

しかも豊富な臨床経験を要する専門職や資格職が率先して非正規化している。なぜなら異動になじまない専門・資格職が「選ばれて」正規公務員削減の対象となり、非正規化してきたからだ。

転じて非正規公務員の立場からこの現象をとらえれば、もはや彼女ら・彼らは補助職員ではない。削減される正規公務員を代替してきただけでもない。正規公務員を配置できない（しない）長い臨床経験を要する専門・資格職のまさに基幹職員なのである。

基幹職化しているにもかかわらず、そして依存を高めているにも関わらず、非正規公務員に対するまなざしや取り扱いに変化はない。

二〇一八年一一月、私は沖縄の図書館関係者の招きにより那覇を訪れた。非正規公務員問題と会計年度任用職員制度の導入という新たな事態にどのように対処すべきかの講演のためである。

講演終了後、参加していた非正規司書が私に涙ながらに話しかけてきた。

「雇止めされたのは、私のせいではなかったのですね。」

彼女は入職五年目で強制される一般公募試験で落とされ、前の職場を雇止めされていた。

公募試験は法律に定められた措置ではない。しかも公務員には労働契約法が適用されないため長年雇われていても無期転換申入権は発生せず、五年を前に雇止めしなければならない動機もない。にもかかわらず公募試験制度を導入し雇止めするのは、有期雇用の非正規公務員においても損害賠償請求の対象となる雇用継続の期待権が生じることが裁判上明確になっているからだ。そこで雇用継続における手続きを取ったという外形を整えるために公募試験を強制し、三年程度で異動する正規公務員よりも一つの部署で長く勤務し、業務遂行能力を高めて疎ましい存在となった非正規公務員を、試験を口実に雇止めする事例が頻発してきた。

彼女の事例もその一つなのだ。そして試験等で雇止めされた側は、自分の能力が足りなかったからだと思い込まされる。

当たり前に持っているはずの「物」、「人とのつながり」、「機会」などが奪われている状況のことを「剥奪」という。人は剥奪状況に長く置かれると、自分自身をレスペクトできなくなる。自分の能力不足が今の自分の境遇に陥らせた主因だと考えるようになる。

専門知を高めてもレスペクトされない公務職場という環境のもとで「正規になれなかったのはあなた自身のせい」というまなざしや取り扱いは、非正規公務員を「剥奪」状況に陥らせる。

でも考えてほしい。図書館司書の正規職採用はほとんどない。図書館で働きたければ非正規に甘んじるしかない。何らかの困難に喘ぐ人たちの力になるべく、ソーシャルワーカーの仕事に就きたくても、地方自治体が用意する女性相談員、家庭児童相談員、母子父子家庭相談員、生活困窮者自立支援員、生活保護面接相談員等の相談支援の仕事は、非正規職しか用意されていない。

能力がないから正規になれないのではない。正規職がないから正規職になれない。

「剥奪」状況におかれる非正規公務員のほとんどが女性であるという事実を踏まえると、女性活躍という政策は絵空事だったことがよくわかる。何しろ日本は、女性を正規で雇わない国家なのだから。

この五年間で変化したものもあった。最大の変化は、二〇一七年に地方公務員法と地方自治法が改正され、二〇二〇年四月から新たな非正規公務員制度として、会計年度任用職員制度が始まったことである。だがこの法改正は欺瞞だった。

会計年度任用職員制度は、職員の三人に一人にまで拡大したワーキングプア水準の非正規公務員を使って公共サービスを提供することを是認するものだった。つまり官製ワーキングプアの法定化だった。

しかもパート化すれば支給すべき手当等の種類を限定できるという労働時間差別の合法化を内包していた。さらには在職期間が一〇年にも及ぶベテランの非正規公務員でさえ、任期の更新のたびに一月の試用期間が置かれ、その間は公務員としての身分保障が付与されず、理由なく解雇できるという権利剥奪の立法化措置だった。

このような法改正内容だったがために、二〇二〇年四月からの施行段階にはいって、非正規公務員が置かれた境遇は、さらに厳しいものとなった。従前の年収さえも確保できない事態さえ続出したのである。

何のための法改正だったのか。誰のための同一労働同一賃金政策だったのか。

法改正に対する希望は、絶望へと変わった。

それでも私は希望を見出したい。

絶望の淵にあるからこそ非正規公務員の未来をつくりたい。

そして本書が未来へと続く階梯の一助になればと願うばかりだ。

さて本書も多くの方々のご支援があって何とか書き上げることができた。

非正規公務員は弱い立場にある。常に失職・解雇のおそれを負っている。だが今の理不尽な境遇を少しでも改善したいという志から、私の取材や調査依頼に応じていただいた全国の非正規公務員の皆さんがいる。だから本書を書き上げることができた。お礼の申し上げようもない。お一人お一人のお名前を挙げられないが、今後も希望にむけて一緒に歩むことだけは約束したい。

「NPO法人・官製ワーキングプア研究会」の白石孝理事長からは、いつも私の仕事に対し鋭くかつ適切なコメントを頂戴し、方向づけの手助けをしていただいた。お礼申し上げたい。

自宅に「巣籠もって」原稿を執筆し、必要な時だけ職場に赴くという私の仕事のスタイルは、コロナ禍の影響で普通のものとなった。「新しい日常」を以前から常態化してきたものとしては「やっと時代が追い付いた」と自慢したい一面はあるものの、このようなふるまいは、職場の仲間に少なからずストレスを与えてきた。事務所に人がいるからこそ在宅勤務ができるのだから。私が勤務する公益財団法人地方自治総合研究所の研究員、事務局の皆さんの心遣いに感謝申し上げる。

最後に、私の遅筆に関してすでに慣れてしまったのか、あまり催促しないという無言の圧力を掛けつつ原稿を辛抱強くお待ちいただいた日本評論社の岡博之氏に、心よりお礼を申し上げる。

皆さん、ありがとう。

二〇二一年一月　コロナ禍のなか希望にむけ船出した朋広・貴和子夫妻に

上林　陽治

目　次

第2章　基幹化する非正規図書館員——35

第三部　欺瞞の地公法・自治法改正、失望と落胆の会計年度任用職員制度

第四部　女性非正規公務員が置かれた状況

〔凡　例〕

最＝最高裁判所
高＝高等裁判所
地＝地方裁判所

判＝判決
決＝決定

昭＝昭和
平＝平成
令＝令和

自治法＝地方自治法
女性活躍推進法＝女性の職業生活における活躍の推進に関する法律
地公法＝地方公務員法
地公育休法＝地方公務員の育児休業等に関する法律
地公災法＝地方公務員災害補償法
国公法＝国家公務員法
男女雇用機会均等法＝雇用の分野における男女の均等な機会及び待遇の確保等に関する法律
DV防止法＝配偶者からの暴力の防止及び被害者の保護等に関する法律
パート・有期雇用労働法＝短時間労働者及び有期雇用労働者の雇用管理の改善等に関する法律
標準法＝公立義務教育諸学校の学級編制及び教職員定数の標準に関する法律
労基法＝労働基準法
労災法＝労働者災害補償保険法

二〇一六総務省調査＝地方公務員の臨時・非常勤職員に関する実態調査結果について（二〇一六・四・一現在）
総務省研究会＝地方公務員の臨時・非常勤職員及び任期付職員の任用等の在り方に関する研究会（二〇一六年）

第一部　非正規公務員のリアル

おそらく正規職員の方々からは非正規公務員のリアルが見えていないからだと思います。たとえば、正規職員の方から、「臨時さんや嘱託さんは、扶養家族で、家計の補助で仕事しているんでしょう」という声を聞きます。これがリアルなら、雇止めが大きな騒ぎになるはずはないのですが、そのリアルは見えていません。また「臨時さんや嘱託さんの業務は、正規職員の補助的なもの」という囁きも聞きます。これがリアルなら、法的知識を備え、悪徳業者と対峙し、騙されたお年寄りたちの権利保護を進める消費生活相談員のリアルは見えていないことになります。一方、試験に通って採用されたわけでもなく一定の業務にのみ就労する臨時・非常勤職員などの非正規公務員に、長く勤めてきたというだけで「正規」と同じ権利を認めることはできない、だから非正規はいつまでも非正規でいてほしい。これが正規が非正規に抱くリアルでしょう。

「剥奪」という用語があります。与えられるべき地位や処遇を付与されないと、その範囲でしか自分の能力を発揮できない状況を指します。いつ雇止めされるかわからないという不安定さのもとで、低水準の処遇に甘んじている非正規公務員の皆さんは、見方を変えれば、この「剥奪」状況に追い込まれています。自分が非正規なのは自分の能力がないからだと。

でも違うんです。相応しい地位と処遇が与えられないからそのように考えてしまうんです。ですから、声を大にして叫びましょう。「私を認めよ。私の仕事を認めよ。私もあなたと同じ地域住民を支える公務員だということを認めよ」と。

（自治研ふくい編集部のインタビューに答えて『自治研ふくい』（六九）二〇二〇・五所収）

第1章　ハローワークで求職するハローワーク職員

――笑えないブラックジョークに支配される現場

ハローワークのカウンターの向こう側で、求職者の相談にのっていた非正規相談員の彼女は、翌日、カウンターのこちら側で失業者となって、向こう側の非正規相談員に求職相談をする。こんなブラックジョークのようなことが本当に起こっている。

「ハローワークに、一二年間勤め、生活を守るために必死に働いてきましたが、それまで働いていた場所で一転して仕事を探す求職者となりました。これまでハローワークで勉強して取得した資格を活かせる求人もなく、なかなか思うようにいかない求職活動の時期を過ごしました。雇い止めは精神的苦痛を与えるだけでなく、家族にも影響を及ぼします。日々の業務の中で築き上げた知識、経験を持った職員を公募によって雇い止めにしないでほしい。」（ハローワーク勤務　職業相談員　女性）

これは厚生労働省の労働組合である全労働が収集した（二〇一五年一〇月）、ハローワークで働く非正規相談員二三八人から寄せられた手記のひとつである。ここには非正規相談員が抱える深刻な状況がたくさん記されている。なぜならハローワークに勤務する職員の六割は有期雇用の非正規公務員で、毎年、何人もの非正規相談員が雇用を更新されずに雇止めにされているからだ。

一　期間業務職員制度と公募試験

「同じ部門で働く二人の方が公募対象となり、一緒に働いていた方が競わされることとなり、一人の方がメンタル不全となってしまいました。（公募試験の結果）この二人が採用されたのですが、結果的には多数の一般求職者が不採用となった上に、メンタル不全となった方は、結局働くことができず退職されてしまいました。採用されたもう一人の方は、自分が紹介した一般求職者が不採用になったこと、今回は採用されたけれど、三年後にまた同じ思いをするのはどうしても耐えられないとの思いから、退職をしてしまいました。優秀な能力を持った方に公募のストレスによる精神疾患を患わせ、社会に放り出している現状を、厚労省はどのように考えているのでしょうか。」（ハローワーク勤務　就職支援ナビゲーター　男性）

ハローワークに勤務する非正規相談員は、制度上、国の非常勤職員制度の一つである期間業務職員に位置づけられている。

期間業務職員制度とは、二〇一〇年一〇月から始まったもので、それまでは日々雇用職員と称され、あらかじめ定められた任用予定期間内で、毎日、採用と退職を繰り返すという、およそ現実離れした制度だったが、実質上、期間の定めなく雇用（任用）されてきていた。

これに対し期間業務職員制度は有期雇用であることを明確にしている。すなわち一回の任期は一年以内で、連続二回までは勤務実績に基づき継続雇用されるものの、三回目には一般求職者と一緒に公募試験を受けなければならないとしている。つまり期間業務職員の制度化とは、非常勤の国家公務員に、任期と任期の更新という考え方を新たに導入するというものだった。そして実質的な無期雇用とならないよう、任用の継続に対して厳格な規制として作用する公募試験制度を導入した。

この結果、先の就職支援ナビゲーターの男性の非正規相談員の手記にみたように、自分が就いていた仕事が今後も恒常的に継続するのがわかっていながら、三年ごとに職場の同僚ならびに一般求職者とともに公募試験という競争を強いられ、雇止めの危機にさらされ、失職の恐怖に襲われ、メンタルヘルス不全に陥り、職場から放り出されるという事態を招いているのである。

二　仕事と切り離された資格

「私は日々、目の前の求職者の早期就職のため、支援をしています。自分の雇用が不安定でメンタルを整えながら相談に応じることはとても苦しく、涙が出そうになることもあります。やりがいのある仕事で、求職者の方から『仕事が決まった。ありがとう』といわれるその一言に働き甲斐や誇りを感じています。」（ハローワーク勤務　早期再就職支援ナビゲーター　女性）

任期が更新される毎年一、二月になると職場に独特の雰囲気が漂う。三月には、公務員関係の求人が大量にハローワークに出される。一般求職者はこの求人をみて公募に応ずる。この一般求職者に、ハローワークの相談員の求人内容を説明し、書類を渡し、「就職できるといいですね」と励ましているのは、公募試験による失職の恐怖に慄いている当の期間業務職員の相談員自身である。

三年目に必ず晒される公募試験を勝ち抜くために、非正規の相談員の多くは、働きながら、産業カウンセラー、キャリアコンサルタントなどの資格の取得を目指す。

産業カウンセラーとは、心理学的手法を用いて、働く人たちが抱える問題を、自らの力で解決できるように援助することを主たる業務とするもので、産業カウンセラー協会が実施する講座を修了し、毎年三月に実施される試験に合格して取得できる民間資格である。二〇万円超の受講料を要する。一方のキャリアコンサルタントは、労働者の職業の選択、職業生活設計又は職業能力の開発及び向上に関する相談に応じ、助言及び指導を行う資格を有するもののことで、二〇一六年四月から国家資格となった。受講料は三〇万円を超える。非正規の相談員には福利厚生としての研修費はないので、資格取得にかかる費用は、自ら支払う。

キャリアコンサルタントは国家資格とはいえ、名称独占資格に過ぎず、ハローワークの相談員になるための必須の資格ではない。実際の公募試験も、筆記試験や面接で行われ、資格取得を要件としていない。それでも公募試験に際して提出する履歴書の資格欄を空白にしないために、業務遂行上の能力があると考慮されるであろうことを信じて、誰からの支援も受けず、資格取得に刹那的に対応する。

一方で、ハローワークに勤務する正規職員には、資格を取得する動機は薄い。正規職員は無期雇用でめったなことでは解雇されず、何よりも数年経てばハローワークから別の部署に異動する。むしろ資格を持つことが異動の幅を狭めることになりかねない。

したがって、正規職員より非正規相談員の方が有資格者は多い。公募試験会場では、資格取得に価値を置かない無資格の正規職員が、有資格の相談員応募者を面接し、合否を判定するという逆転現象が発生している。

ここにもブラックジョークの芽が頭をもたげている。

三　ハローワーク職員の三人に二人は非正規公務員

「いままで一緒にチームとして仕事をしてきた方と公募に応募しました。自分が採用されたことで職場を追われた方や、採用されなかった一般求職者の方の生活を思うと眠れないことがあります。公募があるために、同僚の雇止めの責任が、まるで採用された非常勤相談員にあるかのような雰囲気が作られています。今、職場で起こっている現状を受け止めてほしい。公募によってメンタル疾患となる非常勤相談員が発生し、治らないので辞める実態もあります。公募は公正な採用選考のためといいますが、内部も外部もその応募者を傷つける制度でしかありません。労働行政の職場実態がこのような状況であるにもかかわらず、厚労省は正社員への転換制度や正社員実現加速プロジェクトなどを、恥ずかしくもなく推進できるものだと思います。」（ハローワーク勤務　就職支援ナビゲーター　女性）
ハローワークの非正規相談員は、二〇〇一年には既に全職員の約半数に及んでいた。この年の職員構成は、正規職員一万二六九二人に対し、非正規相談員は一万一〇六八人で、比率は五三対四七である。

図表1－1　ハローワークの常勤職員と非常勤の相談員数の経緯

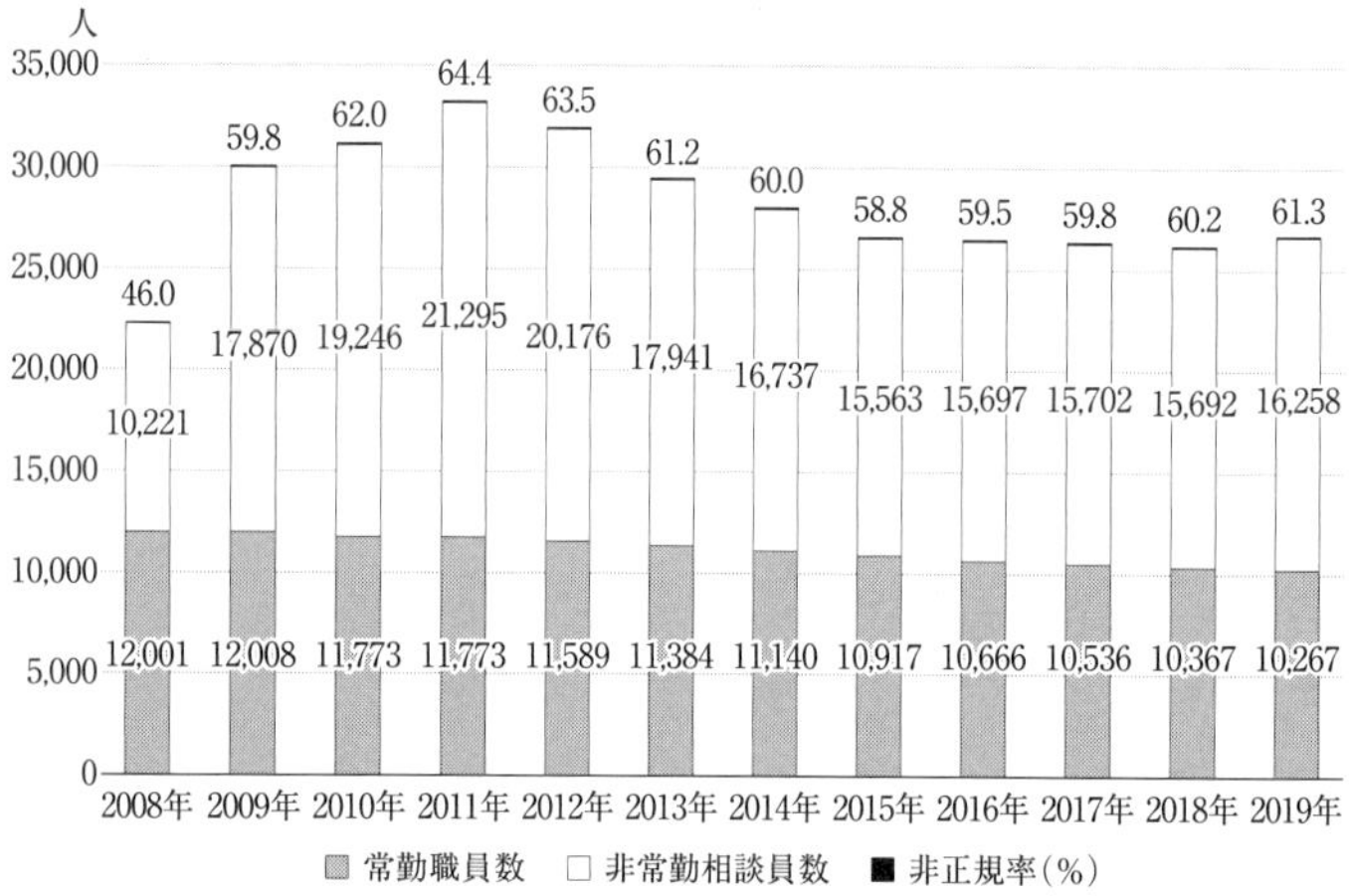

出典）厚生労働省「ハローワークの取り組みと実績」から筆者作成

その後も、正規職員は定員削減計画に基づき徐々にその人数を減らし、非正規相談員は反比例して増大する。二〇〇三年度には正規職員一万二四四六人、非正規相談員一万三一六五人で、非正規が正規を人数で逆転した。二〇〇六年～二〇〇八年度の三年間は、景気回復に伴う求職者減により非正規相談員は削減され、正規が非正規を人数で上回る状況が続いたが、二〇〇八年九月に発生したリーマンショックが状況を再び一変させる（図表1―1）。

リーマンショック以降の雇用情勢の悪化を受け、政府は緊急雇用対策の一環として、ハローワークの職員を大幅に増やし、二〇〇九年度には非正規相談員を約七六〇〇人増員、その後も、二〇一〇年度、二〇一一年度に約一五〇〇人ずつ増員し、二〇一一年度には、全国のハローワーク（労働局を含む）に勤務する職員は、正規職員一万一七七三人に対し、非正規相談員は二万一二九五人となり、職業相談や求人開拓業務などに従事する職員の三人に二人は非正規の相談員となった。

　ところが、雇用対策関連予算が切れた二〇一二年度から、非正規相談員の大量雇止めが始まった。公募試験も、雇止めの口実として利用される。削減された非正規相談員数は、二〇一二年度一一一九人、二〇一三年度二二三五人、二〇一四年度一二〇四人、二〇一五年度一一七四人で、この四年間で五七三二人、二〇一二年比でみると、非正規相談員の四人に一人が雇止めされている。二〇一六年度以降は、ようやく下げ止まり、一万六〇〇〇人前後、ハローワーク職員の六割程度で推移している。

　だが、一人の非正規相談員がそのまま継続して雇用されつづけるということではない。任期は一年であり、三年に一度は、同僚や一般求職者とともに公募試験を受けることを強制され、なかには、専門職としての矜持が上司との対立を招き、些細なことに難癖をつけられて雇止めに遭う事例が後を絶たないのである。

四　仕事は増えている中での非正規相談員の大量雇止め

　ハローワークの非正規相談員の雇止めの背景には、雇用情勢の回復と、それに伴う国の雇用対策事業費予算の削減があった。

　たしかにハローワークの一般職業紹介のうち新規求職者は、二〇一一年度の七二一万件から二〇一五年度には五五一万件、二〇一八年度では四七四万件へと減少してきた（図表1―2）。

　だが実績を上げるために時間がかかる困難事例に関しては、ハローワークによる職業紹介や就職件数

図表1－2　ハローワークにおける職業紹介等

			2011年度	2012年度	2013年度	2014年度	2015年度	2016年度	2017年度	2018年度
一般職業紹介	新規求職者数(常用(パートタイム含む))(万人)		721.2	666.4	620	583.8	550.6	518.9	495.2	473.9
	新規求人数(常用(パートタイム含む))(万人)		723.2	795.3	852.2	886.6	923.3	973.4	1,024.40	1,039.30
	就職件数(常用(パートタイム含む))(万人)		195.3	193.6	189.5	180.5	171.2	162.7	155.8	146.5
	就職件数(雇用期間の定めがない(パートタイム含む))(万人)		－	－	－	－	－	115.1	109.6	102.4
	早期離職率(%)		－	－	－	－	－	－	22.5	19.3
雇用保険	受給資格決定件数(万件)		193.2	183.1	166.6	156.5	149.1	140.8	134.5	133.6
若者	フリーター等の正社員就職(万人)		25.0	30.2	30.1	31.1	32.6	30.8	28.9	24.6
女性	母子家庭の母の就職件数(万人)		9.4	9.8	9.9	9.4	9.0	8.3	7.7	7.0
	マザーズハローワーク事業(子育て女性等を支援)の就職件数(万人)		6.9	6.9	7.2	7.6	7.5	7.4	7.3	6.9
高齢者	60歳以上の就職件数(万件)		19.2	20.2	20.7	21.1	21.4	21.8	22.7	24.3
障害者	就職件数(万件)		5.9	6.8	7.8	8.5	9.0	9.3	9.8	10.2
	実雇用率(民間企業50人以上規模(平成24年までは56人以上規模))※各年6月1日現在の数字。2017年までは50人以上、2018年は45.5人以上規模		1.65	1.69	1.76	1.82	1.88	1.92	1.97	2.05
生活保護受給者等	生活保護受給者等就労自立促進事業(生活保護・児童扶養手当受給者、生活困窮者等)※2012年度までは「福祉から就労」支援事業	支援対象者数(万人)	4.5	6.4	8.9	10.9	12.1	12.3	11.6	11.7
		就職件数(万人)	2.5	4.0	5.4	7.0	8.0	8.2	7.8	7.8
雇用調整助成金等	休業等実施計画届受理状況	計画届受理事業所数(万件)	58.9	37.5	17.2	2.4	2.3	2.0	1.2	0.8
		対象者数(万人)	1304.2	773.3	319.7	36.4	41.3	37.3	16.9	11.4

出典）厚生労働省「ハローワークの取り組みと実績」から筆者作成

は確実に増えてきた。

たとえば、フリーター等の若者就労支援では、二〇〇八年度の就職件数が一九・五万人だったものが、五年後の二〇一三年度には三〇・一万人となり、二〇一五年度では三二・六万人となった。一人親家庭の母親・父親を対象としたマザーズハローワーク、マザーズコーナーでの就職件数は、二〇〇六年度に〇・五万件だったものが、二〇一四年度には七・六万件へと急拡大している。障害者の就職支援では、就職件数・新規求職者ともに過去最高を更新しつづけている。二〇一五年度以降は、若者支援、マザーズ支援に関しては、労働市場全体の人手不足感と相まって実績こそ減少したものの、これに代わり、高齢者就労支援、障がい者就労支援は、着実に実績を伸ばしている。

さらに、自治体の福祉事務所と連携して展開される生活保護受給者等就労自立促進事業では、二〇一一年度は支援対象者四・五万人、就職件数二・五万人だったものが、二〇一六年度には、それぞれ一二・三万人、八・二万人へと約三倍にまで膨らみ、二〇一八年度でも、一一・七万人、七・八万人で安定した取り組み実績となっている。

このような就労困難事例で実績が上がってきた背景には、景気の回復、人手不足、法改正の影響など様々な要因もあるが、求職者の要望に真摯に対応し、それに見合った求人開拓業務などに従事してきた、職員の六割以上を占める非正規相談員の働きがあったからこそである。

だが、ハローワークの非正規相談員には、笑えないブラックジョークのトラップが仕掛けられている。マクロでみれば、仕事を頑張って失業者を減らすと自分の職がなくなるのであり、一つの職場というミクロの場でみると、非正規相談員は能力と実績を高めれば高めるほど、正規との間の上下身分関係と相容れない存在となり、雇止め圧力が高まるのである。

五　誰かが雇止めになるという修羅場

就職氷河期出身で、一時期名ばかり正社員だった彼女は、同社退職後しばらくして、自分と同様に求職に苦労する人たちの力になりたいとの思いから、ハローワークで非正規相談員として勤務することになった。だが職場としてのハローワークは、彼女に対し、職業安定行政という政策理念とは真逆の地獄絵図を描いて見せた。

相談員になって三年目の二〇一六年一月、自分が所属する若者向け相談部門の定員が「マイナス１」と一覧に書かれていた。ハローワークの現場では、毎年一月ごろ、非正規の職員が集められ、次年度の各部門の定数が発表になる。「誰が減らされるんだろう」と思っていると、同僚から「大丈夫？」と声をかけられ、求人票を紹介された。

そして二月上旬、次年度の応募はできないことを上司から知らされた。公募試験さえ受けることを拒否されたのである。ハローワークの非正規相談員には職業選択の自由さえない。

ところが三月上旬、相談員の一人が自己都合で退職することになり欠員が発生。相談員が公募にかかり、彼女も応募し、勤務しているハローワークに履歴書を届け、一緒に働いている上司の面接を受けた。選考は通過した。だが、モヤモヤした思いが強まった。

そのハローワークでは、非正規相談員数が安定期に入った二〇一七年にも、四人まとめて雇止めになった。その前にも、六〜七人が一気に雇止めになっている。机を並べる相談員の中で今年は誰が雇止めになるのだろうと、皆不安でメンタル疾患になる人も出た。

雇止めは定数削減を理由とされるが、誰を雇止めにするかは公正さを欠く場合が多い。二〇一八年には「郵便を二時までに出さなければいけないところを二時四〇分に出したからクビ」と言われて雇止めになった相談員がいた。その相談員が雇止めになると、担当していた相談者が「〇〇さんがいない！どうなっているのか」と押し寄せてきたが、その部署にはその相談員と同じ力量の人は誰もいなかった。つまり彼女が雇止めになったのは、能力が高く、正規非正規という身分関係の枠組みに納まらなくなったからだった。

したがって、彼女が抜けたことに関し、誰も何も言わない。意見をすることはタブーで、意見をすれば次に雇止めにあうのは自分になるからである。

非正規公務員にとって、雇止めは最大の問題である。この点を国家公務員の勤務条件制度や人事公平制度を司る人事院が開設する苦情相談窓口の状況からみると、相談内容に関しては、二〇一八年度は、常勤職員では「パワハラ」が最も多く、次いで「勤務時間・休暇・服務等」、「任用」、「健康安全等」の順だったのに対し、期間業務職員を含む非常勤職員では、「任用」が四七件、「パワハラ」が三四件となっている。相談事案の一位が「任用」、二位が「パワハラ」という傾向は、二〇一四年度以来変わらない。常勤の正規職員とは異なり、雇止めの危機に晒され、弱い立場にある有期任用の非正規公務員にとって、「任用」、「パワハラ」は、重要課題であることは明らかだ。

だが、この問題は、放置され、改善の糸口さえ見られない。

六　コロナ禍のハローワークと非正規相談員

二〇二〇年春。コロナが日本中を混乱に陥れた。

日本経済は、一気に景気後退に陥り、過熱気味であった実体を伴わないアベノミクス景気は萎み、企業は休業・廃業・倒産に追い込まれ、失職者が溢れている。

解雇や雇止めは五月二一日に一万人、六月四日に二万人を超え、それ以降は一カ月前後で一万人のペースで増加、八月三一日時点で五万人を超えていたのだが、それから二〇日余りで一万人増え、失職者の増加はスピードを速めている。そして二〇二〇年中に七万九六〇八人が解雇・雇い止めにあい、このうち約半数の三万八〇〇〇人が非正規労働者だった。

コロナ失業は、雇用の調整弁として扱われている非正規労働者に真っ先に影響を及ぼしたのである。失業すれば新たな仕事を求めハローワークに行く。ハローワークは、解雇・雇止めに遭った非正規労働者にとって命綱だ。

だが、カウンターの向こう側で対応するのは、職場の身分差別に苦しむ非正規相談員たちだった。

NPO法人官製ワーキングプア研究会が発行するリポートには、ハローワークの非正規職員から次のような窮状が寄せられている(1)。

・Tさん。仕事は事務補助。時給は最低賃金に少しプラスした程度。感染リスクを伴う危険な仕事が多い。全職員が捨てた洗っていないペットボトルや缶、ビンの分別、休憩室で職員が食事をした後の片付けや休憩室の清掃、多くの職員や来所者が触れた雑紙などの処理、ゴミの管理、相談者が来るごとに机の消毒など。しかしTさんにだけ、重要な仕事ではないという理由でマスクや手袋が配られなかった。また、隣の席にいる正規職員の家族がPCR検査を受けていることを正規職員のみで共有し、Tさんには知らされなかった。知ったのは一週間後、他部署の非常勤から聞いた。「このままだと感染する、もしそうなったら私に保証はあるのだろうか」。

・Uさん。コロナウイルスにより職を失う人が増え、やり場のない怒りを窓口にぶつける人が増えている。このような人から見て、行政は正規か非正規かは関係ないが、窓口はほとんど非正規。「大きな声で怒鳴られたり、名指しで批判されたりする。せめて周囲が助けてくれたらと、やりきれない気持ちになる」。

・Yさん。マスクは一枚配られただけ。お客さんが一人帰るたびに机を消毒しなければならないが、消毒液のみ一本配られただけ。最初は上司が消毒液をつけてふくシートを自腹で用意していたようで、それは知らされず。ある日突然「自腹なんだから節約して使え」と言われたので、「自分でシートを買って液だけを厚労省からきたものを使っています」。

七　求められる「公共サービスの動機」

産業カウンセラーやキャリアコンサルタントの資格を取得するために研鑽を重ねてきたものであれば、ハローワークの職場環境がどれほど酷いものであるかは、十分に理解しているはずだ。だが、彼女ら彼らは相談員の仕事を続けたいと考えている。
ひとが公共サービスを仕事に選ぶことの背後には、「公共サービスの動機」とも呼ばれる、通常は観察不可能な労働者個人の動機の存在が明らかにされている。公共サービス従事者は、通常の民間労働者に比べて、内発的動機としての「他の人のため」や「社会的有益性」と、経済的要因としての「雇用の安定性」を重視しているというのである。[2]
ハローワークの非正規相談員に対して仕向けられた数々のトラップやハラスメントは、彼女ら彼らの内面にある「他の人のため」「社会的有益性」「雇用の安定性」という志や動機を木っ端微塵に打ち砕く。そして「この仕事を続けたければ競争相手を蹴落とせ」と迫る。
「公共」職業「安定」行政は、その目的を果たしているのだろうか。

（1）『官製ワーキングプア研究会レポート』（三一）二〇二〇・六、八頁
（2）勇上和史、佐々木昇一「公務員の働き方と就業動機」『日本労働研究雑誌』（六三七）二〇一三・八

第2章　基幹化する非正規図書館員

一　職務無限定＝ジェネラリスト型人事運用の限界

彼女は関東のある公立図書館に三〇年以上勤務する正規公務員のベテラン司書である。その自治体で誰よりも図書館を知っている彼女はある決断をした。人事課に対し「正規職員を減らしても良い」と告げ、その代わりに、有期雇用だがフルタイム勤務の臨時職員を採用することにしたのである。

正規を非正規に置き換えるという奇策は当たった。図書館の業務がスムーズに回り始めたのである。なぜなら四人採用された臨時職員は、皆、司書資格を有し、他の自治体の図書館での勤務経験が豊富で、図書館員としての「当たり前[1]」を身に着けていたからである。確かに無資格の正規公務員でも、図書館について勉強し、図書館員としての「当たり前」を身につける職員もいる。ところが、役所内の人事ローテーションで図書館に異動してくる一般行政職の正規公務員の多くは、司書資格を有さず、異動だから仕方なく図書館に勤務し、図書館員としての「当たり前」を臨時職員から教わりつつ、カウンターで利用者への対応に追われる。そして二〜三年後には他部署へと異動する。

問題は、異動先としての図書館という空間が、役所内でどのように位置づけられているかである。職場でのストレスチェックで、彼女は保健相談を受けることになった。担当した保健師は、その役所の精神保健全般の相談を受け持っていたのだが、彼女が出向いた時の保健師の言葉が忘れられない。

「図書館、大変ね。ごめんなさいね」。

一定の数少ない専門職・資格職を除き、日本の公務員の人事制度において、正規公務員とは職務無限定のジェネラリストで、職業人生の中で何回も異動を繰り返し、さまざまな職務をこなすことを前提とされている。ところがどの組織にも、さまざまな事情で異動に耐えられない職員、最低限の職務を「当たり前」にこなせない職員が一定割合おり、しかも堅牢な身分保障の公務員人事制度では安易な取り扱いは慎まなければならず、したがってこのような職員の「待避所」を常備しておく必要がある。多くの自治体で、図書館はこれら職員の「待避所」に位置づけられ、そして「待避所」に入った職員は、そこから異動しない。彼女のストレスの原因は、こんなところにもあった。

二　図書館の臨時・非常勤職員、非正規労働者

さまざまな公共サービス分野のなかでも、図書館は非正規化が進んだ典型例である。

概ね三年ごとに実施される文部科学省「社会教育調査」から、図書館職員の非正規化の状況を見てみよう。

図表2―1は、公立図書館に勤務している専任職員（地方公務員の常勤の正規職員）、兼任職員、非常勤職員（臨時職員含む）、指定管理者[2]職員の人員について、一九八七年から二〇一五年までを概観したものである。図書館には、上記のほか、業務委託先の職員が勤務しているが、「社会教育調査」では把握していない。

まず公立図書館の人員構成の推移についてみてみよう。専任職員は一九八七年度に一万二〇〇三人で、総計に占める構成割合は八二％、この時点では図書館員の大半は正規公務員だった。専任職員は二〇〇二年度にピークを迎えて一万六二九〇人（構成割合六割）となったものの、ここから反転して減少し、直近調査の二〇一八年度は一万〇九三九人で、まもなく一万人を割り込もうとしている。構成割合も二〇一八年度は二六％で、図書館員の中で専任職員は今やマイノリティなのである。

一方、臨時・非常勤職員は、一九八七年度はわずかに一四八七人、構成割合は一〇％に過ぎなかった。ところがここから一貫して増え続け、二〇〇二年度から二〇〇五年度にかけては一気に四二二三人増えて一万人を超え、総計に占める構成割合も二〇〇八年度には五割となり、直近調査の二〇一八年度は一万九六四八人、構成割合は四八％である。

「社会教育調査」は、二〇一一年度調査から、指定管理者の図書館職員数も調べている。その人数は二〇一一年度は三八六七人、構成割合は一一％だったが、指定管理図書館の増加とともに人数・構成割合とも増加し、二〇一五年度は六六七三人・一七％、二〇一八年度は八五八四人・二一％と、専任職員

図表２－１　雇用形態別図書館職員数・構成割合（1987-2018）

単位：人

区分			1987年	1990年	1993年	1996年	1999年	2002年	2005年	2008年	2011年	2015年	2018年
総計			14,609	16,331	19,339	22,057	24,844	27,276	30,660	32,557	36,269	39,828	41,336
		1990年を100とした増減割合	89	100	118	135	152	167	188	199	222	244	253
		司書	5,654	6,401	7,529	8,602	9,783	10,977	12,781	14,596	16,923	19,015	20,130
		1990年を100とした増減割合	88	100	118	134	153	171	200	228	264	297	314
		（統計に占める司書割合％）	(39%)	(39%)	(39%)	(39%)	(39%)	(40%)	(42%)	(45%)	(47%)	(48%)	(49%)
計	専任	計	12,003	13,097	14,444	15,754	16,118	16,290	15,282	14,259	12,479	11,448	10,939
		1990年を100とした増減割合	92	100	110	120	123	124	117	109	95	87	84
		総計に占める割合（%）	82%	80%	75%	71%	65%	60%	50%	44%	34%	29%	26%
		司書	5,237	5,773	6,528	7,058	7,345	7,317	6,957	6,732	6,006	5,410	5,202
		1990年を100とした増減割合	91	100	113	122	127	127	121	117	104	94	90
		（司書資格取得割合）	(44%)	(44%)	(45%)	(45%)	(46%)	(45%)	(46%)	(47%)	(48%)	(47%)	(48%)
		（司書総計に占める割合％）	(93%)	(90%)	(87%)	(82%)	(75%)	(67%)	(54%)	(46%)	(35%)	(28%)	(26%)
	兼任	計	1,119	1,128	1,242	1,282	1,558	1,682	1,851	2,169	2,180	2,196	2,165
		1990年を100とした増減割合	99	100	110	114	138	149	164	192	193	195	192
		総計に占める割合（%）	8%	7%	6%	6%	6%	6%	6%	7%	6%	6%	5%
		司書	108	115	85	121	166	168	165	209	213	222	262
		1990年を100とした増減割合	94	100	74	105	144	146	143	182	185	193	228
		（司書資格取得割合）	(10%)	(10%)	(7%)	(9%)	(11%)	(10%)	(9%)	(10%)	(10%)	(10%)	(12%)
		（司書総計に占める割合％）	(2%)	(2%)	(1%)	(1%)	(2%)	(2%)	(1%)	(1%)	(1%)	(1%)	(1%)
	非常勤	計	1,487	2,106	3,653	5,021	7,168	9,304	13,527	16,129	17,743	19,511	19,648
		1990年を100とした増減割合	71	100	173	238	340	442	642	766	842	926	933
		総計に占める割合（%）	10%	13%	19%	23%	29%	34%	44%	50%	49%	49%	48%
		司書	309	513	916	1,423	2,272	3,492	5,659	7,655	8,501	9,593	9,713
		1990年を100とした増減割合	60	100	179	277	443	681	1,103	1,492	1,657	1,870	1,893
		（司書資格取得割合）	(21%)	(24%)	(25%)	(28%)	(32%)	(38%)	(42%)	(47%)	(48%)	(49%)	(49%)
		（司書総計に占める割合％）	(5%)	(8%)	(12%)	(17%)	(23%)	(32%)	(44%)	(52%)	(50%)	(50%)	(48%)
	指定管理者	計									3,867	6,673	8,584
		総計に占める割合（%）									11%	17%	21%
		司書									2,203	3,790	4,953
		（司書資格取得割合）									(57%)	(57%)	(58%)
		（司書総計に占める割合％）									(13%)	(20%)	(25%)

出典）文部科学省「社会教育調査」各年版より筆者作成

注１）「専任」とは、常勤の職員として発令されている者であり、「兼任」とは、当該図書館以外の常勤の職員で兼任発令されている者である。

注２）「非常勤」とは、臨時職員・非常勤職員として発令されている者である。

と同規模に近づいている。

次に構成割合を追ってみると、一九八七年は専任八二：非常勤一〇：兼任八で、図書館に勤務する職員とは、専任・兼任含め、九割が正規公務員だった。ところが、その後は専任職員の構成割合は低下し、二〇〇二年度が専任六〇：非常勤三四：兼任六、二〇〇五年度は専任五〇：非常勤四四：兼任六、そして二〇〇八年度は専任四四：非常勤五〇：兼任七となり、非常勤が専任を構成割合で逆転する。

なお、専任職員数は二〇〇二年まで増え続けているのに構成割合が低下しているのは、この間、新たに多くの図書館が開館（図書館数は一九九一年が一九五五館、二〇〇二年が二六八六館で、一一年間で七三一館が新設[3]）したのだが、新設図書館とりわけ町村立図書館では、専任職員は少数しか配置されず、開設当初から非常勤職員を主たる担い手として図書館を運営してきたためである。

指定管理者の職員数のデータが現れた二〇一一年度からの推移をみると、当年が専任三四：非常勤四九：指定管理者一一：兼任六で、二〇〇八年度の構成割合と比較すると、専任の減少分が指定管理者分として生じていることがわかる。すなわち指定管理者化した図書館では、正規職員が引き上げられていったのである。そして、直近調査の二〇一八年度では、専任二六：非常勤四八：指定管理者二一：兼任五である。

公立図書館の運営体制においては、専任職員は主たる担い手の地位をすでに失っている。かわって、直営館の非常勤職員と、一般的に非正規労働者が大半を占める指定管理者館の図書館員を合わせると約七割となり、日本の図書館は非正規労働者によって運営されている実態にある。

三　急速に進む図書館の非正規化

図書館員の非正規化は急速に進んできた。これも図書館という公共サービスの特徴である。総務省労働力調査では、全国の全労働者における非正規割合は、一九八七年ではいまだ一六・三%。二割を超えるのが一九九三年、三割を超えるのが二〇〇五年で、二割から三割になるのにおよそ一二年を要している。そして二〇一五年に初めて、月によっては四割を超えたといわれる。すなわち日本の雇用労働者のほぼ五人に二人は非正規労働者なのであり、その劣悪な労働条件とあいまって、日本はワーキングプアを構造化した格差社会となっている。

そうなると図書館の状況は、もっと深刻ということになる。

公立図書館では、一九八七年の非正規割合は一割だったが、一九九〇年代に非正規割合を急速に拡大し、およそ二割となるのが一九九三年、およそ三割になるのが一九九九年で六年しか要していない。さらに六年後の二〇〇六年には四割を超えた。

民間の雇用労働者では、非正規割合が二割から三割になるまでに一二年、およそ四割の二〇一八年までに二五年を要したものが、図書館では、二割から三割になるのに六年、四割を超えるのに一三年で、民間の雇用労働者の倍の速度で非正規化した。

図書館とは急速に非正規割合を高めた公共サービス分野であり、しかもその多くが年収二〇〇万円前後のワーキングプア層なのである。

公立図書館は官製ワーキングプアという貧困を構造化して運営されている。

四　専任職員の素人化、非正規の図書館員の基幹化

冒頭で記したように、図書館の専任職員は、その大半が役所内の異動で図書館に配属された正規公務員である。それは、正規公務員の定数削減が進められる中で、多くの自治体が、図書館に専門職員を配属する余裕をなくし、図書館員の非正規化と指定管理者化を進める一方、一般行政職の正規公務員を異動で図書館に配置するようになっていったからである。その結果、司書資格の保有割合も、専任職員より臨時・非常勤職員や指定管理者等の職員の方が高くなっていった。

図表2―1に示したように、全図書館職員のうち司書資格取得者の割合は徐々に高まっているが（一九八七年三九％→二〇一八年四九％）、これは有資格者の非常勤職員や指定管理者職員が多くなってきたためである。二〇一八年でみると、専任職員における司書資格取得者は四八％、非常勤職員が四九％、指定管理者職員が五八％なのである。役所内の異動で図書館に配置され、二〜三年程度しかいない正規公務員の専任職員と、臨時・非常勤職員や指定管理者の図書館員との間に、資格の有無という点では逆転現象が生じている。そして、専門的な業務に関して素人集団になり、図書館の「当たり前」が不得手となってしまった正規公務員の専任職員と、非正規公務員・非正規労働者の図書館員との間には、想像以上の壁が生じているのである。

図表2－2　ある市立図書館の職員構成の変化

年度	専任職員			臨時職員		備考
	人数	司書有資格者数	司書率	フルタイム	週3日	
1993	37	27	73%		18	
2007	29	19	66%		86	9分館正規職員引上げ
2008	21	12	57%		115	全16分館正規職員引上げ
2010	20	9	45%		123	
2012	19.5	9.5	49%		119	
2014	23	12.5	54%		122	
2015	21.5	13.5	63%	4	120	有資格フルタイム臨時職員の採用
2016	20.5	12	59%	4	124	

注）週3日勤務の再任用職員は0.5人で換算。

冒頭の彼女が勤務する自治体の図書館も、上記と同じ経過をたどってきた（図表2―2参照）。

一九九三年度には三七人の専任職員が図書館に配置され、このうち二七人が司書資格を有し、この時点の司書率は七三％であった。ところが、二〇〇七・二〇〇八年度には、全一六分館に配置されていた正規公務員の専任職員は全員が本館と本庁に引き上げられ、分館には週三日勤務の臨時職員だけが配置される体制となった。二〇一六年度には、図書館に配置されている専任職員は二〇・五人で一九九三年度比の半分近くまで減少し、勤務形態別職員体制は、専任職員二〇・五人：臨時職員（フルタイム）四人：臨時職員（週三日）一二四人で、人数の上では、専任職員は一五％にも満たない。しかも、専任職員の司書有資格者は二〇一〇年度には九人・四五％まで低下し[4]、一方で二〇一五年に採用されたフルタイムの四人の臨時職員は、全員が司書有資格者なのである。

正規公務員の専任職員は、人数の上でも、専門性の上でも、図書館運営の主要な担い手ではなく、臨時職員と呼ばれる非正規の図書館員が、この自治体の図書館の「当たり前」を担うようになったのである。

五　戦力化・基幹化する非正規図書館員

彼女が勤務する図書館では、二〇〇七・二〇〇八年に分館から正規公務員の専任職員を全員引き上げる代わりに、週三日勤務の臨時職員を大量採用し、すべての分館を臨時職員だけで運営する体制に移行した。そして、二〇一五年には、図書館勤務経験が豊富で有資格の臨時職員をフルタイムで採用した。彼女たち四人は、決裁業務以外の図書館の業務を担っている。

筆者はこのような過程を『主婦パート・最大の非正規雇用』(集英社新書、二〇一〇年)を著した本田一成氏に倣い、非正規公務員の「基幹化」と唱えている。本田氏は「基幹化」について、次のように論じている。

「パートの仕事内容、能力、意欲などが高度になっていくことをパートの戦力化という。しかし、単なる戦力化ではない場合がある。職場で役に立つとか立たないという水準を超え、仕事内容、能力、意欲などが正社員に接近する場合であり、それを質的なパート基幹化と呼ぶ。」(5)

上記の図書館の経過を想起すれば、分館を臨時職員による運営体制にした時点が非正規職員の戦力化。そして、四人のフルタイム臨時職員の採用と役割の拡大は、まさしく「基幹化」の過程だったのである。

図書館は、その担い手の大半が非正規公務員という現状から鑑みて、非正規公務員の「基幹化」を実現する必要に迫られている。しかしながら「基幹化」は、正規公務員との格差を埋める作業を伴わなければ、かえってリスクを発生させてしまう。

高度にパート労働者の活用が進んでいるスーパーマーケットの職場では、単なるパートの戦力化の時代を経て、パート基幹化の時代に入り、さらにパートの正社員化という段階を迎えている。勤務時間が短いであるとか、異動が限定的であるとかの差異はあるが、雇用期間の定めのないパートタイム正社員制度である。同制度を導入した事例を分析した本田一成氏は、次のように記述している。

「X社の場合も、パート基幹化の進行が著しいのに、それに応じた待遇がないのは大きなリスクであると懸念していた。そのリスクとは、定着が悪い、人材育成がうまくいかないなどだけでなく、不満をためたパートの生産性が低下することや、それと連鎖して発生する同僚の正社員や管理職の負担増を通じた生産性の低下である。こうなると徐々に職場全体が険悪な雰囲気になる[6]」

同じく『主婦パートタイマーの処遇格差はなぜ再生産されるのか　スーパーマーケット産業のジェンダー分析』を著した金英によれば、基幹化と処遇のアンバランスを放置すると、パート労働者は様々な行為戦略を行使して、抵抗を始めるという。その行為戦略とは、第一段階が消極的抵抗と言われるもので、たとえば、上司に聞こえるように悪口をいう。そして「いわれたことしかしない」というように自己投与の制限を進める、さらには、離職する。第一段階の行為戦略をかわしても第二段階の積極的抵抗が待ち受ける。それは、おしゃべり共同体といわれるもので、不満を抱えたパート労働者が一つの非公式権力を構成し、勢力を拡大し対立構造を深める。この第二段階の対立構造をうまく解消しないと、第三段階の抵抗が始まる。それは本田が言う「不満をためたパートの生産性が低下」「それと連鎖して発生する同僚の正社員や管理職の負担増を通じた生産性の低下」なのである。金英はこれをパート労働者の「受容戦略」と呼び、パート労働者の具体的な行為として、「あきらめ」、「合理化」＝責任のない今の状態が望ましい、「職場のいじめ」＝一生懸命に働く者を追放する、というものとなる。(7)

公立図書館は、戦力化から基幹化の段階に入っている。官製ワーキングプア水準の低処遇で基幹化の段階に至ることができたのは、図書館という公共サービスに備わる魅力と、その業務に携わる非正規の図書館員のやりがいであった。しかしもはやそのやりがいも臨界点に達し、基幹化の次の段階である処遇の改善を進めざるをえない。これを進めないと金英が指摘する第三段階の行為戦略が発動されることが必定である。

公立図書館の運営体制は、不安定雇用で処遇が劣悪な非正規公務員等が七割以上も占め、安定して職務に専念できる人事管理もなされていない。さらに図書館の管理運営主体が多様化している中、図書館事業の継続を保障し発展させる体制が崩れている。

図書館に勤務する非正規公務員の基幹化は、こうした状況を打開し、図書館の専門性を担保しうる人事制度であるといえよう。しかし、真実そのようになるためには、非正規公務員の公正労働基準を確保し、処遇を改善し、雇用の安定を図らなければならないのである。

（1）彼女によると、図書館員としての「当たり前」とは、「資料を知り、利用者の要求を知り、両者を結びつける」という図書館員の基本を認識していること、「図書館資料」に最低限の知識と関心を持ち、「利用者の要求」を知るために様々なメディアにアンテナを巡らせること、「図書館の自由に関する宣言」を心に刻んでいること、図書館をめぐる様々な動きや他の図書館の動向に関心を持つこと、なのである。

(2) 二〇〇三年九月施行の地方自治法の一部改正によって、公の施設(スポーツ施設、都市公園、文化施設、社会福祉施設など)を管理する者について、民間事業者、NPO法人などにも拡大したもの。議会の議決を経て指定されれば、地方自治体に代わり、施設の使用許可や料金設定の権限が与えられて、施設の運営に当たる。

(3) 日本図書館協会『日本の図書館』一九九一年版・二〇〇二年版参照

(4) 一時は、専任職員の司書率は半数を割り込んでいた時期もあった(二〇一〇〜二〇一二年)ものの、二〇一六年度の専任職員の司書率は全国平均より高くなっている。これは、かつてこの自治体では専門司書職採用があり、定年後の再任用職員として当時の職員が図書館に戻ってきているからである。

(5) 本田一成「パートタイマーの基幹労働力化」『日本労働研究雑誌』(五九七)二〇一〇・四　五二頁以下

(6) 本田一成「民間企業で創設されつつあるパートタイム社員」『月刊自治研』(六一二)二〇一〇・九六一頁以下

(7) 金英『主婦パートタイマーの処遇格差はなぜ再生産されるのか　スーパーマーケット産業のジェンダー分析』ミネルヴァ書房、二〇一七年、二四一頁以下

第3章　就学援助を受けて教壇に立つ臨時教員
——教室を覆う格差と貧困

二〇一八年の日本の子ども（〇歳から一七歳）の貧困率は一三・五％。子どもの七人のうち一人は貧困世帯の子どもということになる。三五人学級であれば、クラスに集う児童・生徒の少なくとも五人である。子どもがいる現役世帯で、大人が一人のいわゆるシングルマザー・シングルファーザー世帯の子どもの貧困率は四八・一％。つまり、一人親世帯の子どもの二人に一人は、貧困世帯に暮らす(1)。

経済的理由によって就学困難と認められる学齢児童生徒の保護者に対しては、学校教育法一九条に基づき、市町村から必要な援助が与えられる。就学援助の対象児童生徒数は、生活保護を受給する要保護世帯の約一一万人に加え、市町村教育委員会が要保護者に準ずる程度に困窮していると認める者が約一二六万人である（いずれも二〇一八年度）(2)。一六年前の二〇〇二年度では、要保護者約一一万人、準要保護者約一〇四万人だった。少子化が進んでいるにもかかわらず、就学援助を受ける子どもの絶対数はむしろ増えている。

貧困は見えにくい。だがこれらの数字は、所得格差が広がり、一方の極に確実に貧困が蓄積していることを示す。

一　進む教員の非正規化と雇用劣化

さらにもうひとつ見えにくいものがある。教室で教壇に立つ教員の非正規化と雇用劣化の進展である。担任を受け持つクラスのなかの貧困家庭の子どもの親と同様に、就学援助を受けている臨時教員や、生活保護を受給していた非常勤講師もいる。

彼女は九州地方のある県（以下、「同県」という）の公立小学校に勤務する臨時教員である。二人の子どもがいる。配偶者とは死別した。かつて正規教員として四年間、公立小学校に勤務していた彼女は、シングルマザーとなり、臨時教員として教育現場に復帰した。

教歴一〇年以上のベテランで、そのすべての期間でクラス担任を受け持つ。勤務形態は常勤職で、勤務時間・勤務日数とも常勤職員と同じである。

朝七時四〇分に学校に到着して、すぐさま教室に向かい、登校してきた子から順番に宿題をチェックする。八時一五分始業。午前中に四コマの授業。一二時一五分から給食指導。一三時からの昼休み時間帯を使って、気になる子どもの相手をしながら、学級通信などを作成する。一三時四五分から清掃指導。一四時五分から五コマ目の授業を行い、遅くとも一六時四五分には児童を下校させ、一七時には勤務を終える。実働で八時間を超えるが、シングルマザーの彼女にとってはこれが限界だ。クラス担任なのだから職員会議や学年会議に出席することは当然のこと、学校栄養士との給食メニューの打ち合わせ、学校事務職員との打ち合わせのほか、家庭訪問にも出向く。

本給は二〇万円強。これに残業代に代替する教職調整額や扶養手当などの手当が支給され、ここから公租公課が控除され手取りで一九万円強。ボーナスに該当する期末勤勉手当が年二回支給されて年間所得は約二五〇万円となる。

これが正規教員として四年間、臨時教員として一〇年以上勤務してきた彼女の全収入である。他に収入を得るための仕事に出向く時間的余裕はない。なによりも公務員であるために、兼職制限が掛けられ、臨時教員として働いて得られる所得がすべてである。だがこの金額は、彼女が居住する市の就学援助制度の認定基準（親子三人世帯で年間所得基準額二六二万八〇〇〇円）未満である。彼女が臨時教員としてクラス担任を務めて得られる所得は、市によって、生活保護受給世帯に準ずるほどの低収入だと認定された。

二　劣悪な処遇であることの要因

なぜ、これほどまでに劣悪なのか。

第一に、臨時教員には「昇給」がない。同県の場合だと、有期雇用の臨時教員の月額給料に上限が設定されていている。彼女はこの金額に既に達しており、今後、臨時教員として繰り返して任用され経験を積んだとしても「昇給」せず、この水準のままである。彼女と同じ年齢の無期雇用の正規教員は、昇給を繰り返し、標準的には本給は約四〇万円に達している。

先にも記したとおり、クラス担任を受け持つ臨時教員である彼女の働き方と、正規教員のそれとの間に際立った差異はない。にもかかわらず本給の水準は五割程度で、今後、格差はさらに拡大する。このように職務の内容がほぼ同じにもかかわらず、有期か無期かで生じる格差は、公務員には非適用の短時間労働者及び有期雇用労働者の雇用管理の改善等に関する法律（以下、「パート・有期雇用労働法」という）が禁止する「期間の定めがあることによる不合理な労働条件」（同法八条・旧労働契約法二〇条）である。

第二に、法令に根拠のない「空白期間」という問題である。ほぼ一年間の任期の満了時と、再度、臨時教員として採用された始期との間に、雇用されていない期間＝「空白期間」が置かれていた。同県の場合だと、三月三〇日と三一日が「空白期間」に設定され、任期は四月一日から翌年三月二九日までだった。この「空白期間」の存在により、本人の責任でないにもかかわらず、期末勤勉手当の支給額が減額される。なぜなら、二日の「空白期間」は「欠勤した日」としてみなされ、期末勤勉手当の支給額を算定する際に使われる（勤務）期間率や成績率が割り落とされたからである。

ただし、同県の勤務期間算定は、まだ「良心的」で、別の県では、「空白期間」を設定することで勤務期間は前年度から継続していないとみなし、前年度の勤務実績を六月期の期末勤勉手当の算定に反映しない。つまり実質的に継続して勤務しているにもかかわらず、新規採用された職員と同様に、四月・五月の二カ月分しか勤務していないものとし、前年度の四カ月分は勤務していないものとして捨象され、支給額は本来支給されるべき金額の三割にまで減額された。

「空白期間」を設定することの不合理は、別の問題としても露呈している。たとえば、社会保険の組合員資格である。同資格は月末の在職状況で決定されるため、「空白期間」があるために三月の一月分だけは、保険料について事業主負担がなく全額自己負担となる国民健康保険等に加入することを強いられる。彼女も数年前までは、三月期の国民健康保険等の保険料をコンビニエンスストアで支払っていた。「空白期間」は雇用されていない期間である。だからといって勤務から解放されているわけではない。同県では、空白期間に二割の臨時教員・非常勤講師が働いているとの調査結果を明らかにした。また非正規の学校事務職員は、年度末の忙しい時期であるために、「空白期間」であっても働かざるをえない。「空白期間」は、多くの地方自治体で広範に設けられてきたが、二〇二〇年施行の改正地方公務員法(以下、「地公法」という)により、設定してはならないとなった。

三　教員定数に生じた空白を埋める

来年度も教員を続けられるのか、どの学校に赴任するのか。臨時教員の最大の関心事項である再任用決定は、新年度がはじまる一週間前の三月二五日頃に、現勤務校の校長から「来年度も採用があります」との知らせだけを受ける。一年間の仕事なのか数カ月なのか、時間単位の非常勤講師なのか常勤の臨時教諭なのか、どこの学校なのかもこの時点ではわからない。そして、三月三〇日になって、勤務することになる校長または教育委員会から「〇〇学校です」との電話がある。新年度が始まるわずか二日前である。四月一日に勤務校に赴き、はじめて担当する学年を知ることさえある。

学校ごとの教員定数は児童・生徒数で決まる。「公立義務教育諸学校の学級編制及び教職員定数の標準に関する法律」（以下、「標準法」という）第三条は、学級編制の標準として、ひとつの学年の児童・生徒で編制する学級は四〇人、ただし小学校一年生の学級は三五人と定める。次年度の児童数・生徒数からクラス数の見込みが決定するのが毎年二月初旬。異動する教員の配置先、退職する教員と新規採用される教員の当てはめなどの作業が終了するのが三月。そして埋めるべき教員定数の「空白」が生じると、次年度も採用されることを希望する臨時教員に声がかかる。このようなことが毎年繰り返される。つまり任期一年の臨時教員は、次年度も教員を続けられるのかという不安を、毎年、年度末まで抱えることになる。

さらに新年度において児童・生徒数が見込みどおりに集まらず、教員定数に欠員が生じないことが判明した場合は、発令を受け配置された学校で、新学期早々解雇される。

臨時教職員には、正規職員に与えられている身分保障が適用されない。このため、条例で特に定めていない限り、雇用期間中であっても、使用者の任意で一方的に解雇されうる立場にある。

だが、雇用する側はさらに巧妙だ。後々に問題を発生させないために、「解雇」せずに自己都合退職とするため「退職願」を書かせているという事例も、別の県では発生している。

臨時教員は最長でも同じ学校に三年間。通常は一～二年である。ところが例外的に、学校長から、あるクラスの担任を引き受けてくれるのであれば、同じ学校での継続勤務を認めるとの話があったこともある。なぜならそのクラスは授業が困難で、正規教員が行きたがらない、担任をしたがらないクラスだったからである。また、いわゆる困難校では、正規教員の間でのメンタルヘルス上の病休者が多く、かつ正規教員は、このような学校への異動を希望しないため、結果的に臨時教員が多くなる傾向にある。臨時教員の採用基準は不透明で、上記のように学校長の裁量が大きいように考えられる。したがって臨時教員は、職をつなげるために上記のような申し出を断ることはできない。

すなわち臨時教員は、教員定数というもうひとつの「空白」にさいなまれているのである。

四　定数内臨時教員

彼女のような立場の臨時教員は、全国の公立小・中学校に増大してきている（図表3―1）。

文部科学省の調査では、実数ベースで、二〇〇五年五月一日現在、臨時教員（常勤講師）が四万八三三九人、非常勤講師（時間講師）が三万五九六六人、合計の非正規教員が八万四三〇五人、全教員に占める非正規率は一二・三％であったが、二〇〇八年には非正規教員は一〇万人を突破し、そして二〇一三年には、正規教員五八万四八〇一人に対し、臨時教員が六万三六九五人、非常勤講師が五万二〇五〇人、非正規教員合計一一万五七四五人で非正規率は一六・五％となった。つまり公立小中学校に勤務する教員の六人に一人は非正規教員なのである。

先にも指摘したとおり教員の定数は標準法に基づき定められるが、同法に規定する定数上の教員を臨時教員によって代替する事例が常態化している。このため臨時教員は、非正規でありながら、「定数内臨時教員」と表現されている。

上記の実数ベースの非正規教員を標準法に定める「定数ベース」に置き換えるには、臨時教員の実数

図表３－１　公立小・中学校の正規教員と非正規教員の推移（2005〜2013）

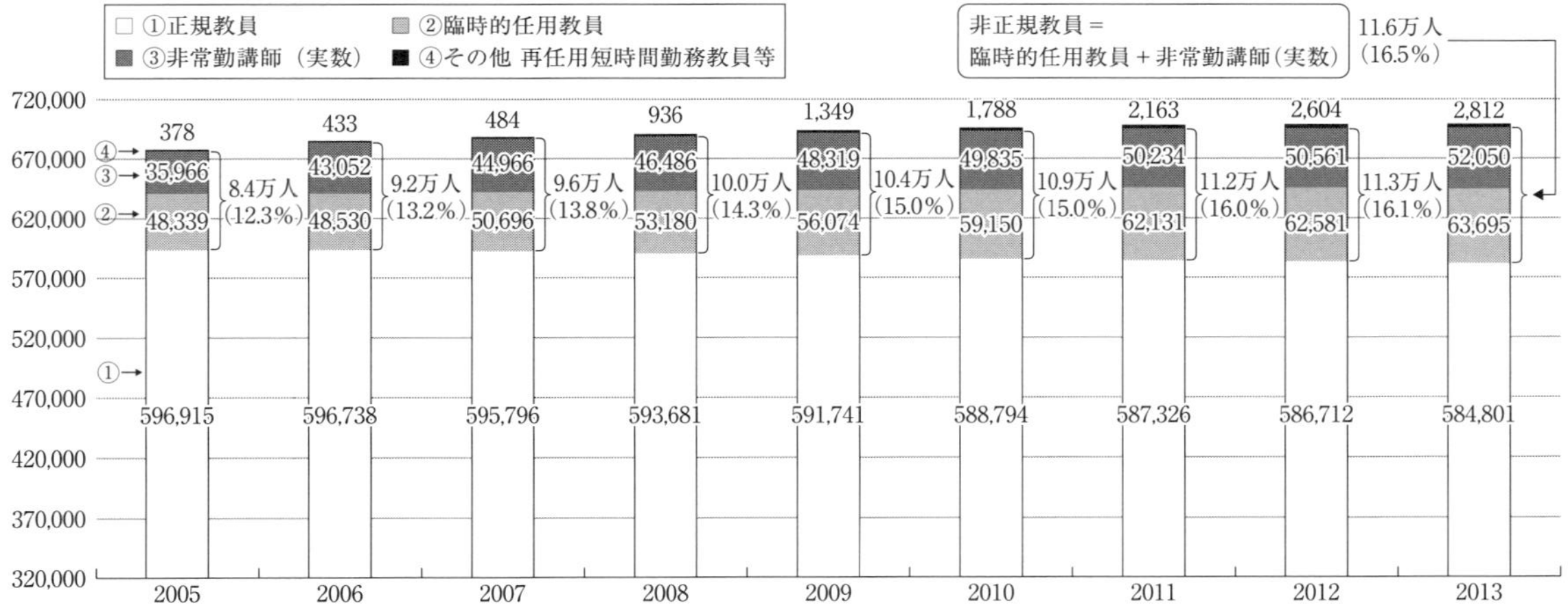

出典）文部科学省初等中等教育局財務課調べ
注１）各年度５月１日現在の校長、副校長、教頭、主幹教諭、指導教諭、教諭、助教諭、講師、養護教諭、養護助教諭及び栄養教諭の数。

注２）県費負担教職員に加え、市町村費で任用されている教員（教諭、非常勤講師等）を含む。

注３）「非常勤講師（実数）」の数は、勤務時間による常勤換算はせず、５月１日の任用者をそれぞれ１人としてカウントした実人数。

注４）「臨時的任用教員」には、標準法定数の対象外として任用されている産休代替者及び育児休業代替者が含まれている。

から産休・育休代替等の臨時教員を除外しなければならない。こうして求められる定数内臨時教員数は、二〇〇一年度は二万四二九六人だったものが、五年後の二〇〇六年度には三万二四二四人となり、一〇年後の二〇一〇年度には四万〇〇三二人にまで増加、そして入手できる直近データの二〇一二年度は四万一七四二人となっている。二〇〇一年度比で一万七四四六人、一・七倍となり、標準法上の定数に占める割合も七・一％まで拡大した（文部科学省調べ）。

文部科学省は、二〇一四年度以降の臨時・非常勤教員のデータを公表していない。そこで、自治労学校事務協議会政策部の独自の調査に基づき、文部科学省の公表データに示された手法で数値を求めてみると、二〇一五年度が正規教員五八万〇六六八人、臨時教員六万六一七二人、非常勤講師五万三九六二人、再任用短時間勤務教員三二九二人、合計七〇万四〇九四人で、合計に占める臨時・非常勤教員は一七・一％、二〇一六年度が正規教員五七万八一三九人、臨時教員六万六八〇六人、非常勤講師五万三四四八人、再任用短時間勤務教員三六二〇人、合計七〇万二〇一三人で合計に占める臨時・非常勤教員は一七・一％である。すなわち六人に一人は非正規教員というあり様は常態化している。

五　定数崩し

このような非正規教員の増加の背景には、文部科学省が第七次定数改善計画（二〇〇一年～〇五年）で少人数による授業等の加配措置を取ったことがある。それまで一クラス四〇人を標準としていた学級編成を二〇〇一年から都道府県レベルで弾力化し、常勤職員に限られていた少人数による授業等について非正規教員を配置することにより加配することを可能とし、あわせて非常勤講師を教員定数に換算できるように法改正した。二〇〇六年には市町村でも、自費で教員を採用すれば加配できることとした。

さらに二〇〇四年からは、義務教育費国庫負担法の改正により公立小中学校の教職員給与の国庫負担率を従前の二分の一から三分の一へと変更したことにあわせ、国が計算した義務教育費国庫負担金の総額の範囲内で、給与額や教職員配置に関する地方の裁量を大幅に拡大する仕組み（総額裁量制）を導入した結果、地方自治体は人件費抑制の観点から、国庫負担分の給与と定数の範囲内で、臨時教員を採用する動きを加速させていったのである。

二〇一八年五月一日現在の定数内教員の雇用形態別配置率は、全国平均で正規教員が九二・九％、臨時教員が七・六％となっている（図表3―2）。ただし、配置率は都道府県ごとに様相を相当程度異にし、財政に余裕のある東京都は全国で唯一、正規教員だけで定数を満たすものの、都道府県で最も正規教員割合が低い沖縄県は、正規教員配置率が八四・八％であるのに対し、定数内臨時教員配置率は一五・二％で、公立小中学校のクラス担任を受け持つ教員のうち、六〜七人に一人は臨時教員なのである。また政令市では、さいたま市の定数内臨時教員配置率が最も高く一五・〇％で、やはりクラス担任六〜七人中一人は臨時教員となっている。

このほかに産休・育休代替の臨時教員や非常勤講師がおり、全体としての非正規率はかなり高いものとなっている。すなわち日本の公教育は、非正規教員に依存して提供されているのである。

図表３－２　都道府県別　公立小・中学校の教員定数に占める臨時的任用教員・非常勤講師の割合（2018）

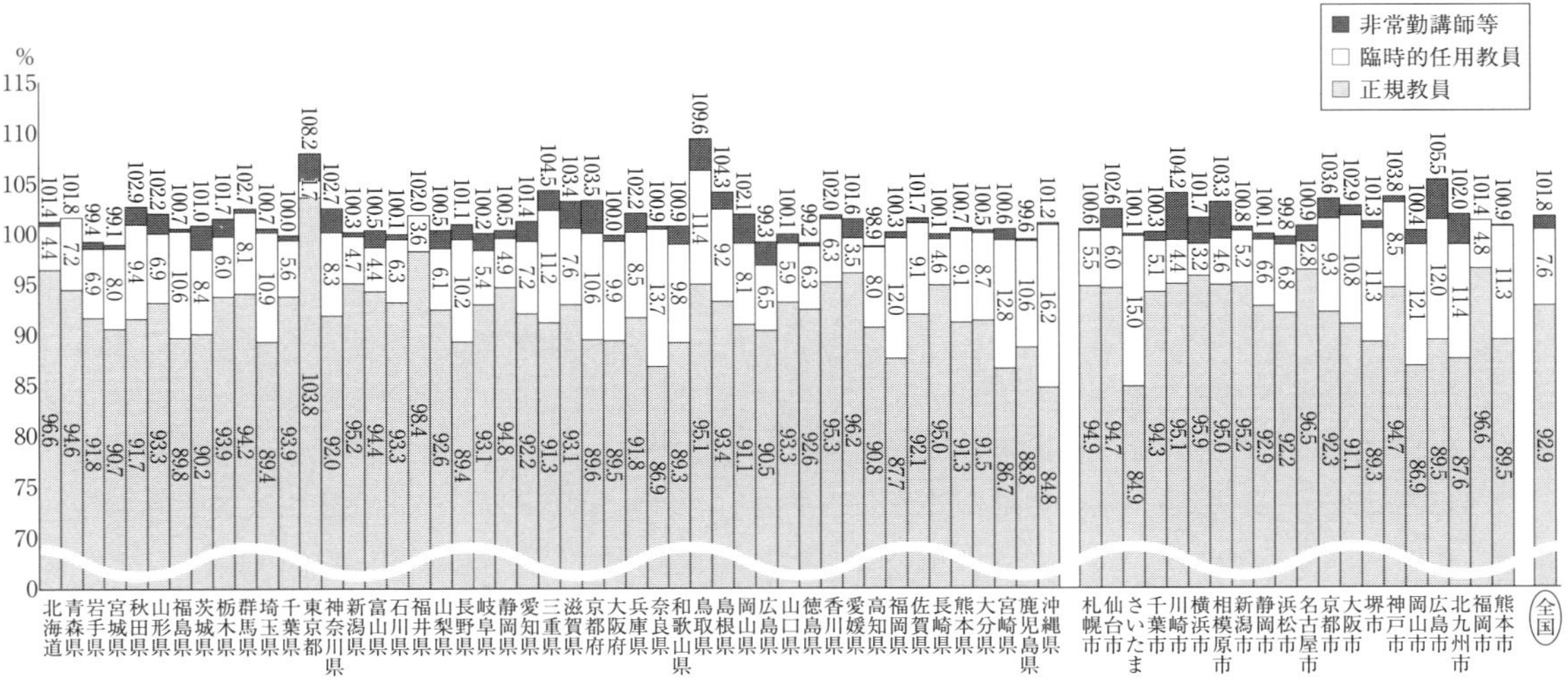

出典）文部科学省初等中等教育局財務課調べ

注１）「臨時的教員」には、産休代替教員及び育児休業代替教員を含まない。

注２）「非常勤講師等」は、非常勤講師のほか、育児短時間勤務代替職員を常勤１人当たり勤務時間で換算している。

注３）2018年５月１日現在の数値である。

注４）「正規教員」には、再任用教員（常勤・短時間）が含まれている。

注５）表示の割合は、教員定数に対する正規教員、臨時的教員及び非常勤講師等の合計数の割合（太字）と、教員定数に占める正規・臨時的教員の割合である。

六　年齢構成是正の調整弁

正規教員の採用を抑制し、定数内臨時教員で代替させてきたのには、もうひとつ重大な要因がある。それは現役教員の年齢構成を平準化するために利用されてきたのである。

小中学校の正規教員でもっとも人数の多い教員の年齢層は五〇歳代であり、二〇一四年三月三一日を基点にした一〇年間で、小学校では一二万六七五五人、中学校では七万〇八七七人、合計一九万七七六三二人の正規教員が退職する。この人数は、二〇一三年時点の全正規教員五八万四八〇一人の約三四%に当たる。このように公立学校に勤務する教員の年齢構成は高齢層に偏るという歪な状況下にあるため、各県で教員の年齢構成平準化のための採用抑制が行われ、この結果、正規の教員が不足し、その「空白」を任期一年以内の定数内臨時教員で埋めるという調整が行われてきている。

つまり定数内臨時教員は、年齢構成是正の調整弁として使われているのである。

最近になって、教育力の低下を防ごうと、ベテランの臨時教員を採用するために採用試験の年齢制限を撤廃する自治体も現れてきている。二〇一九年度末時点で、三三道県・政令市（四七都道府県・二〇政令市の約半分）は、採用試験受験の年齢制限を撤廃しており、その他の教員採用試験実施県・市でも、受験年齢の制限を緩和する方向にあり、いまや三九歳以下であればどの都道府県・政令市でも、教員採用試験に応募できる。また、臨時教員や非常勤講師の経験者のみ年齢制限を緩和し、一部の試験を免除する措置を設ける自治体も現れてきている(3)。

この結果、非正規教員として滞留していた臨時教員や非常勤講師の正規教員化がある程度進むこととなった。

ところが、非正規教員を組み込んで公教育を提供するという組織構造は変わっていないので、こうなると別の問題が発生する。

臨時教員が足りず、学期初めにクラス担任が決まっていない、単科が開講できないという事態が生じてきたのである。

たとえば福岡市教育委員会がハローワークに非正規の小中学教員の求人を初めて出したのが二〇一七年七月。クラス担任も務める臨時教員らを約五〇人募集したが、九月になっても約二〇人足りなかった。名古屋市教委は二〇一六年一二月に、市内のコンビニエンスストア約三五〇店に市立学校の講師を募集するポスターを貼りだした。ところが翌年九月一五日現在、小学校三校で欠員の補充ができなかった。福岡県内では、小中学校の保護者らに「教員免許状をお持ちの方は連絡を」とメールやチラシで呼びかけたケースもあった。

こうした状況から文部科学省初等中等教育局が一一都道府県・政令市に、教員の確保の状況に関するアンケート調査を実施した[4]。同調査によると、二〇一七年度始業日時点における「教員の不足数」は、小学校は一一自治体で常勤（臨時教員）二六六人、非常勤講師五〇人の不足、中学校は一〇自治体で常勤（臨時教員）一〇一人、非常勤講師一五三人が不足というものだった。このうち小学校の学級担任が置けなかった事例はなく、中学校で教科担任の不足が三自治体三四人の不足数が生じていた。

同アンケート調査では「教員の不足」の要因についても聞いているが、臨時教員等の確保の不足要因については、一番目が講師登録名簿登載希望者数の減少、二番目が採用候補者がほかの学校に就職済、三番目が採用候補者が教員以外の職に就職済というもので、すなわち臨時教員が就職してしまったために、(非正規)教員が不足したというものだったのである。

安上がりで不安定雇用の非正規教員に依存して提供される公教育という構造は、破綻を迎えている。

七　生活保護を受給して教壇に立つ非常勤講師

さいたま市の小学校で、病欠や欠員補充等の非常勤講師として働いてきた五〇歳代の女性は、時給は一二一〇円で、一日五時間、週五日勤務するが、月収は手取りでわずか一一万円。夏休みなどの休暇期間は収入がなくなるため学童保育で働き、週末にはスーパーの試食販売でアルバイトをしてきた。しかし、疲労で授業に集中できなくなり、月五万円前後の生活保護を受給し、教員を続けてきた(5)。

今後の少子化の進行に備えるために、バッファーとしての一定数の有期雇用の臨時教員や非常勤講師は必要であろう。だが、同じ質量の職務でありながら、有期か無期かの差異だけで正規教員の五〜六割程度という処遇格差は、明らかに不合理な労働条件に該当する。そしてこのような教員における格差と貧困の放置は、供給される教育の質の劣化に直結する。

政府は、「働き方改革」の柱の一つである「同一労働同一賃金」の実現に向け、現状、六割水準の非正規労働者の賃金を正社員の八割程度に引き上げるとし、パート・有期雇用労働法を制定した。

だが、生活保護受給者に準ずる程度に困窮していると認められて、就学援助を支給されながらクラス担任を務める臨時教員や、生活保護を支給されながら教職を務める非常勤講師の存在は、視野には入っていない。

（1）子どもの貧困に関する統計数値は、厚生労働省「平成三〇年国民生活基礎調査の概況」https://www.mhlw.go.jp/toukei/saikin/hw/k-tyosa/k-tyosa19/dl/14.pdf
（2）文部科学省就学援助ポータルサイト https://www.mext.go.jp/a_menu/shotou/career/05010502/017.htm
（3）文部科学省「令和元年度教師の採用等の改善に係る取組事例」（二〇一九年一一月二九日　公表）
（4）文部科学省初等中等教育局「いわゆる「教員不足」について」（二〇一八年八月二日）
（5）樫田秀樹「ルポルタージュ官製ワーキングプア　生活保護を受けて教壇に立つ」『世界』（七九三）二〇〇九・七、一八九頁以下。

＊小学校のクラス定員については、二〇二一年四月施行の改正標準法により、同年から五年かけて三五人学級とすることとなった。

第4章　死んでからも非正規という災害補償上の差別

一　ある女性家庭児童相談員の自死

二〇一五年五月二一日、その女性は多量の抗うつ剤や睡眠導入剤を飲み、自死した。女性の名は、森下佳奈さん。当時二七歳。

佳奈さんは、二〇一二年四月、北九州市の非常勤職員（任期一年。一日の勤務時間七・五時間、週四日勤務）に採用され、同市戸畑区役所の「子ども・家庭相談コーナー」の相談員として働いていた。採用から九か月後の二〇一三年一月一三日、心身の不調を訴え、「もう限界。迎えに来て」という電話が両親にかかる。両親は佳奈さんを実家に連れ帰り、そのまま休職。同日、医師に重度のうつと診断され、三月三一日をもって、退職することとなった。

常勤の正規職員なら半年勤務後に支給される退職金は、退職手当支給条例が非常勤職員には適用されないため、支給されることはなかった。

佳奈さんは、上司から日常的にパワー・ハラスメントに遭っていたことが疑われている。働きはじめて半年を過ぎた二〇一二年秋頃、重篤な相談案件の担当となると同時に、直属の上司から激しい叱責や嫌がらせを受け、さらに業務内容が量的かつ質的にも過重となり精神的な負担が増大していた。

佳奈さんが母親や知人に送ったメールには次のような「叫び声」がつづられていた。

「また無視される一週間がはじまるよ」「顔見るなり『生きてましたか?』とだけ」「同年代の相談者と結婚したらいいいじゃないですか」。「昨日もまた二時間、研修行かせてもらえず面談室に呼び出されて問い詰められ、泣かされたよ。辞めたい」「給料分働いていない。自覚がない。意欲がない。と繰り返されました。」。

そして上司が佳奈さんに、「このままやっていたら、(相談者が)死にますよ」などと言ったため、佳奈さんは、「私にはできない。このままじゃ、ひとが死んでしまう。」と深く思い悩むに至っていた。

佳奈さんが就いていた子ども・家庭相談員は、一般的には、「家庭児童相談員」と呼ばれる。その資格は、①大学において、児童福祉、社会福祉、児童学、心理学、教育学若しくは社会学を専修する学科又はこれらに相当する課程を修めて卒業した者、②医師、③社会福祉主事として二年以上児童福祉事業に従事した者等の専門的な知識や資格を要する。だがその身分は「都道府県又は市町村の非常勤職員」というものである。

一九六四年の制度創設時の業務内容は「家庭における適正な児童養育、その他家庭児童福祉の向上」

だったが、二〇〇四年の児童福祉法改正により、市区町村が児童相談の第一義窓口に位置づけられ、児童虐待への対応も迫られることになったことから、市区町村の家庭相談員の業務に児童虐待対応が付加された。

この点、北九州市の二〇一八年度区役所子ども・家庭相談員（嘱託員）募集要項を見ると、次のように記されている。

> ○業務内容　家庭や児童に関する相談業務等
> ・子育て支援の制度等に関する情報提供
> ・育児不安、虐待、いじめ・不登校・非行など、児童に関する相談対応
> ・母子・父子家庭等の自立を支援するための各種支援制度の手続き（自立支援給付金や福祉資金の貸付・滞納整理など）
> ・ＤＶ（夫等からの暴力など）に関する相談対応など

募集要項に示されているように、子ども・家庭相談員の業務は、単純な相談窓口ではなく相談対応なのである。子ども・家庭相談員という非常勤職員が担う業務とは、児童虐待、ＤＶ、貧困家庭の自立支援、虐待を受けた児童の家庭の見守りなど多岐に渡り、かつ、一つ一つの案件はその解決に長い期間を要するとともに、深刻の度合いを強めているものなのである。私たちの意識に刷り込まれた、臨時・非常勤職員は正規職員を補助する業務、アルバイトのようなものというイメージとかけ離れたものなので

ある。

本来、このような重い仕事には、経験豊富な正規職員が就くべきだ。だが実態は、年収二〇〇万円程度のワーキングプア水準で、雇用不安を抱える任期一年のパートの非正規公務員に担わせている。佳奈さんが就いた仕事は、社会的価値と組織上の評価が極めてバランスを欠いたものだったのである。両親は生前の佳奈さんの話やメールなどをもとに、日常的に上司から叱責や嫌がらせを受けていた、また難しい対応を迫られる案件を入職半年の新人の佳奈さんに担わせ、サポートも不十分だったと判断し、二〇一六年八月～九月にかけ、公務上災害の認定と補償請求に関して北九州市に問い合わせた。だが、北九州市の回答は、常勤職員と異なり、非常勤職員の場合は、本人ならびに遺族による認定ならびに補償請求の権利は認められていないというものであった。

自死に至らしめた原因は何だったのかを知る端緒となる労働（公務）災害認定を求める権利さえ認められてない。佳奈さんは、非常勤職員という名の非正規公務員であったことを唯一の理由として、死んでからも差別されなければならなかった。

二　複雑な非正規公務員の災害補償の仕組み

非正規公務員の労働（公務）災害補償の仕組みは複雑で、しかも差別的だ。このことが彼女の公務災害認定手続に影響した。

災害補償制度そのものは、労働者が業務上の災害によって負傷したり、病気にかかったり、あるいは障害または死亡した場合に、労働者が被った損害を使用者側の負担で補償しようとする制度である。最低基準の強行法規である労働基準法（以下、「労基法」という）に根拠があり、また無過失責任の原則をとることから、使用者側に過失がなく労働者側に過失があったとしても使用者側が補償責任を負う（ただし、労働者側の重大な過失で、かつ使用者が行政官庁の認定を受けた場合は、労基法七八条により休業補償等を行わなくてもよい）。また労働者災害補償保険法（以下、「労災法」という）に基づき、すべての事業主は労災保険に加入しなければならず、また「労災保険は、政府が、これを管掌する」と法定されていることから（労災法二条）、厚生労働大臣がその責任者となる。制度全体の管理運営は厚生労働省労働基準局が行い、保険料の徴収、収納の事務を都道府県労働局、保険給付の事務は労働基準監督署が行う。

公務員を含むすべての被用者・労働者には災害補償制度として労災法が適用される、これがベーシック・コードなのである。だが、ここから先の公務員に関する例外規定が、非正規公務員への災害補償の仕組みを複雑にする。

例外規定の第一は、常勤の正規公務員には労災法の適用はない。「国の直営事業及び官公署の事業（労基法別表第一に掲げる事業を除く）については、この法律は、適用しない」（労災法三条二項）としているからである。労災法に代わり、地方公務員の場合には地方公務員災害補償法（以下「地公災法」という）、国家公務員の場合には国家公務員災害補償法が適用となり、補償機関は、地方公務員の場合は地方公務員災害補償基金である。

例外規定の第二は、地公災法が対象としている「職員」は、「常時勤務に服することを要する地方公務員」（常勤職員）と、「勤務形態が常時勤務に服することを要する地方公務員に準ずる者」（常勤的臨時非常勤職員）である（地公災法二条一項）。

地公災法の適用を受けることになる常勤的臨時非常勤職員とは、政令でその要件が定められている。それは①雇用関係が事実上継続していると認められる場合において、②常勤職員について定められている勤務時間以上勤務した日が一八日以上ある月が引き続いて一二カ月を超えていること。③②の一二カ月を超えるに至った日以後も引き続き当該勤務時間により勤務することを要することとされているもの、である。[1]

したがって、一年以内に雇止めされる有期雇用の非常勤の非正規公務員には、地公災法が適用とならず、労災法適用という基本に戻ることになる。

ところが例外規定の第三に、労災法三条二項は、「国の直営事業及び官公署の事業（労働基準法別表第一に掲げる事業を除く。）については、この法律は、適用しない」と定め、例外の例外として、労基法別表第一に掲げる事業、たとえば上下水道、交通事業、学校、動物園、図書館、病院、保育所、清掃事務所等の労基法上の現業職場に勤務する非常勤の非正規公務員には労災法の適用を認め、それ以外の非現業職場、たとえば本庁、福祉事務所、各種相談所等に勤務する非常勤の非正規公務員には、地公災法も労災法も適用されない。

そこで地公災法は、六九条一項で、「地方公共団体は、条例で、職員以外の地方公務員のうち法律（労働基準法を除く。）による公務上の災害又は通勤による災害に対する補償の制度が定められていないものに対する補償の制度を定めなければならない」と定め、また同条三項で「第一項の条例で定める補償の制度（中略）は、この法律及び労働者災害補償保険法で定める補償の制度と均衡を失したものであってはならない」とし、非現業職場の非常勤の非正規公務員の災害補償について、補償機関を自治体当局とする仕組みを制度化している。そして各自治体で「議会の議員その他非常勤の職員の公務災害補償等に関する条例」を制定している。

このように非正規公務員に関する、労働（公務）災害補償制度の適用関係はかなり複雑なのである。これを端的にまとめると非正規公務員の補償機関は次のように区分できる。

①労基法別表第一の事業に勤務するパートタイムの非正規公務員…労働者災害補償保険
②フルタイムの非正規公務員…地方公務員災害補償基金
③労基法別表第一事業以外に勤務するパートタイムの非正規公務員…自治体会計

また非正規公務員の労働災害補償制度の区分別の対象者を、総務省「臨時・非常勤職員実態調査結果（二〇一六・四・一現在）」で推計してみると、次のようになる。

①労働者災害補償保険法適用　推計二二万三三六三人　三四・七％
②地方公務員災害補償法適用　推計二〇万二七六四人　三一・五％
③議会の議員その他非常勤の職員の公務災害補償等に関する条例適用　推計二一万七〇〇四人　三三・七％

さらに、北九州市の非正規公務員の区分別の対象者を、先の二〇一六年の総務省調査の個票で推計すると次のようになる。

全非正規公務員数　二九〇八人（二〇一六・四・一現在）

①労働者災害補償保険法適用　一二九一人　四四・四％

②地方公務員災害補償法適用　〇人　〇％

③議会の議員その他非常勤の職員の公務災害補償等に関する条例適用　一六一七人　五五・六％

北九州市は、非正規公務員の過半数を、公務災害の認定請求さえ認めない者としていた。

三　死んでからも非正規という差別構造

このように非正規公務員に関する災害補償の仕組みを解説してみると、冒頭の事件の概要からは、いくつかの疑問点が生じる。

最大の疑問は、佳奈さんの事件において、なぜ遺族による認定ならびに補償請求の権利さえも認められなかったのかである。

1　職権探知主義

災害補償制度においては、職員・労働者が被災した場合、その災害が公務上・業務上のものか、公務外・業務外のものかを認定する手続が行われる。

認定手続には二つの考え方があり、常勤等の地方公務員に適用される地公災制度や、民間労働者や官公庁以外の事業所に勤務する非正規公務員の災害補償制度である労災法制度では、被災者本人または遺族からの「請求主義」が採られる。

これと異なり、正規・非正規にかかわらず、すべての一般職国家公務員に適用される国家公務員災害補償法や、官公庁事業所に勤務する非正規公務員に適用される地公災法六九条に基づく条例（以下では、「議会の議員その他非常勤の職員の公務災害補償等に関する条例（案）」（以下、「条例案」という）、「同施行規則（案）」（昭和四二年九月一日自治給第五六号別紙、各都道府県知事あて、事務次官通知（以下、「同施行規則案」という）。を参照する）では、「職権探知主義」と呼ばれる手続が採られている。

地公災制度で「請求主義」が採用されている理由は、認定機関である地方公務員災害補償基金は地方自治体と異なり、職員の使用者ではなく、職員の災害に対する補償事由が生じたことを最初から直接知り得る立場にないので、被災職員等からの補償請求があって初めて、補償の手続を開始せざるをえないためといわれる(2)。

一方、職権探知主義の下では、国の各府省等や地方自治体の任命権者が、その使用者責任に基づいて補償を行うものであることに鑑み、被災職員等からの請求を待つことなく、自ら公務災害であるかどうかの認定を行い、公務災害と認定した場合は被災職員等に対して速やかに通知する義務を負うという考え方に基づいて補償が実施されている。

この職権探知主義について、条例案では、次のように定められている。「実施機関は、職員について公務又は通勤により生じたと認められる災害が発生した場合には、その災害が公務又は通勤により生じたものであるかどうかを認定し、公務又は通勤により生じたものであると認定したときは、すみやかに補償を受けるべき者に通知しなければならない」（条例案三条二項）。

2 職権探知主義の問題点

しかし「職権探知主義」、とりわけ、条例案では以下の問題点がある。

① 被災者の請求に基づいて公務上・公務外の認定を行う請求主義であれば、公務上・公務外いずれの認定の場合もその判断が表に現れるのに対し、「職権探知主義」では、使用者自らが災害を探知して公務上・公務外認定を行うことから、公務外認定の場合にはその判断が表に現れない。このため対外的に見た場合に不透明な部分が生じ、いわゆる「労災隠し」との疑念が生じるおそれがある。

② ハラスメントにより精神的ダメージを負ったような事案では、たとえばハラスメントの当事者である直接の上司が公務災害の探知を行い、実施機関に報告するとは考えにくく、事案が表面化しない。

③ 「職権探知主義」を採る国家公務員災害補償法では、これらの問題を補完するという観点から、人事院規則一六―〇（職員の災害補償）二〇条で、「補償事務主任者は、その所管に属する職員について公務上の災害又は通勤による災害と認められる死傷病が発生した場合は、人事院が定める事項を記載した書面により、速やかに実施機関に報告しなければならない。負傷し、若しくは疾病にかかつた職員又は死亡した職員の遺族（以下「被災職員等」という。）からその災害が公務上のものである旨の申出があつた場合又は次条の規定による申出があつた場合も、同様とする。」と定めている。なお、この規

定は、一九七〇年の旧人事院規則一六―〇の改正時に規定されたものである（人事院規則一六―〇は一九八〇年に全面改正）。

ところが、条例案や同施行規則案には、一九六七（昭和四二）年の通知以来五〇年以上にわたり、人事院規則一六―〇第二〇条のような規定はなく、また、規則改定も促されてこなかった。この結果、条例適用となる地方自治体の非常勤職員に関しては、本人ならびに遺族に公務災害の認定を求める権利がない状態に置かれている例が多かった。

北九州市も同様で、非常勤職員に関する災害補償条例を一九六七（昭和四二）年の自治省提示の条例案のまま放置し、この結果、佳奈さんの事件が発生した時点において、両親には認定請求を申し出る権利さえもなかったのである。

3　非常勤職員に関する本人または遺族からの申請に道を開いた両親の手紙

北九州市からの請求を認めないとする対応に対し、両親は、二〇一七年八月二九日、北九州市を相手方に、公務上災害補償の請求と、公務上の認定を受ける権利を門前払いとしたことに対する損害賠償を求める裁判を起こした(3)。

さらに二〇一八年七月初めに、母親である眞由美さんが野田聖子総務相に手紙を出し、「この問題をどうか大臣も知って下さい」と訴えた。手紙には、「困難を抱えた子どもたちの助けに」という夢をもって就職した佳奈さんが数カ月で元気を失い、追い詰められていった過程や、死後も労災請求すら許されなかった事情をつづった。

七月一九日に手書きの封書が野田氏から届いた。

便箋《びんせん》には「心痛はいかばかりかと胸のつぶれる思いです」と記され、その上で、非常勤職員の労災認定手続きについて「不合理を強いていることは否めない」として自治体に見直しを求める方針を明記し、「娘さんが苦しまれた、そんな状況を二度とおこさないよう変えていきます」と記されていた。

総務省側の動きは早く、二〇一八年七月二〇日、「「議会の議員その他非常勤の職員の公務災害補償等に関する条例施行規則（案）」の一部改正（案）について」を通知し、人事院規則一六―〇に倣い、規則案三条に「負傷し、もしくは疾病にかかった職員又は死亡した職員の遺族（以下「被災職員等」という。）からその災害が公務又は通勤により生じた旨の申出があった場合も、同様とする。」という文言を付加し、併せて、公務外と認定した場合についても、被災職員等に通知すること（規則案第四条）、審査の申立てをすることができる旨を教示すること（規則案二五条）の文言を置くこととなった。

これを受け、地方自治体も条例施行規則の改正を進め、二〇一八年度末で北九州市も含めたほとんどの自治体で人事院規則並みのものとなっているようだ。

四　負担金逃れの制度化――公務災害実務担当者を支配する公法私法二元論

疑問の第二は、なぜ、労災保険、公務災害、自治体会計というように、補償機関等を複雑に分けるのかという点である。

濱口桂一郎（労働政策研究・研修機構研究所長）は、総務省自治行政局公務員課が企画編集している

『地方公務員月報』で次のように記している。

「本誌（『地方公務員月報』のこと―引用者）からの原稿依頼の標題は「地方公務員法制へ影響を与えた民間労働法制の展開」であった。この標題には、地方公務員法制と民間労働法制は別ものであるという考え方が明確に顕れている。行政法の一環としての地方公務員法制と民間労働者に適用される労働法とがまったく独立に存在した上で、後者が前者になにがしかの影響を与えてきた、という考え方である。しかしながら、労働法はそのような公法私法二元論に立っていない。労働法は民間労働者のためだけの法律ではない。民間労働法制などというものは存在しない。地方公務員は労働法の外側にいるわけではない。法律の明文でわざわざ適用除外しない限り、普通の労働法がそのまま適用されるのがデフォルトルールである[4]」

濱口氏の考え方を敷衍して述べれば、公務員法制と労働法制を二つに区分する公法私法二元論の考え方が、公務災害補償を担当する実務家の認識を支配しているといえるのではないだろうか。したがって非正規公務員の災害補償の法適用関係を考えるにあたり、「公務災害か労働災害か」という二者択一の考え方に陥ってしまう。

そして有期雇用の非正規公務員を、公務員というメンバーシップを付与せず、公務災害補償の対象から外してしまう。

さらには、ここには労災保険の掛け金逃れという問題も潜在している。

旧聞に属するが、会計検査院は、一九九五年度の検査において、労基法別表第一に掲げる事業、いわゆる現業事業場における非常勤職員の雇用の実態及び労災保険の適用状況を調査した。その結果、検査に入った六五自治体のうち五九自治体で、これら職員に労災保険が適用されておらず、保険料約五億七〇〇〇万円が徴収されていなかったと報告した。

会計検査院は、この年の決算検査報告の中で、「このような事態が生じていたのは、労働本省において、都道府県労働基準局に対し、地方公共団体の非常勤職員に対する労災保険の適用の取扱いを周知徹底していなかったこと及び地方公共団体において、現業事業場の非常勤職員には労災保険が適用されることを十分理解していなかったことなどによると認められた」と記している。

「十分理解していなかった」ことの内訳は、次のとおりである。
(ア)　非常勤職員についてはは、すべて条例が適用されると誤認して、現業事業場で使用される者と非現業事業場で使用される者とを区別せず条例を適用する取扱いとしていたため、現業事業場における非常勤職員について、労災保険の加入手続を全くとっていなかった。(一九自治体)
(イ)　学校、図書館等一部の現業事業場における非常勤職員については、条例が適用されると誤認していたり、当該事業場を非現業事業場であると誤認していたりして条例を適用する取扱いとしていたため、労災保険の加入手続をとっていなかった。(四〇自治体)
そして会計検査院は、「現業事業場における多数の非常勤職員が労災保険の適用を受けていない事態は、強制適用の制度をとり、適用事業場の事業主が納付する保険料により事業を維持運営するという労災保険制度の趣旨からみても適切とは認められない」とした。

会計検査院の指摘から四半世紀も経過した。当時に比べて非正規公務員数は格段に増えた。はたして状況は改善しただろうか。

五　災害補償・労働安全衛生における正規・非正規間格差

地公災法の適用ならば負担金が生じる。ゆえに空白期間を置いて一年を超えて在職していないように見せかけ、また週一五分程度、常勤よりも勤務時間を短くしてパートと称するというようにして、常勤的臨時非常勤職員の要件を満たすことを回避し、地公災法を非適用とする。労災保険の加入手続きをとれば保険料、地公災法では負担金が生じる。したがって手続を取らない。負担金や労災保険料はいわば掛け捨てなのだから「無駄な」出費を避け、非正規公務員にいざ公務災害が発生したら、条例による補償を適用する。地方自治体がこのような不適切な取り扱いを意図的にしているとは考えたくないが、結果として注意義務違反であることは確かなようである。なぜなら空白期間を置く事は不要な行為だったのであり、また労基法上の現業事業場の非常勤職員に労災保険が適用されることは、法令上、周知の事実だからである。

さらに条例による補償では格差が生じることも指摘せざるをえない。

たとえば大半の地方自治体では、公務災害に伴う見舞金や賞慰金あるいは特別ほう賞金に関する条例・規則を制定している。これら条例・規則では、職員が公務上の災害で死亡したり、障害を負ったりしたときに、労働（公務）災害補償とは別に、各々の自治体が実施機関となって見舞金等を給付するというものである。ところが、これら見舞金等の支給対象に、非正規公務員を加えているところはごく僅かである。東日本震災の折に発覚した事実だが、殉職というような特殊公務災害の規定が条例にないため、正規職員と同様に震災で死亡した四七人の非正規公務員は、通常の公務災害の補償にとどまった。地公災法六九条は、条例で定める補償の制度は地公災法及び労働者災害補償保険法で定める補償の制度と均衡を失したものであってはならないと定める。これは空文なのだろうか。

これに加え、労働安全衛生の対象職員からも非正規公務員を排除している自治体が大多数となっている。

労働安全衛生法は、職場における労働者の安全や健康を確保するとともに、快適な作業環境の形成促進を目的として制定され、地方公務員にも適用されている。同法は、事業者に対して、事業場ごとに安全衛生管理体制の整備を義務づけており、自治体でも「安全衛生管理規程」等を制定し、総括安全衛生管理者、安全管理者、衛生管理者、安全衛生推進者等を選定し、体制整備を図るようにしている。ところが自治体の「安全衛生管理規程」等を概観すると、非正規公務員は安全衛生推進者等に選定される対象から除外されているのである。

地方公務員の三人に一人は非正規公務員なのである。婦人（女性）相談所や消費生活センターなどのように、全職員が非正規公務員という職場や、一〇年以上勤務している臨時職員がその職場でもっともベテランの職員という現場さえある。

非正規公務員は、量の上でも質の上でも基幹化している。その実態を直視した制度改正・運用が必要ではないだろうか。

冒頭で紹介した、森下佳奈さんは臨床心理士になることを目指して大学院で勉強し、卒業後、障害のある子どもたちや何らかの困難を抱える人たちに寄り添う仕事につきたいと北九州市の子ども・家庭相談員になった。

死ぬ直前の精神的ダメージが癒えない中にあっても、さらなる資格取得を目指し、教科書を傍らに積み上げ、勉強に励んでいたという。

訴訟提起した日の記者会見で、佳奈さんの母親は、次のように語った。

「佳奈は、生前、非常勤職員という不安定な身分で嫌がらせを受け苦しめられたうえに、亡くなってからも、非常勤職員という身分のために、常勤職員とは異なる扱いを受け、遺族ら本人の遺族補償等を請求する権利も認められないのです。

どうか、二度と佳奈と同じような犠牲者が出ないよう、非常勤職員の方が苦しむことのないよう、非常勤職員の方の労働環境や労災の補償制度を改善してください。それが、佳奈と私の願いです。」

(1)「地方公務員災害補償法における常勤職員に準ずる非常勤職員の範囲等について」(昭和四二年九月二〇日自治省告示第一五〇号)

(2) 地方公務員災害補償制度研究会『地方公務員災害補償法逐条解説』ぎょうせい、二〇〇一年、一四六～四七頁。

(3) 一審福岡地裁は、二〇一九年四月一九日、市は条例規則を改正せず放置してきたこと、申請を門前払いしたことなどに違法性はないとし、両親らの請求を棄却した。さらに二〇一九年一二月二三日の控訴審判決(福岡高等裁判所)では、①条例の補償内容が、法律で定める補償と均衡を欠くことは立証されておらず、申出や通知に関する規定を置いていないことは理由にならない、②市の職員が両親の申請を門前払いしたことは、両親の通知内容に対応した回答であり違法ではない、③市の職員が両親に対して誤った手続を教示したとはいえないなどとして、一審に続き両親の訴えを退けた。さらに最高裁は、二〇二〇年九月、両親の上告を却下する決定を行った。

（4）濱口桂一郎「地方公務員と労働法」『地方公務員月報』（五六七）二〇一〇年一〇月号、二頁以下

第5章　エッセンシャルワーカーとしての非正規公務員
——コロナ禍がさらす「市民を見殺しにする国家」の実像

一　シュール（不条理）なほど低所得の仕事

イギリスのブライトン在住の保育士で、コラムニストのブレイディみかこは、都市封鎖中で学校も休業していた時期に、「学校に通っている子たち」がいることを紹介した。

その子たちは、政府が「キー・ワーカー（地域に不可欠なサービスの従事者）」と認定した人びとの子どもたちで、医療従事者、警官、教員、保育士、介護士、公共交通機関職員、スーパーマーケット従業員などがそれにあたるという。ブレイディみかこは、これに続けて、「非常時に『カギとなる勤労者』と呼ばれるほど重要なサービスを提供する職業が」「シュール（不条理）なほど」低所得の仕事であることを指摘する。(1)

ブレイディみかこは、また別の評論(2)で、人類学者デヴィッド・グレーバーの言葉を紹介する。それは

「ケア階級」というもので、「医療、教育、介護、保育など、直接的に『他者をケアする』仕事をしている人々」を指し、今日の労働者階級の多くは、じつはこれらの業界で働く人で、コロナ禍で明らかになったのは、ケア階級の人びとがいなければ地域社会は回らないということだったのである。

エッセンシャルワーカーとも称される「地域に不可欠なサービスの従事者」は、日本でも低処遇の仕事に分類される。厚生労働省の「賃金構造基本統計調査（二〇一九年）」から算出する一般労働者（男女計）の毎月決まって支給する現金給与額は、全産業平均三三万八九〇〇円。これに対して、コロナ感染の最前線にいる看護師でようやく日本の給与所得の平均を少し下回る程度の三三万四四〇〇円。保育士（二四万四五〇〇円）、福祉施設介護員（二四万四五〇〇円）、ホームヘルパー（二四万八〇〇〇円）などでは、九万円半ばから一〇万円近く低い。

さらに日本の場合は、これらエッセンシャルワーカーの多くが、不安定雇用の非正規労働者という要素が加わる。とりわけ公務部門では、低処遇で雇用不安定な「地域に不可欠なサービスの従事者」「困難を抱える市民の支援者」は、非正規公務員として登場する。

公立保育園保育士の半数以上[3]、学童保育支援員の七割以上[4]、激増するDVから避難してくる女性を支援する女性相談員の八割以上[5]、コロナ不況で解雇された生活困窮者を支援する専任の生活保護面接相談員の約六割[6]、人口一〇万人未満の市区自治体でこれまた激増する児童虐待通報等に対応する業務経験一〇年以上の職員の九割弱[7]は、非正規公務員なのである。そして皆、感染リスクに晒されながら、離職の誘惑に立ち向かいつつ、「地域に不可欠なサービス」を提供している。

コロナは人を選ばない。一方で、コロナを前にして、感染リスクの高い現場に非正規公務員を選んで配置しているのは人なのだ。

二　コロナ感染リスクと非正規公務員・労働者

1　公務公共サービス分野のエッセンシャルワーカーは、女性非正規

エッセンシャルワーカーの非正規公務員はどのような状況に置かれているのか。

NPO法人官製ワーキングプア研究会は、「新型コロナウイルスによる公共サービスを担う労働者への影響調査アンケート」（ウェブ調査、調査期間二〇二〇年五月中）を実施し、筆者が調査報告を取りまとめた。

回答者は二三五人で、うち女性は一八六人（七九・一％）、勤務形態は、直接雇用非正規が一三九人（五九％）、派遣・業務委託等の間接雇用非正規が三〇人（一三％）で、性別と勤務形態をクロス集計すると女性非正規は一四六人（六二％）である。すなわち、「地域や社会の生活に必要不可欠な業務」に従事するエッセンシャルワーカーとは、公務公共サービスの場合、女性・非正規なのである（図表5―1）。

さらに彼女たちの平均勤続年数は九・九年で、半数近くが勤務経験一〇年以上であることから、有用な人材であるエッセンシャルワーカーは、有期雇用で任期更新を繰り返してきた勤務経験一〇年以上のベテラン非正規雇用者が半数近くを占めているのである。

図表5－1　エッセンシャルワーカー調査 性別×勤務形態

	女性	男性
非正規	146人（62%）	23人（10%）
正　規	40人（17%）	24人（10%）

出典）NPO法人官製ワーキングプア研究会によるアンケート調査
注）丸カッコ内は、全回答者に占める割合。四捨五入の関係で100%にならない。

2　仕事上の不利益（図表5―2）

コロナ禍の中で、回答者の五三％に当たる一二五人が何らかの不利益な扱いを受けたと回答し、学童保育、相談支援員、介護福祉職を中心に、複数回答で、「仕事の量や勤務時間が増えた」二一％（四九人）、「正規職員と異なる取扱い」九％（二一人）、「勤務時間の減少と収入減」九％（二〇人）、「雇止め、無給の自宅待機」、「無給の特別休暇」が合わせて八％（一九人）、「仕事のキャンセル等」二％（四人）だった。そして、感染予防のために在宅勤務や休暇・休業が要請される中にあっても、「いつもと変わらない勤務」に従事したものが、医療職・保健職を中心に一八％（四二人）だった。

3　間接雇用者差別（図表5―3）

新型コロナウイルス対策による仕事・勤務内容の変化（複数回答）を、直接雇用者と間接雇用者で比較すると、直接雇用者の正規職員・非正規職員はともに有給の自宅勤務（研修）との回答が最も多く、直接雇用者に関してはそれなりの対応が図られていたと考えられる。

問題は、間接雇用の契約社員と派遣社員である。

契約社員の回答者九人のうち三人（三三％）は、仕事量・勤務時間が増えたと回答している。この三人の業種は、相談支援員・教育関連・インフラ関

図表5－2　新型コロナウイルスによる仕事上の不利益を受けた

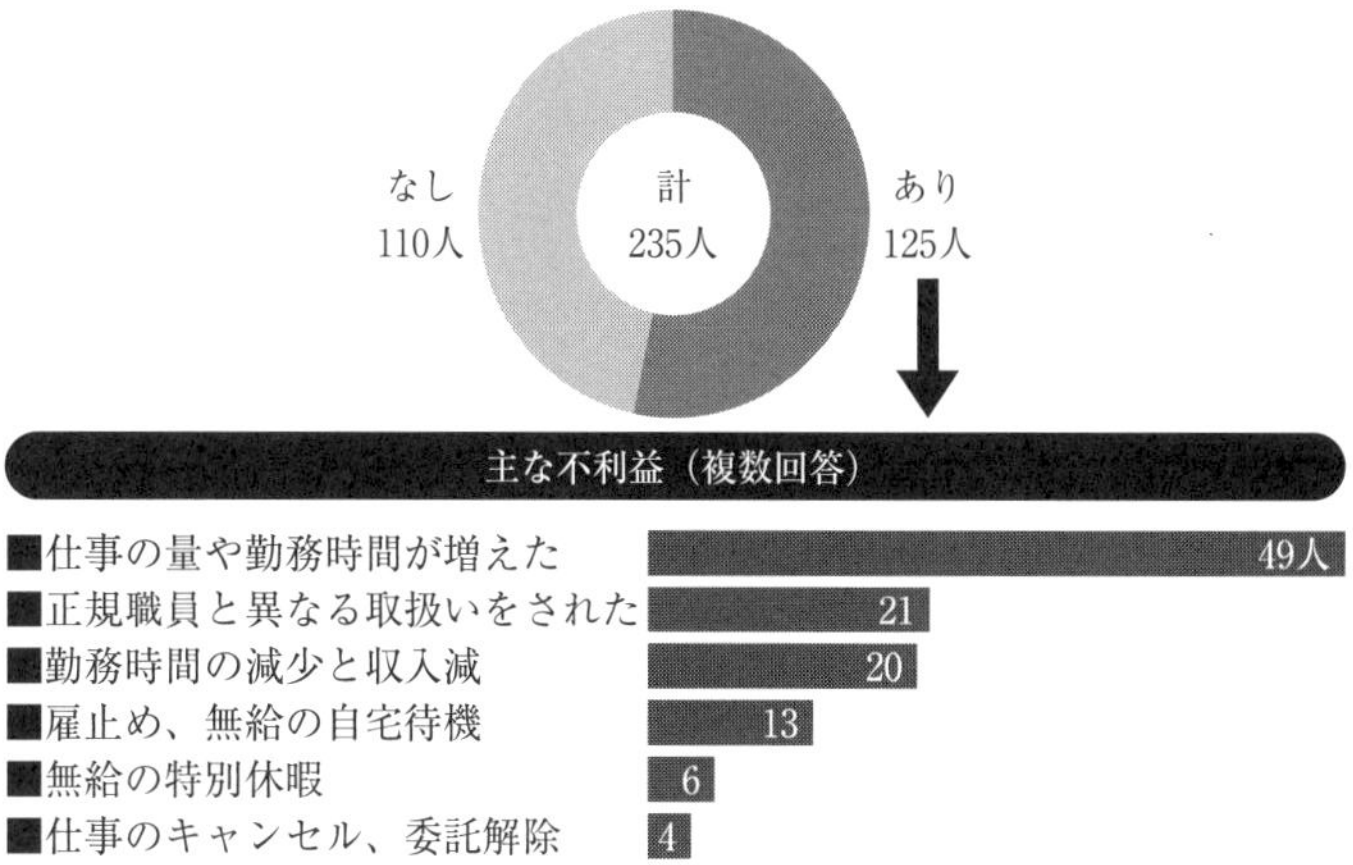

出典）NPO法人官製ワーキングプア研究会によるアンケート調査

図表5－3　コロナ感染対策の雇用形態別格差

	n=	①解雇雇止め	②無給自宅待機	③有給自宅勤務（研修）	④無給特別休暇	⑤勤務時間減少・収入減	⑥子どもが家にいるため働けない	⑦仕事のキャンセル、請負・委託解除	⑨正規職員と異なる取扱い	⑩仕事量、勤務時間増	⑪その他	⑫特にない
パートの会計年度任用職員	123	0	9	61	4	13	6	2	11	30	15	15
		0.0%	7.3%	49.6%	3.3%	10.6%	4.9%	1.6%	8.9%	24.4%	12.2%	12.2%
契約社員	9	0	0	1	1	0	1	0	1	3	4	1
		0%	0%	11%	11%	0%	11%	0%	11%	33%	44%	11%
派遣社員	7	1	0	2	0	1	0	0	3	0	2	2
		14%	0%	29%	0%	14%	0%	0%	43%	0%	29%	29%
正規職員	64	0	1	22	0	2	3	1	0	13	17	20
		0.0%	1.6%	34.4%	0.0%	3.1%	4.7%	1.6%	0.0%	20.3%	26.6%	31.3%

出典）NPO法人官製ワーキングプア研究会によるアンケート調査

連で、契約社員の場合は、全体としてコロナ感染対策のために自宅勤務・待機が求められているにもかかわらず、仕事量・勤務時間が増加したことが推測される。

また派遣社員の場合は、「正規職員と異なる取扱い」という回答が、他の勤務形態の者と比較して多くなっている。

この三人の業種は、コールセンター・保育所保育士・医療関連で、「職場の感染対策で不十分と思う点、不安に思う点」「自由記述欄」に次のように回答している。

○コールセンター

職場の状況：感染に関して、これといった対策は取られていない。在宅勤務や時差出勤をさせてもらえない。近接・接触による支援をしている。三密が解消されない職場で働いている。

自由記入：勤務先のコールセンターは四月二五日にマスク装着と消毒を義務付けましたが手遅れ。「消毒液不足、休憩室が密室、換気していると虚偽、日々変わる小手先の対策」

○保育所保育士

職場の状況：在宅勤務や時差出勤をさせてもらえない。対面での業務。近接・接触による支援、三密が解消されない職場。

自由記入：「保育士です、人との接触は避けられません。正職員はコロナの特別休暇でほぼ休みで感染防止対策をとり、派遣は通常通りの出勤を指示され消毒とマスクで感染防止対策をしています。派遣も同じように感染防止できるようにしてほしい」。

○医療関連

職場の状況：近接・接触による支援をしている。三密が解消されない職場、マスク・ゴーグルなどを支給してもらえない。

自由記入：「熱発者の対応はマニュアル化されておらず、看護師でもない派遣社員である我々が担当する事が多いのに、様々な判断はその場で行う必要があり、リスクが大きい。」

二〇二〇年四月から施行した同一労働同一賃金原則では、派遣社員等の間接雇用者も含めて正規職員との間の異なる取扱いを禁じている。だが、ここに記されているように、明らかな差別的取扱いが横行しているのである。

4 感染対策における正規・非正規間格差

上記調査の自由記入欄では、感染対策における正規・非正規間格差について述べるものが多く見られた。いくつか、紹介してみよう。

- 来所相談は近い距離、密室でアクリル板などなしで受けている。手当はなし。職員は在宅勤務という特別休暇だが、相談員は年休を取ることも止められている。（相談支援員、パートの非正規公務員）
- 正規職員は在宅勤務。私たちは有休をとらなければ家にいられない。消毒はしているがアルコールではない。利用者に密接密着せざるをえない仕事だが、利用者を減らす対策はしてもらえない。（介護・福祉、フルタイムの有期雇用職員）
- 病院への同行では、相談員は同席を求められる場合が多い。「仕事」であり必要な業務だが、大した保障もない非正規労働者としては、賃金減額がない安堵だけではないモヤモヤしたものを感じている。（相談支援員、パートの非正規公務員）

・窓口対応の職員だけ布マスクを配り非正規には配らない。マスクはもらえないのに窓口業務が終わるたび非正規には机の消毒作業をさせる。（行政機関、パートの非正規公務員）

・預かる子どもの数が減っているが、保育士は在宅でする仕事はほとんどないから認められないとのこと。一部の常勤職員は在宅勤務を認めているのに…。（保育所保育、パートの非正規公務員）

一方、正規職員からは、「事務補助の非正規公務員のBさんは持ち帰れる仕事がなく、毎日出勤。より弱い者にリスクが集中する形」「介護者の精神的負担が、かなり大きくなっており心身共に疲弊している。この仕事を続ける自信がない（介護・福祉、正規職員）」との回答もあった。

コロナの感染リスクへの恐怖から、正規・非正規にかかわらず、離職の誘惑にかられる。これがベース。ここに感染対策の正規・非正規間格差が加わると、非正規公務員・労働者のモチベーションは下がり、離職へのドライブがかかる。「やりがい」だけでは、仕事を続けていけない事態が目の前に迫っている。

三　相談崩壊

新型コロナウイルスの影響が長期化し、失職や倒産により住居を失った住民が、住宅確保給付金の支給を求めて自治体の相談窓口に殺到し、窓口の相談員の四三％が「仕事を辞めようと思ったことがある」と回答している実態も明らかになった。

調査を実施した大阪弁護士会は、「『相談崩壊』とも言うべき危機的な状況になり始めている」と指摘した(8)。

「住居確保給付金」は生活困窮者自立支援法に基づくもので、福祉事務所のある地方自治体の必須事務の一つである。コロナ禍の影響で、地方自治体が必ず設置しなければならない相談窓口には支給を求める相談者が殺到し、大阪弁護士会の調査では、対前年度比で、大阪市（五月）は六・三倍、高石市（六月）は一五・四倍、岸和田市（五月）は一七倍、豊中市（六月）は二二・四倍にも及んだと指摘する。

同調査では、窓口の相談員のアンケートも実施。回答者一〇〇人（自治体正規職員八人、自治体非正規職員一五人、受託事業者正職員三八人、受託事業者非正規職員三八人、不明一人）の平均月給（手取額）は、二〇万円未満が五〇％（有効回答者中では五八％）、契約形態別には、自治体も受託事業者も、非正規職は二〇万円未満がそれぞれ八〇％、七一％と最も多く、具体的には、自治体非正規職員が約一六・二万円、受託事業者非正規職員は約一七・八万円で、賞与が支給されるとした場合でも、年収はようやく二〇〇万円を超える水準だった（自治体と受託事業者の正規職員は、平均月収二三万円程度）。

この賃金水準が、仕事の内容に見合っているかという質問に対しては、見合っていないと答えたのは、全体では四六％で、非正規の自治体職員、受託事業者の正規・非正規職員は、それぞれ六〇％（有効回答者中　六四・三％）、五五％（同前六一・八％）と五割を大きく超えるものだった。

そして、「緊急事態宣言後、仕事を辞めようと思ったことがある」という質問に対しては、全体の四三％の者が「ある」と回答し、「近々、辞めるつもり」も三人いた。とりわけ受託事業者では正規職員、非正規職員ともに約四五％が辞めようと思ったことがあると答えている。

非正規公務員と、地方自治体からの低廉な委託費で賄うことを強いられている受託事業者の職員で運営されている生活困窮者自立支援事業は、離職ドライブにさらされている。

まさに「相談崩壊」の現実が迫っている。

四　新型コロナ対策における制度上・運用上の問題の露呈

非正規公務員のコロナ感染対策では制度上・運用上の問題も露呈した。問題の表出は三つに分類できる。

1　強いられる無給の休暇・休業

第一は、新型コロナウイルス感染症対策に伴う学校の休校により、子の世話を行う非正規公務員が勤務できない場合の休暇の取り扱いである。総務省は人事院の取り扱い通知をそのまま地方自治体に流し、国の非常勤職員の有給の休暇の一つである「災害時出勤困難休暇」を援用して、有給の休暇を取得させるよう通知した(9)。ところが大半の地方自治体はこの時点で「災害時出勤困難休暇」を条例化しておらず、無給の休暇や無給の職務専念義務免除または欠勤扱いとしてしまう事例が頻発した。

第二に、仮にコロナに感染した場合、正規は有給、非正規は無給の病気休暇なのである。

第三の問題は、休校や休館により自宅待機を命じられることで表出した。多くの学校や文教施設で、非常勤講師、非正規の学級支援員、給食調理員、用務員などが無給で休業を命じられた。こうした取り扱いは労働基準法二六条に反する。ところが地方自治体の任命権者や人事担当者の多くは地方公務員に労基法二六条が適用されるという認識がない。だから無給で休業させている。労基法二六条は「使用者の責に帰すべき事由による休業の場合においては、使用者は、休業期間中当該労働者に、その平均賃金の一〇〇分の六〇以上の手当を支払わなければならない」とする。もっとも休業を強いられる労働者側は民法五三六条二項の「債権者の責めに帰すべき事由によって債務を履行することができなくなったときは、債務者は、反対給付を受ける権利を失わない」により、労働力提供の債務を負う労働者が受け取る予定だった賃金の一〇〇％を請求することができる。

この問題は、文部科学省が「休業期間中もなんらかの業務に携わることが可能であると想定されるところです」というQ＆Aを通知し[10]（総務省も同様の通知を発出）、要するに休業させるな、自宅研修や自宅勤務ないしは他の仕事を用意しろとなった。だがこれが非正規公務員をして、無給か出勤かという究極の選択を迫る結果となった。

2　違法な労基法の休業手当不払い

さらに、地方自治体の首長部局や教育委員会の中には、先の通知さえ遵守せず、無給休業を強いているところが散見される。たとえばある県の教育委員会は、夏休み期間中に休業期間中の授業を代替することを口実に、賃金を支給しない。

違法な休業手当不払いという事態を重く見た総務省は、「新型コロナウイルス感染症への対応を踏まえた業務体制の確保及び休業手当の支給に係る状況調査」を実施し、六月二五日に調査結果を明らかにした(11)。

調査結果の通知の鏡文には、「やむなく職員を休業させる場合には、労働基準法第二六条の規定に従い、休業手当の支給を判断する必要があります。各地方公共団体におかれては、休業手当の取扱いについて、必要に応じて管轄の労働基準監督署に相談するなど、同法に従い、適切に運用いただきますようお願いいたします」と記されており、休業手当不支給の違法性について、総務省は認識しているようであった。

総務省の調査は二回にわたり実施され、一回目は、安倍首相による突然かつ思い付きの学校一斉休校要請が出された（二月二六日）三週間後の三月一九日、二回目は、緊急事態宣言中の五月一日である。

一回目の調査では、臨時・非常勤職員が勤務する施設等で閉鎖した部署・施設がある団体は一七二七団体で、うち上述の文部科学省のQ＆Aのような休業回避措置をとった団体が一四八九団体だったのに対し、休業させた団体は四六七団体だった。そしてこの四六七団体のうち、二二九団体が休業手当を支払わないまま休業させていたのである。

二回目の調査では、臨時・非常勤職員が勤務する施設等で閉鎖した部署・施設がある団体は五三五団体、うち休業手当支給団体が三七二団体だったのに対し、違法な休業手当不支給の団体は一八五団体に及んだ。

日本における地方公共団体の数は、都道府県・市区町村という普通地方公共団体・基礎的地方公共団体と、広域消防や広域清掃組合等の一部事務組合や広域連合という特別地方公共団体をあわせて三三一三団体存在する。これら団体には労働基準法二六条の休業手当支払い義務があるのだが、一八五団体が不払いということは、約六％の地方公共団体が違法な取り扱いを行っていたことになる。

これに対し総務省は、厚生労働省のQ＆Aを引用し、「不可抗力による休業」の要件（休業の原因が事業の外部より発生した事故であること／事業主が通常の経営者としての最大の注意を尽くしてもなお避けることのできない事故であること）を示したうえで、労働基準法に基づく支給義務があるにもかかわらず、支給していない団体はゼロであると、とても常識では考えられない報告をしている。

コロナは全国に蔓延している。にもかかわらず、ある職種または地域では「不可抗力による休業」の要件を満たすので休業手当支給義務を免れ、別の職種または地域では休業手当支給義務を免れないなどということはあり得ない。

法令順守義務（地公法三二条）のある地方公務員において、労働基準法違反の取り扱いをすることは決して許されない。

五　市民を見殺しにする国家

コロナ感染はとどまるところを知らない。人の命や健康よりも経済を重視する政府の無策が続き、今後も蔓延し続けるだろう。

国民の不安も解消しない。なによりもコロナ感染の検査さえままならないからである。

新型コロナウイルス感染症対応の最前線に立っているのは、地域の保健所なのだが、その保健所がボトルネックになって、検査が進められないことも明らかになった。

保健所は、地域における公衆衛生の向上と増進を図るための機関で、地域保健法に基づいて設置されている。保健所が実施する一四の事業の中に、「エイズ、結核、性病、伝染病その他の疾病の予防」があり、感染症が発生すると保健所が対応する。

保健所は、都道府県、政令市、中核市、東京二三特別区と一定の要件を満たす自治体（保健所政令市）が設置できるのだが、地方自治体の行政改革による定数削減によって保健所の集約化が急速に進み、一九九二年四月現在で、全国に八五二保健所（設置自治体数一〇二。都道府県立六三五、政令市立一二二、保健所政令市立四二、東京二三特別区立五三）があったものが、二〇二〇年四月現在では合計四六九保健所（設置自治体数一五五。都道府県立三五五、政令市立二六、中核市立六〇、保健所政令市立五、東京二三特別区立二三）まで激減している[12]。

保健所の保健師数も、一九九六年度には八七〇三人だったものが、二〇〇八年度には六九二七人にまで減少し、そこから増員に転じて二〇一八年度は八一〇〇人まで回復したものの、二〇〇六年から二〇一八年までの一二年間で増えた保健師九一五人の内訳は、正規雇用の保健師四五一人に対し、派遣職員を含む非正規の保健師は四六四人で、非正規が正規を上回る。直近の統計の二〇一八年時点では、保健所保健師の八人に一人は非正規雇用となっている（図表5―4）。

コロナ感染対策最前線の保健所でも、離職ドライブのかかった低処遇の非正規依存が高まっている。

図表５－４　保健所保健師の正規・非正規雇用者数推移

単位：人

	総数	正規雇用	非正規雇用			非正規率
	A		計　B	直接雇用非正規	派遣	B/A　%
2018年度	8,100	7,095	1,005	1,002	3	12.4
2016年度	7,829	6,800	1,029	1,020	9	13.1
2014年度	7,266	6,443	823	820	3	11.3
2012年度	7,457	6,684	773	764	9	10.4
2010年度	7,131	6,467	664	663	1	9.3
2008年度	6,927	6,349	578	578	0	8.3
2006年度	7,185	6,644	541	533	8	7.5
2004年度	7,635	—	—	—	—	—
2002年度	7,670	—	—	—	—	—
2000年度	7,570	—	—	—	—	—
1998年度	7,829	—	—	—	—	—
1996年度	8,703	—	—	—	—	—

2006～2018年度の増員内訳　　単位：人

総数	正規雇用		非正規雇用	
915	451	49%	464	51%

出典）衛生行政報告例より筆者作成
注）2004年以前には、正規・非正規を区分したデータはない。

もしそんなことになれば、感染対策の前線は雪崩をうって崩壊してしまうだろう。

　私たちは、コロナ禍が終息するまでの間に、非正規公務員・非正規労働者に負担をかけて提供されてきた「地域に不可欠なサービス」がなくなるかもしれないという危うさを抱えて、今の事態に向き合う。これは一九八〇年代以来進められてきた「市民を雇わない国家」[13]において、エッセンシャルワーカーを非正規化してきたことの帰結なのである。

　事態は一層深刻化し、私たちは、ウイルス検査にも対応できない「市民を見殺しにする国家」をつくってしまった。

（1）「新型コロナと英キー・ワーカー」二〇二〇年四月一四日付東京新聞夕刊

（2）「社会に欠かせぬケア仕事」二〇二〇年六月一一日朝日新聞朝刊

（3）総務省「臨時・非常勤職員実態調査（二〇一六・四・一現在）」同「定員管理調査（二〇一六・四・一現在）」より筆者算定。

（4）全国学童保育連絡協議会の二〇〇七年実態調査より。

（5）「婦人保護事業の現状について」（「第一回困難な問題を抱える女性への支援のあり方に関する検討会」資料六―一、二〇一八年七月三〇日）

（6）厚生労働省「二〇一六年度福祉事務所人員体制調査」から筆者算定。

（7）厚生労働省「平成二九年度市町村の虐待対応担当窓口等の状況調査結果」から筆者算定。

（8）大阪弁護士会（協力：五石敬路氏・大阪市立大学大学院准教授）「大阪府内の生活困窮者自立支援窓口アンケート調査結果」二〇二〇年九月一日

（9）「新型コロナウイルス感染拡大防止において出勤することが著しく困難であると認められる場合の休暇の取扱いについて」（総行公第三四号、令和二年三月一日、総務省自治行政局公務員部長）

（10）文部科学省「新型コロナウイルス感染症に対応した小学校、中学校、高等学校及び特別支援学校等における教育活動の実施等に関するQ＆A」。初出は二〇二〇年三月二六日、その後、何度も改訂され、同年五月二一日時点の改訂版を二〇二〇年七月一四日閲覧。

（11）「新型コロナウイルス感染症への対応を踏まえた業務体制の確保及び休業手当の支給に係る状況調査の

結果について」（総行公第一〇三号・総行給第二六号、二〇二〇年六月二五日、総務省自治行政局公務員部公務員課長、給与能率推進室長）
（12）厚生労働省健康局健康課地域保健室調べ
（13）世界有数の公務員が少ない国となった日本の現状の表現。前田健太郎『市民を雇わない国家』東京大学出版会、二〇一四年より。

第二部　自治体相談支援業務と非正規公務員

「長い間、福祉事務所の中で何のシステム（組織的な位置づけ――筆者注）もなく、それだけでなく存在すら認められない状況で婦人相談員という仕事をしてきました。相談に来る人は、相談員という個人に丸投げされて、女性の愚痴の聞き役という程度の評価でした。言い換えれば相談に来る女性と相談される現実、またそれを受け止める相談員の両方を差別する構造でした」（土井良多江子「総合力としての相談」同他編著『相談の力――男女共同参画社会と相談員の仕事』明石書店、二〇一六年、四三頁。傍線は筆者）。

長年、横浜市のケースワーカーの婦人相談員として、女性の相談に向き合ってきた土井良多江子は、当時の女性相談業務が置かれていた状況について、上記のように述懐した。

だがこの述懐は、いまなお現在進行形のものとして受け止めざるを得ない。

土井良の述懐は、三つの「軽視」を提示している。「女性」、「現実」、「相談員」である。軽視されるがゆえに、ドメスティック・バイオレンス（ＤＶ）をはじめとする女性への暴力がなくならない。軽視されるがゆえに男女平等社会の実現とは程遠い現実が維持される。軽視されるがゆえに相談員は非正規化する。そしてこれら三つの軽視がないまぜとなって、相談支援業務そのものが、周辺的なもの、誰にでもできる軽い業務と位置づけられてきた。

だが困りごとを抱える住民を勇気づけ、自尊感情を回復させ、相談内容に見合った自立支援メニューを組み立て提示する相談支援という仕事は、軽視されるようなものではない。

なぜなら周辺的な存在なのであれば、二〇〇〇年代に入って爆発的に増加するはずもないからだ。

第6章　自治体相談支援業務と専門職の非正規公務員

一　地方自治体に押し寄せる相談窓口

二〇〇〇年以降、地方自治体に、何らかの困難を抱える人々の相談窓口の設置を求める法令が続出している。

「配偶者からの暴力の防止及び被害者の保護等に関する法律（以下、「DV防止法」という）」（二〇〇一年一〇月施行）は、売春防止法に設置根拠がある婦人相談所（都道府県は義務設置、市町村は努力義務）ならびに婦人相談員に対して、DV防止法に規定する相談事務を実施することを求め、「改正ストーカー行為等の規制等に関する法律」（二〇一三年一〇月施行）は、国及び地方自治体に対し、婦人相談所その他適切な施設において、ストーカー被害者に対する支援に努めることを明記した。

「改正児童福祉法」（二〇〇五年四月施行）は、すべての市町村に児童虐待に関する相談受け付けの実施を義務づけ、「高齢者虐待の防止、高齢者の養護者に対する支援等に関する法律」（二〇〇六年四月施行）は、虐待発見者から通報を受ける窓口として市町村ならびに都道府県を位置づけた。

「障害者自立支援法」（二〇〇六年一〇月施行）は、初めて「相談支援」という言葉を規定し、相談支援事業を市町村の必須事業と位置づけた。同法を改正して制定された「障害者の日常生活及び社会生活を総合的に支援するための法律」（二〇一三年四月施行）も、同法七七条一項三号で、市町村は、地域生活支援事業として、障害者等、障害児の保護者又は障害者等の介護を行う者からの相談に応じ、必要な情報の提供及び助言その他の厚生労働省令で定める便宜を供与すると定めた。さらに、「障害者虐待の防止、障害者の養護者に対する支援等に関する法律」（二〇一二年一〇月施行）は、市町村・都道府県の部局又は施設に、障害者虐待対応の窓口等となる「市町村障害者虐待防止センター」・「都道府県障害者権利擁護センター」としての機能を果たさせることとした。

そして、二〇一五年四月に全面施行した「生活困窮者自立支援法」は、福祉事務所設置自治体に対し、生活困窮者からの相談に早期かつ包括的に応ずる相談窓口の設置を義務づけ、任意事業として就労相談支援事業や家計相談支援事業を位置づけた。同じく四月に施行した「子ども・子育て支援法」五九条は、市町村に対し、子どもまたは保護者からの相談に応じ、必要な情報の提供及び助言を行うなどの事業を義務づけた。

相談窓口の設置を努力義務とする法令もある。「ホームレスの自立の支援等に関する特別措置法」（二〇〇二年八月施行）は、都道府県ならびに区市町村に対し、ホームレスの自立にむけた施策を展開しなければならないと定め、「犯罪被害者等基本法」（二〇〇四年一二月施行）は、犯罪被害者等が直面している各般の問題について相談に応じることを規定する。「自殺対策基本法」（二〇〇六年一〇月施行）は、「地方公共団体は、自殺をする危険性が高い者を早期に発見し、相談その他の自殺の発生を回避するための適切な対処を行う体制の整備及び充実に必要な施策を講ずる」ことを、「子ども・若者育成支援推進法」（二〇一〇年四月施行）は、ニートや引きこもりに関する相談窓口として子ども・若者総合相談センター等の体制整備を確保することを、そして「過労死等防止対策推進法」（二〇一四年一一月施行）は、過労死等のおそれがある者及びその親族等からの過労死等に関する相談体制の整備を、地方自治体に求める。

また相談窓口の役割の拡大を打ち出す法令もある。先に指摘した婦人相談員のほか、消費生活相談員も、二〇一〇年六月施行の改正貸金業法においては、債務整理（借金問題）の相談先となり、さらに二〇一四年一一月施行の「改正消費者安全法」で、消費生活相談員の資格は国家資格とされ、さらなる役割拡大が期待される存在となった。

予算措置を通じて、地方自治体の相談窓口機能の強化を求める例もある。二〇一四年度には、ひとり親家庭への総合的支援に資するよう、地方自治体の相談窓口に新たに就業支援に専念する「就業支援専門員」を配置することとされ、国の母子家庭等対策支援事業の予算が増額した。

二　社会の危機と相談支援業務

相談支援という業務は、社会が変動期に入り、人々がそれに対応できず危機を迎えた時に生じる。つ

図表６－１　「相談」を含む法律制定推移

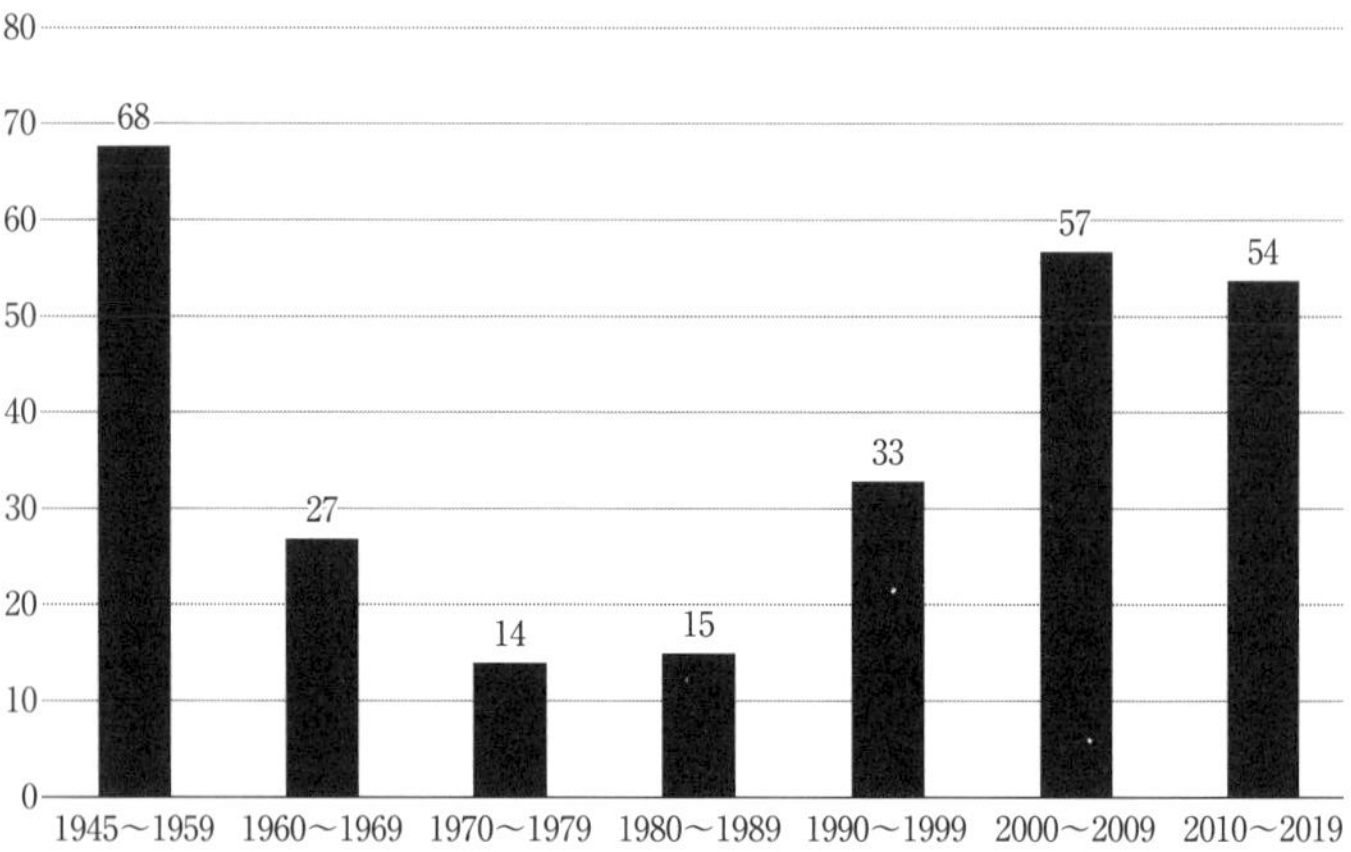

出典）「e-Gov 法令検索」の法令用語検索から筆者作成（2020年３月14日閲覧）
注１）1990年代の制定法律から、中央省庁改革関連設置法（７法律）を除いた。
注２）2000年代の制定法律から、独立行政法人設置関連法（５法律）を除いた。

まり社会変動と相談支援業務は連動する。

図表６—１は、現行法規において、条文中に相談という用語を使用している法律の制定数を、ほぼ一〇年ごとにまとめてカウントしたものである。

敗戦後の混乱・復興期を含む一九四五～一九五九年には、「相談」を条文中に記載する法律は六八本を数える。

その後、高度成長期の一九六〇年代、低成長期といわれる一九七〇年代、そしてバブル期を含む一九八〇年代は、それぞれ二七本、一四本、一五本と、他の時期に比べて少ない。ところがバブルが崩壊し、アジア通貨危機が起こり（一九九七年）、自殺者がはじめて三万人を超え（一九九八年）、就職氷河期を迎えた一九九〇年代には三三本に一気に拡大し、その後も、失われた二〇年という時代のなかで、貧困と格差が同時進行する「分断の時代」を迎えると、「相談」という用語を条文中に規定する法律制定数はさらに増加し、二〇〇〇年代に五七本、二〇一〇年代に五四本となる。

戦後七四年間に制定された現行法規の法律中、「相談」を条文中に規定する法律本数は、二〇一九年末現在で合計二六八本。このうち四割超の一一一本は二〇〇〇年以降の約二〇年間に制定されている[1]。また合計二六八本のうち、市区町村に相談の役割を義務付けている法律は一七六本で六割以上に上り、この約三分の一の五四本が二〇〇〇年以降に制定されている。すなわち市区町村は、二〇〇〇年以降の社会の危機の時代において、相談支援の前線機能を果たす法的義務を負ってきたのである。

そして二〇二〇年制定の改正社会福祉法では、市区町村は、相談支援や（中間的）就労支援等の参加支援をも取り込んだ包括的な相談支援、包括的な支援体制を整備することを義務付けられたのである。

法律は、立法的判断の基礎となる「立法事実」があって制定され、制定後においては、「立法事実」がその法律の改廃の基礎となる。いわば「立法事実」は、「法律を制定する場合の基礎を形成し、かつその合理性を支える一般的事実、すなわち社会的、経済的、政治的もしくは科学的事実」である[2]。

二〇〇〇年代に入り、DV相談、高齢者・障害者・児童虐待、自殺対策、ホームレス支援、生活困窮者支援等々、地方自治体に対し相談支援窓口の設置を義務付ける法律が多数制定されてきたのは、バブル崩壊後の日本社会が貧困化・困窮化する一方、新自由主義思想とともに広まった自己責任感覚の中で、何らかの支援を必要とする者の孤立が深まったという「立法事実」があったからではないだろうか。

だが「小さな政府」が尊ばれ、公務員数の削減が優先される中にあって、法律で義務付けられたとしても、周辺業務に位置づけられる相談支援に正規公務員を配置する余裕はない。ゆえに、相談支援業務は非正規化を伴って進展してきた。

三　専門職化・非正規化する相談員

相談業務は、従前は、正規の課業（タスク）に付随して実施されてきたもので、それが社会の病理の進行という環境変化と、行政組織の官僚化にともなう住民との接点の後退により、独立した課業と位置づけられ[3]、二〇〇〇年以降に地方自治体の業務として爆発的に拡大してきたようである。

相談窓口の設置の（努力）義務づけにより、相談業務に対応する相談員も増やさざるをえない。ところが、当該相談員は、多くの場合、専門職（資格職）で、しかも非正規職という雇用形態である。

児童福祉法に基づく市町村の児童家庭相談窓口に関しては、二〇一二年四月一日現在、対応部署は、「児童福祉主管課」四九・三％、「児童福祉・母子保健統合課」二三・二％、「福祉事務所（家庭児童相談室）」一四・二％で、対応する相談窓口の担当職員は八二八一名、うち児童福祉司、保健師、教員免許取得等の資格を持つ有資格者五三八四人（六五・〇％）である。ただし三人に一人は非正規職員で、専任職員は過半数に満たない[4]。

役割が増大し、国家資格化した消費生活相談員では、二〇一九年四月一日現在、全国の消費生活センターに所属する三三七九人のうち、「定数内職員」といわれる正規公務員は六三人に過ぎず、ピーク時の一三四人（二〇一三年）から六年で半分以下にまで削減され、全体の一・九％に過ぎない一方、「定数外職員」といわれる非正規公務員の相談員は二七四一人で、八一・一％を占める。つまり消費生活相談行政は、圧倒的に非正規公務員によって担われている（消費者庁「令和元年度 地方消費者行政の現

図表６－２　婦人相談員の委嘱状況　（2017年４月１日現在）

	常勤	%	非常勤	%	合計
都道府県	75 (82)	16 (18)	391 (381)	84 (82)	466 (463)
市区	220 (168)	22 (22)	761 (586)	78 (78)	981 (754)
合計	295 (250)	20 (21)	1,152 (967)	80 (79)	1,447 (1,217)

出典）「婦人保護事業の現況について」（2018年７月30日「第１回困難な問題を抱える女性への支援のあり方に関する検討会」資料６・１）から筆者作成
注）カッコ内は、2012年４月１日現在の状況

況調査」（二〇一九・一〇）Ⅲ―1）。

さらに婦人（女性）相談員である。厚生労働省のワーキングチームが策定した「婦人相談員相談・支援指針（平成二七年三月）」では、婦人相談員を「対人援助を担う専門職」と位置づける。だが、採用実態は、任期一年で不安定雇用の非正規職が大半を占める。二〇一七年における婦人（女性）相談員の委嘱状況をみると八割の婦人相談員は非常勤職員である（図表6―2参照）。DV防止法全面施行の二〇一二年四月一日現在と比較すると、五年間で婦人（女性）相談員は二三〇人、一・二倍に増加しているものの、ほとんどが非常勤職員である（一八五人増）。また、常勤職員の配置は特定の都道府県に偏っており、和歌山県、福岡県はすべて、東京都、新潟県、京都府、大阪府は一部の婦人（女性）相談員が常勤であるものの、他の道県は全員が非常勤である。

非常勤職員はほとんどの場合、任期は一年以内だが、二〇一七年四月一日現在の在職年数状況⑸をみると、この間の採用数増で三年未満の相談員が都道府県で四八・九％、市区では四七・〇％を占めているものの、労働契約法（公務員には非適用）に基づく無期転換申入権が発生する五年以上のキャリアを有する婦人（女性）相談員は、都道府県一六一人（三四・六％）、市区二八八人（二九・四％）で、繰り返し任用されてきたことは明

らかになっている。

四　地方自治体側の対応

地方自治体には何らかの困難を抱えた相談者のための「相談窓口」が押し寄せている。そして、それに対応する相談員は専門職化と非正規化を伴い進展している。

なぜそうなのか。地方自治体の側の事情を聴いてみよう。

福岡県の南部、筑後平野の中央に位置する田園都市である筑後市。一九五四年四月に、羽犬塚町、水田村、古川村、岡山村（一部）が合併して筑後市となり、その後、三潴郡西牟田町と八女郡下広川村の一部を編入合併し、現在に至る。市域は東西七・五キロ、南北八・二キロ、面積四一・七八平方キロのほぼ平坦な土地に、人口約五万人が暮らす。周辺のほとんどの自治体で人口が減少するなか、筑後市は順調に人口や世帯数が増加している。

一方、職員定数は「順調」に減少してきた。二〇〇五年四月一日現在の正規職員数は五三一人。これが二〇〇八年には五〇七人となり、二〇一一年四月一日に筑後市立病院が地方独立行政法人に移行したことから正規職員数は激減し、二〇一一年には三四五人となった。その後は、二〇一二年に三四六人、分析の対象にした二〇一五年では三五一人、そして直近データの二〇一八年四月一日現在では、三五四人へと職員数は回復基調にあるものの、後に述べるように、全職員の三分の一以上が非正規職員という自治体職場である。

この間、筑後市では、少なくなった正規職員を活用するため、組織のフラット化を進め、担当係長制度に移行するとともに、係長以外の非管理職員は係に配置せず、配属された課のいかなる係の仕事も担務するなどの組織改革を進めてきた。

ところが、地方自治体が対応しなければならない行政需要、とりわけ二〇〇〇年以降の「相談支援」業務は、フラット化により高まったはずの対応力を凌駕する質量で地方自治体に押し寄せた。

そこで、筑後市では、高まる行政需要を非正規公務員で対応せざるをえなくなった。

図表6―3に示すように、二〇一五年四月一日現在、特別職非常勤職員一二人、一般職非常勤職員六五人、臨時職員一二三人、合計二〇〇人の非正規職員が任用されている。正規職員は三五一人なので全職員に占める非正規率は三六・三％、三人に一人は非正規職員という状況だが、一般市では平均的な正規・非正規構成である。

相談業務を担当する非正規職員は一八人で、一般職非常勤職員で任用されている職員の約四分の一強を占める（図表6―4参照）。全員が週勤務時間三一時間（週四日勤務）である。相談業務のうち、生活困窮者自立支援、就労支援、住宅確保支援、消費生活相談、生活保護面接、障害者支援等の市民生活に直結する相談業務を福祉課に集約し、ワンストップ型の相談行政を展開している。

増大する相談業務を非正規職員で対応することについて、筑後市の人事担当係長は、正規職員の定員が限られていることに加え、「相談業務の特殊性」をその理由に挙げた。すなわち相談業務は専門領域に関わる事項が多く、このため当該業務に携わる者は、長期の臨床経験と専門性ならびにそれを裏打ちするための資格職としての性格が備わる。一方、正規職員の人事制度は異動を前提とし、仮に研修費用

図表６－３　筑後市の正規・非正規職員数の推移（2015年４月１日現在）

非正規職員				正規職員	正規・非正規割合	
特別職非常勤	一般職非常勤	臨時職員	合計	計	非正規率（%）	正規率（%）
12	65	123	200	351	36.3	63.7

図表６－４　筑後市一般職非常勤職員の相談員の種類・人数（2015年４月１日現在）

	人数	所属	週勤務時間／人
空き家老朽危険家屋相談員	1	企画財政課　企画政策担当	31
生活保護面接相談員	1	福祉課　市民相談･年金担当	31
消費生活専門員	1	同　上	31
生活困窮者自立支援相談･就労支援･住宅確保支援･労働相談	1	同　上	31
障害者自立支援員	2	福祉課　障害者支援担当	31
女性支援相談員	1	男女共同参画推進室	31
家庭児童相談員兼母子･父子自立支援員	2	子育て支援課　児童家庭担当	31
こんにちは赤ちゃん事業訪問相談員	1	子育て支援課　子育て支援拠点施設担当	31
地域包括支援センター介護支援専門員	7	地域包括支援センター	31
スクールソーシャルワーカー	1	学校教育課	31
合　計	18		

をかけて資格を取らせても、資格を活かせる業務に留まることは期待されていない。したがって、専門性や資格職性を伴う相談業務は、異動を前提とする人事制度と相容れないものとなり、畢竟、異動することのない非正規職とならざるをえず、むしろ労働市場からスポット的に調達するほうが、即戦力としての期待にも適うという。

なお筑後市では、従前は非常勤職員として採用してきた社会福祉士を、二〇一四年四月に正規職員として採用し、地域包括支援センターに配属した。先の人事担当係長は、社会福祉士の労働需給が逼迫して非正規職員として採用しづらくなったことに加え、社会福祉士という資格専門職が、高齢・障害・子育て等の業務に対応しうる汎用性の高いものであることを挙げている。

五　周辺化された相談業務、非正規化する相談員

相談業務は、窓口を設置し適切に広報すれば、相談件数が飛躍するという、即時的な効果が期待される分野である。

婦人相談件数と婦人（女性）相談員の配置状況の関連性を分析した阪東美智子・森川美絵の研究[6]によれば、二〇一〇年度において、都道府県別の婦人相談所の婦人（女性）相談員数（女性人口一〇万人あたり）と婦人（女性）相談員が行った相談実人員数（女性人口一〇万人あたり）は正の相関がみられ（相関係数＝＋0.453）、また、市区の福祉事務所等に配置される婦人（女性）相談員（女性人口一〇万人あたり）とその婦人（女性）相談員が行った相談実人員数（女性人口一〇万人あたり）を都道府県別

に見ても、正の相関が見られる（相関係数＝＋0.637）としている。[7]

すなわち、婦人（女性）相談員数と相談実人員数は相当程度に関連し、相談員を増やせば、相談者も増えるという関係にある。実際、二〇〇四年から二〇一三年にかけて、婦人相談員は約一・五倍に増え、DV相談件数も約一・六倍に増加している。相談窓口の設置や相談員の増加が、DV事例を顕在化させたとも考えられる。

だが、相談業務とは、困りごとを掘り起こすだけに留まっていられるものではない。相談者の抱える困難は複雑で、その背景には、さまざまな問題が絡み合っているからだ。

自殺統計によると、二〇一四年度の自殺の原因・動機の第二位は「経済・生活問題」であり、このうち多重債務を原因として六七七人が自殺している。[8] つまり自殺対策に携わる相談員の対応は、精神科等医療機関に橋渡しすれば済むものではなく、自殺することを考える相談者の背景にある原因を探り出し、適切な対応策を提示しなければならない。ところが、地方自治体に相談窓口を促す法令は、虐待や暴力の相談であれば児童、高齢者、障害者、女性というように課題別・対象者別に制定し、相談員も法令の区分ごとに採用される。だが、相談事例の背景は、法令の区分のように明確ではないので、相談員の側で相談の背景を探りだし、他分野の専門家や相談員との連携の道を模索せざるをえない。

たとえば相談者がDV被害女性ならば、相談員は、被害者に危険が迫っていることを想定し警察に支援を求め、経済的な困窮下であれば生活保護の申請のために福祉事務所に同行し、子どもを連れて逃げてきているのであれば教育委員会と学校に連絡する。具体的な相談業務の現場では、相談員は、電話相談や面接相談の際に、相談者をまず受け入れ（インテーク）、その辛さに「共感」[9] し、一緒に考えていくことを伝え、途方に暮れる相談者の心情を整理し、混線する感情を解きほぐし、その次にアセスメント（見立て）といわれる状況把握を行う。アセスメントでは、困難がどのような状況から発生しているかを把握し、相談者が何を求めているのかを確認し、その上で、困難から脱却するためのプランが組み立てられる。

このように一人の相談者が困難から脱却するためには長い時間を要し、そうでなければ相談者からの信頼は得られず、適切な対応もできない。何らかの困難を抱えた人々の相談業務においては、相談員は長い臨床経験と専門職性（資格職性）を身につけざるをえない。

だが、このことが、彼女たち彼らを非正規化する。

これまで広く流布してきた正規と非正規の区分要素とは、正規とは「常勤」＋「無期雇用」＋「直接雇用」の三要件を満たすものという理解だった。これに対し、濱口桂一郎は、これらに「職務無限定」を加えるべきと指摘する。なぜなら、日本型雇用システムでは、ジョブ（職務）ではなく、その会社や組織に所属するというメンバーシップが重視され、それゆえ「正社員」とは、雇用主との間で「職務の限定のない雇用契約」を締結し、職務に関わりなく、本人の同意も必要なく、職務無限定に、配転・異動を命じられる者をいうからである。すなわち正規とは、「常勤」＋「無期雇用」＋「直接雇用」＋「職務無限定」という要件をすべて満たす者であり、一方、これらの正規の諸要件の一つでも欠ければ、その者は非正規ということになる。つまり非正規とは、「非常勤」or「有期雇用」or「間接雇用」（派遣、請負、委託）or「職務限定」のいずれかに該当する場合なのである。

日本の公務員の人事制度も、メンバーシップ型の日本型雇用システムのもとにある。そして職務無限定のジェネラリスト型人事制度の下では、相談員のように専門化し、そのことにより職務が限定される者は非正規化する。そしてメンバーシップを付与されていないことから、「重要な仕事には従事させられない周辺的な存在であるという意味合い[10]」が付加される。

六 迫られるメンバーシップ型人事制度の変更

二〇〇五年、東京都消費生活総合センターの相談課に勤務する三人の非常勤の消費生活相談員らが中心となって「悪質リフォームの詐欺的商法」に対する集中相談を提案した。きっかけは同年に埼玉県富士見市で起こった事件で、認知症の高齢の姉妹が自宅のリフォーム「契約」に基づく工事の代金の支払いができず、自宅が競売にかけられたというもので、高齢者の消費者被害がクローズアップされ、社会問題化したことだった。七月一一日・一二日の二日間、東京、神奈川、埼玉、千葉の八都県市が、日本建築家協会と共催で「住宅リフォーム一一〇番」を実施、東京都消費生活総合センターには二日間で一三四件の相談があり、三人の相談員で可能な限りの斡旋処理を行った。複数の自治体にまたがって相談が寄せられた三業者に対しては、都が八都県市の相談を集約して統一処理を行い、その結果、三三名七四件の総契約額約八九〇〇万円のうち、三八〇〇万円を解約返金させるという合意解約が成立した[11]。

野洲市市民相談課では、国民健康保険税（料）の滞納事例の背景に多重債務問題があることを突き止め、保険年金課に短期健康保険証交付に訪れた相談者を促し弁護士につないだところ、借金は利息制限法の引き直し計算をすることで消滅し、取り戻した過払い金で滞納した税金を完納させた。相談者は

「何度も自殺を思い立ったが相談して良かった」と感謝したという[12]。

このように相談業務は、政策の窓を開き、人の命まで救う。自治体行政の周辺に位置づけられるものではない。さらに、専門性と継続性が問われる相談業務が質量ともに増大し、重視されるなかにあって、相談員を不安定雇用の非正規職として放置しつづけることは、当該業務の劣化につながる。

ではどうしたらよいのか。

課題解決の糸口は、筑後市の人事担当係長の言葉のなかにあった。すなわち、相談業務の総合化、限定ジェネラリスト化である。筑後市では、相談業務の一部を福祉課にまとめていた。また相談業務として汎用性ある資格職を非常勤ではなく正規職員として採用した。

先に紹介した野洲市も同様に、市民生活に関わる総合的な相談窓口としての機能強化を図るため、それまで市民課の課内室であった市民相談室を単独の課とし、九人の職員がさまざまな境遇の市民に対応する。また、消費生活相談をベースとして、法律相談（弁護士・司法書士）や税理士相談、行政相談、住民相談の各種相談業務を集約する一方で、どこの窓口に相談していいか分からない、市民からの苦情や問い合わせなどを受け付けて所管課に案内するなど、第一相談受付窓口としての役割も担っている。二〇一一～二〇一二年度には内閣府の「パーソナル・サポート・サービス」モデル事業を実施し、さまざまな問題領域を抱える相談者に対して、問題の発見から生活再建まで、個別的、包括的、継続的に支援する取り組みを行った[13]。これらの取り組みを牽引してきた生水裕美さんは、野洲市に非常勤の消費生活相談員として採用され、その後、正規職員となり、現在、同課の管理職であることに留意したい。

二〇一五年四月施行の生活困窮者自立支援法は、自治体にメンバーシップ型人事制度の変更を迫ることになった。なぜなら、生活困窮の背景は複雑で、相談者は、借金、失業、虐待、ＤＶ、家庭の問題、こころの問題など、複合的かつ多種多様な困難を抱えており、したがって生活困窮者の相談窓口は総合化せざるをえず、相談員も、いかなる課題にも対応できるようジェネラルな専門性を身につけなくてはならないからだ。生活困窮者の自立には、専門的かつ継続的にこの問題に関わる、職務限定・異動限定の専門職型公務員という新たな類型の正規公務員が、本来は必要なのである。

（１）男女共同参画社会基本法（一九九九年）は、国・都道府県・市区町村に、男女共同参画基本計画等の策定を義務付けているが、男女共同参画センターといった女性関連施設の法的根拠でもなく、同施設が実施する相談支援も規定していない。男女共同参画センターの存立根拠は、各自治体の条例ないしは男女共同参画計画であり、相談支援もセンターが実施する業務と位置づけられることで実施根拠を得ている。瀬山紀子「公立女性関連施設における公務非正規問題を考える」『労働法律旬報』（一七八三―一七八四）二〇一三・一・二五、一三八頁以下参照。

（２）芦部信喜「憲法訴訟と立法事実」『判例時報』（九三二）一九七九・九・五、一二頁。

（３）今村都南雄『組織と行政』東京大学出版会、一九七八年、一九〇頁以下を参照。

（４）厚生労働省「市区町村の児童家庭相談業務の実施状況等（平成二四年度調査）」http://www.mhlw.go.jp/file/04-Houdouhappyou-11901000-Koyoukintoujidoukateikyoku-Soumuka/0000035096.pdf 二〇二〇年九月六日閲覧。

（５）「婦人保護事業の現況について」（二〇一八年七月三〇日「第一回困難な問題を抱える女性への支援のあり方に関する検討会」資料６・１）。

（6）阪東美智子＝森川美絵「全国の婦人相談所の運営に関する実態調査」『厚生の指標』六〇（一二）、二〇一三・一〇、三五頁以下。

（7）ピアソンの積率相関係数では、量的データ同士の相関関係の目安について、+0.7〜+1.0 かなり強い正の相関、+0.4〜+0.7 正の相関、+0.2〜+0.4 弱い正の相関、+0.2〜０〜−0.2 ほとんど相関がない、−0.4〜−0.2 弱い負の相関、−0.7〜−0.4 負の相関、−1.0〜−0.7 かなり強い負の相関としている。岩崎学＝中西寛子＝時岡規夫『実用統計用語事典』（オーム社、二〇〇四年）。

（8）内閣府「平成二七年版自殺対策白書」一二四頁。

（9）共感とは、「相手の感情に波長を合わせようとする試み、相手の感情を理解し、その理解を相手に伝えること」澤田瑞也『カウンセリングと共感』世界思想社、一九九八年、八頁。

（10）濱口桂一郎『日本の雇用と中高年』ちくま新書、二〇一四年、二〇八〜二〇九頁。

（11）拙著『非正規公務員』日本評論社、二〇一二年、五六頁。

（12）生水裕美（野洲市市民部市民生活相談課課長補佐）「〝おせっかい〟の取り組み―滋賀県野洲市の消費生活相談」『都市問題』二〇一三年一〇月号、七四頁以下。同「だから仕事はおもしろい」『月刊自治研』（六五二）二〇一四・一、三一頁以下。

（13）前掲注（12）参照

第7章　非正規化する児童虐待相談対応

――ジェネラリスト型人事の弊害

あまり知られていないことなのだが、児童虐待を含めた児童相談の第一義の窓口は、児童相談所ではなく市町村なのである。これは二〇〇四年の児童福祉法の改正で、児童相談は市町村の業務と位置づけられたからである。現行法では市町村は「児童及び妊産婦の福祉に関し、家庭その他からの相談に応じ、必要な調査及び指導を行うこと、並びにこれらに付随する業務を行うこと」とされ（児童福祉法一〇条一項四号）、要保護児童の通告先としても追加され（同法二五条一項）、市町村のみの対応では困難であるケースは児童相談所の助言を求め（同法一〇条二項）、児童相談所は後方から市町村を支援するための援助等を行う（同法一一条）こととなったのである。すなわち市町村は、児童相談の第一義の窓口となり、子育てに関する全般的な相談に対応するとともに、虐待の未然防止や早期発見につとめ、虐待されまたは虐待のおそれのある要保護児童（同法六条の三）の状況を調査し、要保護児童ならびに保護者に対する援助を実施し、一時保護所等を退所した児童について関係機関と連絡を取りながらアフターケアを進めるなど、児童虐待全般への対応も進めなければならない第一線の現場と位置付けられている。児童虐待相談の対応件数については、二〇〇八年は児童相談所が四万二六六四件だったのに対し、市町村は五万二二八二件で、件数で上回っていた。直近データである二〇一六年では児童相談所一二万二五七五件、市町村一〇万〇一四七件で拮抗している。[1]

ところが市町村では、公務員削減が進むなかで専門職の確保も難しく、相談への対応に苦慮している実態にある。

一　市町村児童虐待担当窓口と家庭児童相談員

一九四七年の児童福祉法の制定以降、あらゆる児童相談行政は、都道府県及び政令指定都市等に設置される児童相談所で執行されることを基本とし、市町村の関与は想定されてこなかった。ところが、一九六四年、当時すでに逼迫していた児童相談所の業務を緩和するために、厚生省（当時）が、「家庭児童相談室の設置運営について」（一九六四年四月二二日付厚生省発児第九二号厚生事務次官通知）を出し、一般家庭における養育上の相談業務を市や都道府県の福祉事務所に担わせることを目的として家庭児童相談室を設置することとした。その業務は「家庭における適正な児童養育、その他家庭児童福祉の向上」であって、旧来からの「児童相談は児童相談所」という枠組みを変更することなく、あくまでも児童相談所の補助機関的な扱いであった。

この家庭児童相談室に配置されたのが、ここで取り上げる家庭児童相談員である。

先の厚生事務次官通知では、家庭児童相談室は「家庭児童福祉に関する専門的技術を必要とする業務を行なう」ものとし、社会福祉主事及び家庭児童福祉に関する相談指導業務に従事する職員（以下「家庭相談員」という）を任命するとした。このうち、社会福祉主事は、社会福祉主事たる資格を有する常勤の正規公務員を配置するとしたのに対し、家庭相談員は、その資格については、①大学において、児童福祉、社会福祉、児童学、心理学、教育学若しくは社会学を専修する学科又はこれらに相当する課程を修めて卒業した者、②医師、③社会福祉主事として二年以上児童福祉事業に従事した者等の専門的な知識や資格を要するとしたものの、その身分は「都道府県又は市町村の非常勤職員」（上記厚生事務次官通知）で、加えて「都道府県又は市町村の非常勤の特別職として取扱うようにされたい」（一九六四年四月二二日付児発第三六〇号厚生省児童局長通知）というものだった。

一九六四年の家庭児童相談室の設置から今日に至る五〇年以上の長期にわたり、家庭（児童）相談員は非常勤職に押しとどめられている。その端緒となったのが、一九六四年の二つの通知だった。

二　市区町村の児童虐待対応という新規行政需要

制度創設時こそ、その業務内容は「家庭における適正な児童養育、その他家庭児童福祉の向上」だったものが、二〇〇四年の児童福祉法改正により、市区町村は児童虐待相談の第一義窓口に位置づけられ、その対応も迫られることになったことから、市区町村の家庭相談員の業務に児童虐待対応が付加された。家庭相談員から家庭児童相談員への転換であると同時に、市区町村の児童虐待対応窓口という新規行政

図表７－１　市町村児童相談窓口の担当職員

職種		2005年度	2010年度	2015年度	増減 (2005-2015)
①児童福祉司たる資格を有する者（②③又は④に該当する者を除く）		371	774	861	490
		5.3%	11.6%	10.2%	
②医師		1	6	5	4
		0.0%	0.1%	0.1%	
③社会福祉士		130	316	630	500
		1.9%	4.8%	7.5%	
④精神保健福祉士		40	49	79	39
		0.6%	0.7%	0.9%	
小計（①～④の計）（児童福祉司と同様の資格を有する者）		542	1,145	1,575	1,033
		7.8%	17.2%	18.7%	
⑤保健師・助産師・看護師（①に該当する者を除く）		1,751	1,243	1,398	-353
		25.2%	18.7%	16.6%	
⑥教員免許を有する者（①に該当する者を除く）		754	872	885	131
		10.8%	13.1%	10.5%	
⑦保育士（①に該当する者を除く）		504	701	812	308
		7.3%	10.5%	9.7%	
⑧ ①～⑦に該当しない心理職		86	N.D.	N.D.	
		1.2%			
⑨ ①～⑧に該当しない福祉職		328	N.D.	N.D.	
		4.7%			
小計（⑤～⑨の計）その他専門資格を有する者		3,009	2,816	3,095	86
		43.3%	40.0%	36.8%	
⑩ ①～⑨に該当しない社会福祉主事		313	409	675	362
		4.5%	6.2%	8.0%	
小計（①～⑨の計）一定の専門資格を有する者		3,864	4,370	5,345	1,481
		55.6%	62.0%	63.5%	
⑪ ①～⑩に該当しない一般行政職		2,544	1,904	2,534	-10
		36.6%	28.8%	30.1%	
⑫その他		129	375	532	403
		1.9%	5.6%	6.3%	
計		6,951	7,048	8,411	1,460
		100%	100%	100%	
	うち　正規職員数	5,306	4,728	5,976	670
		76.3%	67.1%	71.0%	
	うち　専任職員数	2,016	N.D.	2,793	777
		29.0%		33.2%	
	うち　兼任職員数	3,290	N.D.	3,183	-107
		47.3%		37.8%	

	うち　正規職員以外	1,645	2,320	2,435	790
		23.7%	32.9%	29.0%	

出典）2005年度、2010年度は、「市区町村の児童家庭相談業務等の実施状況等について」（厚生労働省雇用均等・児童家庭局作成資料）、2015年度は厚生労働省「第3回市区町村の支援業務のあり方に関する検討WG（平成28年10月21日）」資料2-2より筆者作成。

注）調査時点は2005年度が6月1日現在、2010年度・2015年度が4月1日現在。

需要を、非正規公務員の身分のまま、引き受けることになる。

図表7―1は、二〇〇五年から二〇一五年の一〇年間の市町村児童相談窓口の職員の「資格状況」を表わしたものである。対象の一〇年間で、市町村児童相談窓口の担当職員は一四六〇人増えているが、このうち正規職員は六七〇人増、正規職員以外（非正規職）は七九〇人で、非正規職員による増員が過半を占める。

また二〇一五年段階での資格状況を見ると、「児童福祉司と同様の資格を有する者」（①〜④）は一五七五人で一八・七％、「その他専門資格」（保健師、教員免許、保育士等）の資格を有する者は三〇九五人で三六・八％なのに対し、専門資格を有さない一般行政職が二五三四人で三〇・一％を占める。

また「児童福祉司たる資格を有する者」といっても、その内実は、先にみた、家庭児童相談員の資格要件と同じもので、「大学において、児童福祉、社会福祉、児童学、心理学、教育学若しくは社会学を専修する学科又はこれらに相当する課程を修めて卒業した者」という、いわゆる任用資格要件を満たすに過ぎないものが八六一人（全体の一〇・二％）で「児童福祉司と同様の資格を有する者」の半数以上を占めている。また、六七五人、八％を占める社会福祉主事も、その資格要件は、「年齢二十年以上の者であつて、人格が高潔で、思慮が円熟し、社会福祉の増進に熱意があり、かつ、次の各号のいずれかに該当するもののうちから任用しなければならない」（社会福祉法一九条一項）と規定し、同項第一号で大学等において「厚生労働大臣の指定する社会福祉に関する科目を修めて卒業した者」とされ、民法、行政法、経済学、社会政策などの指定科目三四科目（二〇一〇年三月までは三二科目）から三科目以上を履修し大学を卒業すれば任用資格が得られるいわゆる「三科目主事」であって、専門資格とはおよそ言い難い。また、社会福祉法一九条一項二号は、「都道府県知事の指定する養成機関又は講習会の課程を修了した者」としている。(2)

つまり、二〇一五年でみると市町村児童相談窓口の担当職員八四一一人のうち、専門資格を有さない正規の一般行政職員（二五三四人）と専門資格とはいえない任用資格の者（児童福祉司相当八六一人、社会福祉主事六七五人）、合計四〇七〇人で四八％を占め、これらについては多くは正規公務員から任用され、残りの国家資格に該当する専門資格を有する職員四三四一人の過半は、正規職員以外の者＝非正規公務員の二四三五人で採用されていると考えられる。

三　市区町村児童虐待対応と専門職としての非正規公務員という問題

さらに業務経験年数の長い者ほど、任期一年以内の非正規公務員であるという事実である。

図表7―2は、厚生労働省「平成二九年度市町村の虐待対応担当窓口等の状況調査結果」を加工したものである。

市区町村の虐待対応窓口の職員八九三四人の六三％、すなわちほぼ三人に二人にあたる五五九八人の窓口職員は業務経験年数三年未満で、正規公務員に限ってみると、六一八〇人中四一〇九人（六六％）

図表7－2　市町村における児童虐待対応担当窓口職員の業務経験年数〈2017. 4. 1現在〉

	配置人数	正規・非正規別		%	業務経験年数別										
					6か月未満	6か月～1年未満	1～2年未満	2～3年未満	3年未満計	割合	3～5年未満	5～10年未満	10年以上	3年以上計	割合
指定都市・児童相談所設置市	1,413	正規	1,087	76.9	207	28	279	153	667	79.0	206	146	68	420	73.8
		非正規	326	23.1	62	8	62	45	177	21.0	47	60	42	149	26.2
市・区人口30万人以上	926	正規	568	61.3	141	11	130	94	376	65.7	93	76	23	192	54.2
		非正規	358	38.7	76	14	60	46	196	34.3	58	75	29	162	45.8
市・区人口10万以上30万人未満	1,552	正規	879	56.6	253	32	185	154	624	63.0	155	89	11	255	45.4
		非正規	673	43.4	141	38	102	85	366	37.0	129	113	65	307	54.6
市・区人口10万人未満	2,369	正規	1,285	54.2	307	93	314	224	938	63.0	208	118	21	347	39.4
		非正規	1,084	45.8	164	64	187	136	551	37.0	182	225	126	533	60.6
町	2,258	正規	1,981	87.7	418	131	442	305	1,296	88.1	314	196	175	685	87.0
		非正規	277	12.3	58	21	52	44	175	11.9	52	38	12	102	13.0
村	416	正規	380	91.3	60	37	70	41	208	89.7	62	49	61	172	93.5
		非正規	36	8.7	10	3	3	8	24	10.3	4	5	3	12	6.5
合計	8,934	正規	6,180	69.2	1,386	332	1,420	971	4,109	73.4	1,038	674	359	2,071	62.1
		非正規	2,754	30.8	511	148	466	364	1,489	26.6	472	516	277	1,265	37.9

出典）厚生労働省「平成29年度市町村の虐待対応担当窓口等の状況調査結果」

は業務経験年数三年未満の職員である。これは正規公務員が、三年程度で異動することが影響しているものと考えられる(3)。

その一方で、業務経験は、任期一年で雇止めの危機に常に晒されている非正規公務員に蓄積されている。個別の自治体では様相が異なるのだろうが、区分別にまとめてみると、児童相談所がある指定都市・中核市を除くすべての市区で、一〇年以上の業務経験を有する職員は、非正規が正規を人数の上で上回る。人口三〇万人未満の市・区では、経験年数三年以上の職員の過半が、任期一年のベテランの非正規公務員なのである。

二〇〇四年の児童福祉法改正の折の国会審議の中で、同法一〇条四項として、「市町村は、この法律による事務を適切に行うために必要な体制の整備に努めるとともに、当該事務に従事する職員の人材の確保及び資質の向上のために必要な措置を講じなければならない」という条文が付加されていた。だが、二〇〇四年の児童福祉法改正で児童相談に関する市町村の位置づけが大きく転換したにもかかわらず、専門的技術を要する職員は、役所内の広範な異動になじまないことを理由にして、職務限定の非正規職としての採用で済まされてきた。そしてその業務を担う市町村の児童相談窓口の非正規公務員の扱いは、五〇年以上前に出された家庭（児童）相談員に関する旧厚生省の二つの通知の状態でフリーズし、ワーキングプアの不安定雇用者として放置されてきたのである。

四　非専門的で業務経験の浅い正規職員で構成される児童相談所

過酷な児童虐待事例に対し、専門的に対処する児童相談所は、どのような職員体制なのだろうか。

二〇一八年度に全国二一二か所の児童相談所が対応した児童虐待相談件数は一五万九八三八件、前年度比二割増で過去最多を更新した。一〇年前の二〇〇八年度（四万二六六四件）の約四倍である[4]。一方、児童虐待の通告に対応する児童福祉司は、二〇〇八年度は二三五八人、二〇一八年度は三四二六人で一・四倍になったに過ぎない。一人当たり対応件数も、欧米並みの一八件だったものが四七件へと三倍に増えた。

東京・目黒区、千葉・野田市、札幌市、鹿児島・出水市と、虐待による苛烈な死亡事例が相次ぐなかで、批判の矛先は児童相談所に向けられているが、人が絶対的に足りないという事実は無視できない。

たしかに都道府県・政令市・児童相談所設置自治体は、児童相談所の人員確保に動いている。だがその結果、勤続年数三年未満の児童福祉司が四九％、業務経験五年未満では六五％を占めるようになってしまった（図表7―3参照）。

児童福祉司は国家資格ではなく、児童福祉法一三条三項に列挙された要件を満たした正規公務員の中から配置される任用資格である。二〇一九年度の児童福祉司の任用資格状況をみると、「大学で関連科目の単位を取得」「社会福祉主事経験」といういわゆる三科目主事や「同等以上の能力を有すると認められる」という、これら専門性があるとは言い難い任用要件で児童福祉司として任命される者が、これも四九％を占めている[5]（図表7―4参照）。

図表7－3　児童相談所　児童福祉司の業務経験年数

	2011年	2012年	2013年	2014年	2015年	2016年	2017年	2018年	2019年
1年未満	16%	15%	17%	13%	15%	17%	14%	18%	20%
1～3年	29%	29%	28%	28%	26%	26%	26%	23%	29%
3～5年	19%	19%	17%	18%	18%	18%	17%	16%	16%
5～10年	23%	24%	24%	24%	25%	23%	25%	26%	21%
10年以上	13%	14%	14%	16%	17%	17%	17%	14%	15%
0～3年	45%	44%	45%	41%	41%	43%	40%	41%	49%

出典)「令和元年度全国児童福祉主管課長・児童相談所長会議資料」から筆者作成

図表7－4　児童福祉司の任用資格区分

	1号	2号	3号	4号	5号	6号	合計
2019年4月1日現在	271	1,126	0	1,638	321	461	3,817
%	7	29	0	43	8	12	100
2018年4月1日現在	245	1,028	0	1,326	263	363	3,225
%	8	32	0	41	8	11	100

出典）当該年度の全国児童福祉主管課長・児童相談所長会議資料より筆者作成
注）児童福祉法13条3項の任用資格区分
1号　都道府県知事の指定する児童福祉司若しくは児童福祉施設の職員養成学校等を卒業し、又は都道府県知事の指定する講習会の課程を修了した者
2号　大学で、所定3科目の単位取得
3号　医師
4号　社会福祉士
5号　社会福祉主事経験2年
6号　同等以上の能力

児童相談所は、生活保護担当と並んで、職員が異動したがらない職場となっている。

　ある市の児童相談所の課長は、若い職員に頼み込み、三年で他部署へ移すことを約束して、児童相談所の職員を確保していた。職員の経験年数が浅いのは増員したことだけが原因ではない。ジョブローテーションを前提とする公務員人事の弊害をまともに受け、経験年数の浅い非専門職員が半数を占めているの

である。

五　二〇一六年改正児童福祉法――市区町村の「子ども家庭総合支援拠点」

児童福祉法は、さらに二〇一六年にも改正されている。二〇一六年改正法では、市区町村に関して、「子ども家庭総合支援拠点」（以下、「支援拠点」という）を創るべきことを明らかにした。これは、児童相談所が相談対応を行った児童のうち九割強が在宅支援となっているが、その後に状況が変化し、重篤な虐待事例が生じる場合が少なくない実態にあり、市区町村が、身近な場所で、子どもやその保護者に寄り添って継続的に支援し、児童虐待の発生を防止することが重要であると認識されたためである。

このため市区町村は、二〇一七年四月から、子どもとその家庭及び妊産婦等を対象に、実情の把握、より専門的な相談対応や必要な調査、訪問等による継続的なソーシャルワーク業務を行うことが求められ、地域のリソースや必要なサービスを有機的につなぐ「支援拠点」の設置に努めることになった。

社会的な要請があるのだから行政は仕事をつくる。だが正規公務員には限りがあり、しかも三年前後で異動してしまう。畢竟、ますます非正規の職員に依存することになる。

支援拠点に関して厚生労働省が策定した設置運営要綱[6]では、職員体制について、①子ども家庭支援員（実情の把握、相談対応。資格：社会福祉士、精神保健福祉士、医師、保健師、保育士等）、②心理担当支援員（子どもや保護者等の心理的側面からのケア等。資格：大学や大学院において、心理学を専修する学科又はこれに相当する課程を修めて卒業した者）、③虐待対応専門員（虐待相談、虐待が認められる家庭等への支援。資格：社会福祉士、精神保健福祉士、医師、保健師等）の専門職員を置くとなっている。だが、配置人員に関しては、市町村規模にもよるが、人口四五万人以上の大規模型では、子ども家庭支援員は常時五名で一名は非常勤形態でも可、心理担当支援員は常時二名で非常勤形態でも可、虐待対応専門員は常時四名で非常勤形態でも可とし、常時配置すべき人員合計一一名のうち七名は非常勤形態で可としている。人口五・六万人以上一七万人未満規模の自治体に設置される小規模B型の支援拠点では、子ども家庭支援員を常時二名（一名は非常勤形態でも可）、虐待対応専門員を常時一名（非常勤形態でも可）の配置とし、常時計三名のうち二名は非常勤形態でよいとする。

また十分な予算措置がなされてもいない。厚生労働省の二〇一七年度予算における支援拠点関連予算は、市区町村が自ら運営する場合、一支援拠点当たり、小規模B型で約九四四万円、大規模型でも約三八七〇万円を補助するにとどまり、残りの必要経費は市区町村の持ち出しとなる。財政逼迫に陥っている自治体としては、経費を節減するために、専門職の相談員をワーキングプアの非常勤形態で雇わざるをえないことになる。

児童虐待は突然に起こるものではない。ひとつひとつの家族に刻まれた歴史から生み出される。児童虐待は対症療法的措置では根本的解決には至らず、だからこそ、継続的な見守りや家族との信頼関係の構築が必要となる。長期スパンで観察することを要する業務に当たる職員を、雇用不安を常に惹起する細切れの期間雇用で、その処遇もワーキングプア水準の非正規公務員のままで放置していてよいのか。

児童虐待が増え続け、過酷事例が続出するのは、児童相談の第一義窓口となった市町村で職員体制の整備が進んでいないためではないのか。専門的に対処すべき児童相談所の職員体制が、ジェネラリスト人事の弊害を受け、非専門化＝素人化しているせいではないのか。根本的な問い直しの時期がきている。

六　相談支援業務が非正規化する理由

家庭児童相談員の事例でみたように、相談支援業務は、専門職・資格職であるがゆえに、非正規化する。児童相談所の人員体制でみたように、本来専門的に対処すべき分野にもかかわらず、正規公務員が異動前提のジェネラリスト型人事制度のもとにあるために、非専門化する。

非正規公務員が増大してきた背景には、一義的には、公務員の定数削減と行政需要の拡大という問題があった。これがベースである。これに加え、相談支援業務が非正規化することには、その専門性・資格職性という特殊性が横たわっている。

相談支援業務は専門領域に関わる事項が多く、このため当該業務に携わる者は、専門性とそれを裏打ちするための資格職としての性格が備わる。一方、正規職員の人事制度は異動を前提とし、仮に研修費用をかけて資格を取らせても、資格を活かせる業務に留まることは期待されていない。したがって、専門性や資格職性を伴う相談業務は、異動を前提とする人事制度と相容れないものとなる。

また、相談支援業務は、女性向きの仕事として、女性職として発達してきた経緯がある。

全国の非正規公務員は、二〇一六年四月一日現在の総務省「地方公務員の臨時・非常勤職員に関する実態調査」で六四万人余で、このうち四分の三は女性である。自治体の公共サービスのうち、女性の非正規公務員への代替が進められている分野は、相談支援業務、看護師、保育士、給食調理員といったケア労働、家事的労働の分野で、このようなケア的・家事的公務は、女性向きの家事労働の合間のパート労働という認識が公務職場の「常識」となっている。だから非正規化が進む。(7)

さらに相談支援業務に関しては、「感情労働」という要素が加わる。「感情労働」とは、顧客や住民の感情的な言動や、理不尽な要求にもかかわらず、労働者が自分の感情をコントロールしながら、顧客や住民に礼儀正しく適切に対応するという労働のことである。(8) 窓口業務や相談支援業務も「感情労働」の典型であるが、これら「感情労働」における負荷は軽視されてきた。それは「感情労働」の従事者の多くが女性であることと無関係ではない。

アメリカの賃金コンサルタント企業であるヘイ社は、職務給の算出に係る職務評価の得点要素法に関し、女性職務を低く評価するジェンダー・バイアスがあるとの批判を受け、一九八〇年代以降、女性職務を低く評価しない考え方で得点要素法を研究開発した。その研究開発の重要な要素となったのが「感情労働」にともなう労働者の負担だったのである。(9) 何らかの困難を抱えた住民に、自らの感情を抑制し寄り添うという相談員の労働を、正当に評価する必要がある。

相談支援業務は専門性を支える必須アイテムとなってきている。この点について畑本裕介は、地方行政において、予算上も機構上も、社会福祉行政は巨大化し、「社会福祉主事のような緩やかな資格を持つ職員を、時にはその資格すら持たない職員を大幅に交えながら、他部局とローテーションしていくという体制は限界を迎えている」とし、代わって求められるようになるのは、①相談援助技術、②社会福祉計画策定技術、③庁内外での社会福祉関連知識の普及者としての役割を備えた新たな専門性であると

する。(10)

そうすると、相談支援に携わる非正規公務員の各種相談員は、それ自身が専門性の一要素をすでに備えていることになる。

これを地方行政に活かさない手はない。

では、どうするのか。次のような意見は傾聴に値する。

「相談員を非常勤にとどめる男女共同参画センターはいまだに多いが、非常勤の身分では勤務条件も職務権限も限られてしまい、個別相談以上の業務や災害時の緊急稼働に十分対応することができない。相談員の雇用待遇の引き上げとともに職責を拡充し、事業担当や行政・関連機関等との連携会議、防災分野の研修等にも公務として積極的に参加させることが必要だ(11)」。

要は、先にあげた、相談支援業務が非正規化してきた要因を反転させ、弊害を除去することが必要なのである。

つまり、専門職採用の門戸を広げて異動限定型公務員の採用類型を制度化し、そして同一価値労働同一賃金原則に基づき、適正な職務評価を実施し、職務の価値に応じた賃金が支払われるという、性に中立な処遇を確立することなのである。

(1) 厚生労働省子ども家庭局「市町村・都道府県における子ども家庭相談支援体制の整備に関する取組状況について」(「社会保障審議会児童部会社会的養育専門委員会　市町村・都道府県における子ども家庭相談支援体制の強化等に向けたワーキンググループ(第四回)」二〇一八年一一月一二日　資料4)。

(2) 岩手県、岩手県内市町村での福祉行政の実務を経験し、岩手県立大学社会福祉学部で教鞭をとる斉藤昭彦は、社会福祉行政の任用状況と課題について次のように述べる。「市町村の実態を見ると、社会福祉主事の任用の多くは「三科目主事」であるが、高校卒業者や理系大学卒業者等で社会福祉主事の任用資格のない者が人事配置された場合は、無資格のまま業務に従事しながら養成課程の通信課程を受講・修了し、任用資格を得ている。少なくとも配置段階での職員は「社会福祉の増進に熱意」があるとは言い難い現状である。」「福祉事務所の社会福祉士及び精神保健福祉士の取得率は、二〇一六年一〇月一日現在、査察指導員で一〇%程度、現業員で約一六%であり増加傾向にはあるが、二〇〇〇年の社会福祉法改正時に期待された社会福祉士等が社会福祉主事の中心となるには道のりは遠い現状にある。」斉藤昭彦「市町村の福祉行政専門職員の配置の必要性と求められる市町村福祉行政の機能及び福祉行政専門職員の能力」『岩手県立大学社会福祉学部紀要』(二一)二〇一九・三、一六頁。

(3) 児童福祉司に関していえば、「児童福祉司に必要な専門性を確保するためには、五年から一〇年程度の経験が必要であり、さらに、指導的立場に立てる職員を育成するためには、より多くの経験が必要との声も多くある」と指摘されている(厚生労働省「今後の児童家庭相談のあり方に関する研究会報告書」二〇〇六年、六頁)。

(4) 当該年の福祉行政報告例より算出。

(5) 令和元年度全国児童福祉主管課長・児童相談所長会議資料。なお現行法では、五号精神保健福祉士、六号公認心理士が追加され、旧法五号、六号は、それぞれ七号、八号に変更されている。

(6) 厚生労働省・第八回新たな社会的養育の在り方に関する検討会(二〇一七年一月一三日)「市区町村子ども家庭総合支援拠点」運営指針(案)」。

（7）竹信三恵子『家事労働ハラスメント』岩波新書、二〇一三年、一七二頁。

（8）遠藤公嗣『これからの賃金』旬報社、二〇一四年、一六六頁。

（9）遠藤、前掲注（8）、一五五頁。

（10）畑本裕介「社会福祉行政における専門性」『同志社政策科学研究』一九（二）二〇一八・三、一一頁以下。

（11）丹羽麻子「災害と相談——災害時女性相談の実践と意義をめぐって」土井良多江子他編著『相談の力——男女共同参画社会と相談員の仕事』明石書店、二〇一六年、九七〜九八頁。

第8章　生活保護行政の非正規化がもたらすリスク

一　市民を死に追いやる情報共有の欠落

二〇一四年九月二四日。家賃滞納で銚子市の県営住宅から立ち退きを強制執行される日。当時四三歳の母親は無理心中をはかり、中学二年生の長女の首を絞め、殺害した。殺害現場発見時、母親は長女を抱きかかえ、頭を撫でながら、長女が通っていた学校での運動会の録画映像を見ていた。長女の首には、運動会の練習で使った鉢巻がかかっていた。

この母子は、さまざまな困難を抱えていた。離婚した夫の借金に加え、ヤミ金からの多重債務も抱えていた。生活は苦しく、精神的にも不安定だった。

ところが母子は放置されていたわけではなく、行政との間にさまざまな接点があった。

母親は長女が小学校に入学した時から、毎年度、学用品費や修学旅行費の補助を受ける市の就学援助を受けていた。市教育委員会は就学援助世帯を地域の民生委員に伝えているが、民生委員を所管する社会福祉課には、生活に困っているという情報が民生委員からもたらされなかった。市の子育て支援課を通じ、児童扶養手当も支給されてきたが、同課も、母子のひっ迫した状況を把握していなかった。

二〇一三年四月五日、母親は「生活保護の制度を知りたい」と社会福祉課を訪れている。だが自身の生活状況についての聞き取りはなく、保護の申請の話もなく、対応した職員二人から制度の説明を受け資料をもらって帰ったが、その後に申請はなかった。同課を訪れる直前、月約四〇〇〇円の国民健康保険料を滞納し保険証を取り上げられていた母親は、短期保険証再発行の相談で、保険年金課を訪れていた。そこではじめて生活保護申請について社会福祉課に相談に行くよう勧められていた。

市は、母親が二〇一二年七月から家賃（月額一万二八〇〇円）を滞納し、千葉県が裁判を経て県営住宅から退去を求めていたことを把握していなかった。県からも連絡はなかった。

母親は隣町の給食センターでパートとして働き、月収は約五〜七万円。他の収入は、児童扶養手当の約五万円などで、年収は一〇〇万円を少し上回る程度だった。事件発生直前の八月、給食センターは夏休みで雇用がなく、無収入だった。

行政との間でこれほどの接点があり、母子二人の困窮した生活状況が分かる情報を把握しながら、千葉県と銚子市、銚子市役所内の部署間での十分な情報共有がなされなかった実態が浮かび上がってきた。状況を共有できていれば、母子へ何らかの救いの手が差し伸べられ、最悪の事態を回避できる可能性はあった(1)。

銚子市の事件に関する当時のマスコミの論調は厳しく、批判の矛先は、銚子市や県の対応にむかったが、とりわけ、母親から生活状況について何も聞き取りせず、制度の説明だけして帰してしまい、面接記録に「申請意思はなし」と記していた生活保護の相談窓口の対応は、集中砲火を浴びた。[2]

さらに、「縦割り行政の弊害」という論調も目立った。「縦割り」の組織構造、そこから醸成される意識構造が、情報の共有化を阻んだのだと。記者の取材に応じた銚子市保健福祉課の職員も、「縦割りという批判には反論できない。もっと踏み込むべきだったとも思う」と述懐していた。[3]

だが踏み込もうとしても、おそらくできなかっただろう。定員削減が進むなか、増大する行政需要に対処するために大量に非正規公務員を雇用し、後に述べるように、生活保護ケースワーカー（ＣＷ）のような基幹的業務さえ非正規化しているいまの地方自治体で、職員が自分の職務以外の問題に対処する余裕はない。

むしろ情報が共有されないのは、公務職場における正規非正規間の断層にあるのではないだろうか。市民と直接対面する、生活保護や生活困窮者、ＤＶ、消費生活などの相談窓口を非正規公務員に委ねて周辺化し、正規職員との間の人的分断（＝正規非正規間の身分的格差）を生じさせた結果、情報は共有されなくなったのではないか。

一方、現場の情報から遮断された正規職員は、市民の暮らしへの想像力を喪失している。先の銚子市の事件の例でいえば、市や県の職員は、この母子に接触したことのある職員は、国民健康保険料が支払われないことの背景に、家賃が滞っているため県営住宅からの立ち退きを迫られていることの背景に、多額の借金があり、生活が立ち行かなくなるほどの困窮があり、自殺の可能性があることを、見聞きしていたのに認識できなかった。

本当の問いは、ここにあるはずなのに。

二　非正規化する生活保護行政の面接相談員

本当の問いとしての公務職場における正規非正規間の断層。この点を、関東地方のある自治体で、生活保護の面接相談員の非正規公務員として勤務していた女性の事例から考察してみよう。

彼女は、その自治体に三年半勤務した。年収は額面でおよそ二四〇万円。長く勤務し経験を積んでも「昇給」はなく、むしろ月額報酬が減額することさえあった。一日約八時間のフルタイムで週四日勤務していれば、他の労働に供すべき時間は少なく、その自治体から得られる収入が生活の糧の中心となっていた。

業務内容は、生活に困窮し相談に訪れる市民に生活保護の趣旨を説明するほか、生活保護法以外の法律の施策の活用を助言し、生活保護の申請書を交付・受理することだった。

訪れる相談者は、薬物障害、精神障害、メンタルヘルスケアの必要な人。刺青をちらつかせる人。認知症が疑われるホームレスの女性は、せっかく入所させた宿泊所から逃げ出し、保護されては窓口に連れてこられることを繰り返していた。皆、さまざまな困難を抱えた身寄りのない「住民」であり、相談内容は多岐にわたる。

相談者の抱える困難には「背景」がある。ある相談者の「背景」には、幼児期の虐待の経験があった。言葉にできないイラつきからすぐに手を出してきてしまってきたという別の相談者には、軽度の知的障

図表8－1　生活保護の業務の流れ

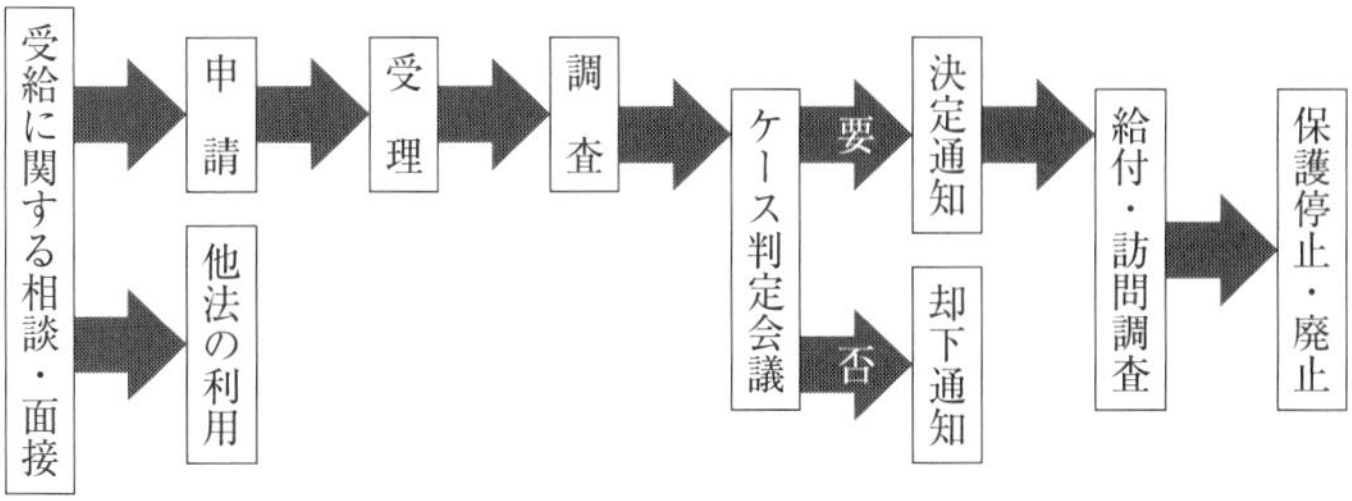

害という「背景」があり、そのことが誰からも認識されてこなかったという「歴史」が隠れていた。

彼女はこのような相談を三年半で一〇〇〇ケース受け持ち、一つ一つの相談に自立に向けたプランを組み立て、相談者の約六割を生活保護による支援に回したほか、最も適した支援部署へとつなげてきた。

生活保護の申請窓口に彼女のような非正規公務員を配置するという事例は、生活保護の受給者が急拡大している都市部を中心に頻発している。

ハローワークに行けば、非正規の生活保護面接相談員の求人票が溢れている。

埼玉県朝霞市の生活保護面接相談員は、一日七時間、週四日勤務、日額一万三〇〇〇円（社会保険料含む）の非常勤職。千葉県船橋市は、一日七時間、週三日勤務、日額一万四一〇〇円の臨時職員。愛知県岡崎市は、一日六・七五時間、週五日勤務、月額二〇万五六〇〇円の非常勤職。このほか、大阪府豊中市、大阪狭山市、岡山県倉敷市などなど。

どの求人票も、社会福祉士又は社会福祉主事資格を有し、生活保護の面接相談経験があることを応募要件としている。つまり生活保護面接相談員という仕事は、一定の資格と経験を要する仕事なのだ。

図表8―1に示したように、生活保護の面接相談業務は、生活保護行政

の実務で入り口に位置づけられ、保護申請の前段階の基幹的業務である。相談なくして保護申請には原則として至らない。一方の臨時職員や非常勤職員と呼ばれる非正規公務員とは、正規職員の仕事の補助や臨時的に発生した業務に就くことを本来の制度の趣旨としてきた。

したがって、基幹的業務である面接相談員に、非正規という身分の職員を充てることは、制度本来の趣旨に反した取り扱いなのである。ましてや、非正規公務員は、任期一年の不安定雇用で、ワーキングプア水準の年収二〇〇万円を超える程度の報酬しか支払われていない。

面接相談員という一定の経験を要する仕事と非正規公務員という不安定な身分との間に制度的な齟齬が生じている。

三　生活保護担当面接相談員――非正規化の実情

生活保護行政を福祉事務所の最前線で支えるCWの面接相談員の非正規化が進展している。

ケースワーカー（別名、「現業員」。以下CWという）とは、福祉事務所長の指揮監督を受けて、「援護、育成又は更生の措置を要する者等の家庭を訪問し、又は訪問しないで、これらの者に面接し、本人の資産、環境等を調査し、保護その他の措置の必要の有無及びその種類を判断し、本人に対し生活指導を行う等の事務をつかさどる」（社会福祉法一五条四項）者と定められている。その業務は大きく二つに区分され、第一に地区担当現業員と呼ばれるもので、生活保護制度利用者の生活実態を把握し、それに基づき生活全般の支援を行うとともに、適切な経済給付を行う業務に携わる。そして第二に、生活保護担当面接相談員と呼ばれるもので、生活に困窮し相談に訪れる要保護利用者に対し、生活保護制度の趣旨を説明するほか、生活保護法以外の法律の施策の活用を助言し、生活保護の申請書を交付・受理することを担務する。

生活保護行政の非正規化は、とりわけ生活保護担当面接相談員に顕著に表れている。図表8—2は、福祉事務所のCWについて、二〇〇九年と二〇一六年の厚生労働省調査を比較して、地区担当現業員と生活保護担当面接相談員に区分して非正規化状況を示したものである。専任は福祉事務所に配置された正規公務員のCW、非常勤は同様にCWとして配置された非正規公務員である。

二〇〇九年と二〇一六年を比較すると、地区担当CWは、専任が全国で三二七九人（二四・五％）増えている。[4] これに対し非常勤は、全国で九五人（三〇・四％）増であるが、政令市では五八人（三五・六％）の減少、[5] 中核市では三〇人（五〇％）増となっている。

二〇一六年の地区担当現業員の非正規割合は、全国二・四％、政令市一・九％、中核市三・五％、郡部（福祉事務所が設置されていない町村自治体で都道府県の福祉事務所が対応）二・八％、政令市・中核市を除く一般市二・三％で、いずれも非正規公務員への依存度合いは低い。

ところが生活保護担当面接相談員は、真逆の様相を呈す。すなわち、生活保護担当面接相談員に関しては、専任職員は少なく、兼任職員と非常勤職員で構成されているのである。

二〇一六年の構成人数をみると専任五六〇人、兼任一六一六人（表では省略）、非常勤七四三人で、構成割合は一九対五五対二六である。

図表8－2　生活保護ケースワーカーの正規・非正規状況

		年度	全国	政令市	中核市	郡部	一般市部
地区担当現業員	専任	2016	16,667	5,356	2,480	1,218	7,613
		2009	13,388	3,741	1,883	N.D.	N.D.
		増減	3,279	1,615	597	—	—
		増減率（%）	24.5	43.2	31.7	—	—
	非常勤	2016	407	105	90	35	177
		2009	312	163	60	N.D.	N.D.
		増減	95	-58	30	—	—
		増減率（%）	30.4	-35.6	50.0	—	—
	非正規割合（%）	2016	2.4	1.9	3.5	2.8	2.3
		2009	2.3	4.2	3.1	—	—
		増減	0.1	-2.3	0.4	—	—
生活保護担当面接相談員	専任	2016	560	212	69	1	278
		2009	493	200	47	N.D.	N.D.
		増減	67	12	22	—	—
		増減率（%）	13.6	6.0	46.8	—	—
	非常勤	2016	743	129	126	32	456
		2009	343	47	61	N.D.	N.D.
		増減	400	82	65	—	—
		増減率（%）	117	174	107	—	—
	非正規割合（%）	2016	57.0	37.8	64.6	97.0	62.1
		2009	41.0	19.0	56.5	—	—
		増減	16.0	18.8	8.1	—	—
充足率（%）		2016	90.4	84.9	78.2	103.5	97.1
		2009	89.2	80.1	81.1	100.7	96.2

出典）2009年度福祉事務所現況調査、2016年度福祉事務所人員体制調査を筆者加工

注）充足率は、被保護世帯に配置された常勤現業員を標準配置数で割り返したもの。

さらに専務的に生活保護担当面接相談に携わる専任職員と非常勤だけを取り出し対比させてみると、非正規割合は全国で五七％となっており半数以上が非正規公務員である。政令市は三七・八％で三人中一人、中核市と一般市はそれぞれ六四・六％、六二・一％で三人中二人、都道府県で専任的に勤務する生活保護担当面接相談員のほぼ全員（九七・〇％）が非正規公務員である。

また、図表8―1に示したように、生活保護の面接相談業務は、保護申請の前段階の基幹的業務であると同時に、地方自治体が有する生活困窮者等への支援メニューを熟知し、つなぐ役割を有する。このような基幹的業務である生活保護担当面接相談員に、有期雇用の非正規という身分の職員を充てることは、公務員制度が予定したものではないはずだが、このような事態が横行している。

四　生活保護面接相談員の非正規化、なぜ

生活保護担当面接相談員は、なぜ非正規化していくのか。その要因の一つとして、生活保護利用世帯・者の急増がある。CW数の標準を定める社会福祉法一六条は、CW一人あたりの生活保護利用世帯数を概ね八〇世帯（郡部は六五世帯）としているが、生活保護利用世帯・者の増大により同法に定める標準は空文化している。実際に配置された常勤の現業員（非常勤のCWを除く）を被保護世帯数から導き出されるCWの標準数で割り返したものを充足率と呼ぶが、二〇一六年度では、全国加重平均で九〇・四であり、政令市は八四・九、中核市が七八・二、郡部が一〇三・五、一般市部が九七・一で、郡部の都道府県福祉事務所を除き、法定標準数を満たしておらず、政令市・中核市は大幅に下回っている。

図表8－3　ある自治体の生活保護利用世帯数と人員体制の推移（2005～2015年度）

単位：世帯、人

年度	被保護世帯数（各年度末）	面談相談員				地区担当CW				保護世帯@正規ケースワーカー	保護世帯@全ケースワーカー
			正規公務員	再任用職員	非常勤職員		正規公務員	再任用職員	非常勤職員		
2005年	2,278	2	2	0	0	21	21	0	0	108	108
2006年	2,338	2	2	0	0	22	22	0	0	106	106
2007年	2,381	2	2	0	0	22	22	0	0	108	108
2008年	2,496	4	2	0	2	22	21	1	0	119	113
2009年	2,573	4	2	0	2	22	21	1	0	123	117
2010年	2,876	5	2	0	3	22	21	1	0	137	131
2011年	3,200	6	2	1	3	24	21	3	0	152	133
2012年	3,367	6	2	2	2	25	23	2	0	146	135
2013年	3,525	6	2	2	2	28	27	1	0	131	126
2014年	3,688	6	2	2	2	30	29	1	0	127	123
2015年	3,852	4	2	1	1	29	28	1	0	138	133

出典）筆者作成

社会福祉法の法定標準数を遵守するためには、正規公務員のCWを増員するしかないが、厳格な定員管理のもと、正規職員を容易に増やすことも配置することもできない。そこで生活保護の審査・決定や、保護の停止・廃止につながる訪問調査という公権力の行使に関わる業務に携わらない生活保護担当面接相談員を非正規公務員に置き換え、その分の正規公務員をCWとして地区担当現業員として振り分けたものと考えられる[6]。

先に紹介した女性が勤務していた自治体の状況も同様である（図表8―3参照）。

この市では、一〇年以上前から、CW一人が担当する保護利用世帯が平均で一〇〇世帯を超えていた。リーマンショック後の二〇〇八年度後半から保護利用世帯が急増し、二〇一〇年度末には、二〇〇九年度末比で、三〇三世帯と一割以上も増えた。その後も二〇一一年度の三二四世帯一一％増をピークに保護利用世帯は増え続け、二〇一五年度末には三八五二世帯となり、リーマンショック前の二〇〇七年年度比で、一四七一世帯、六二％も増加した。

二〇〇八年度に、初めてこの自治体は非常勤職員の面接相談員を二名採用、二〇一〇年度にはこれを三名に増員し、二〇一一年度には、定年退職した正規公務員の再任用職員を一名充て、総員六名に拡大してきた。

一方のCWも二〇〇八年度から再任用職員を配置するようになってきたが、保護利用世帯の急増には追いつけず、二〇〇九年度以降、CW一人当たりの保護利用世帯が標準の五割増の一二〇を下回ることはない。二〇一二年度になって、ようやく正規職員を増員するようになったが、「焼け石に水」で、二〇一五年度でも、やはり、社会福祉法の規定を大幅に上回る一人当たり一三〇世帯以上が常態化している。

行政法の一般的な理解に基づけば、国や地方自治体等が特定人を対象として実施する行政の行為形式は、行政行為と事実行為の二つに区分される。このうち行政行為とは、「行政庁が、行政目的を実現するために法律によって認められた権能に基づいて、一方的に国民の権利義務その他の法的地位を具体的に決定する行為」であり、一方、事実行為とは「たとえば国や地方公共団体の実施する道路の修築や清掃は、特定人の法的地位に変動を及ぼさない、単なる事実上の活動」とされている。(7)

生活保護業務の流れを記した図表8―1では、「受給に関する相談・面接」「申請」「他法の利用（の案内――筆者）」「受理」「調査」までは、要保護者の法的地位に変動を及ぼさないので事実行為であり、「ケース判定会議」「決定通知」「却下通知」は、法的地位を具体的に決定する行為なので行政行為に分類され、「給付・訪問調査」は保護の決定に伴うもので、かつ、その後の「保護停止・廃止」という行政行為につらなっていくものなので、行政行為の一部とみなされる(8)。

先に見たように、生活保護担当相談窓口の職員が非正規化するのは、その業務が、事実行為に属するからであり、一方、生活保護の決定に関与し、訪問・調査も進める地域担当CWにおいて非正規化がそれほど進捗しないのは、その業務が行政行為とみなされるからである。

このように生活保護面接相談業務は、公務の中心軸で行政の本来業務と解される行政行為ではなく、中心軸から外れ周辺的業務である事実行為に位置づけられてきた。そのことが公務員定数の削減の潮流の中で、正規職員の職として何を残すのかという選択に迫られた時、中心軸たる行政行為関連業務が残され、それに従事する職員が正規公務員であるとされる一方、事実行為に該当する相談支援という業務は、アウトソーシング化されるか、非正規化されてきたのである。

相談支援業務を行政行為か事実行為かで分断することについては、別の問題も引き起こす。相談者の相談にのり、その者の自立のために何が必要かを知悉する相談員が、地方自治体が有する行政資源にアクセスできず、支援メニューへの決定にも関与できないのである。このため相談者に必要な支援措置と地方自治体が提供する支援措置との間でミスマッチが生じ、場合によっては、支援が行き届かない事例も発生する。

これが冒頭で紹介した銚子市母子心中事件の遠因と考えられる。

五　日本型雇用システムがもたらす専門職の非正規化

生活保護面接相談員の非正規化にはもう一つの理由がある。それは専門性を要する仕事のためである。先に紹介した彼女は、社会福祉士という国家資格を取得していた。

社会福祉士とは、社会福祉士及び介護福祉士法に基づき、一九八七年に制度化されたもので、資格取得のためには、福祉系四年制大学か社会福祉士指定養成施設を卒業し、年一回の国家試験に合格して登録することが必要である。

主な就労先は、社会福祉法人、医療法人などの民間団体・企業であり、自治体に勤務する社会福祉士は多いとはいえないものの、二〇〇〇年以降、地方自治体に、何らかの困難を抱える人々の相談窓口の設置を求める法令が続出する中にあって、「ジェネラリスト・ソーシャルワーカー」である社会福祉士の配置事例は増加傾向にある。とりわけ、二〇一五年四月に全面施行した生活困窮者自立支援法は、福祉事務所設置自治体に対し、生活困窮者からの相談に早期かつ包括的に応ずる相談窓口の設置を義務づけたため、「相談援助を業」(「社会福祉士及び介護福祉士法」二条）とする専門職の社会福祉士に対する需要は高まっている。(9)

ところが相談業務の専門職化は、非正規化を伴って進展している。たとえば、消費者被害に対応する国家資格を要する消費生活相談員の八一・一%にあたる二七四一人は非正規公務員である（消費者庁「令和元年度 地方消費者行政の現況調査」)。キャリアコンサルタント等の資格をもつハローワークの就労相談員も約六割が有期雇用の非正規の国家公務員で、三月三一日に雇止めになると、翌日、求職者として、カウンターのこちら側に座るというブラックジョークのようなことが起こっている。

専門職化が非正規化を伴うことの背景には、日本型雇用システムという人事制度がある。同システムの下では、正社員の職務は無限定で、会社等の組織の都合による異動・転勤を受容することを当然のものとして発展してきた。一方、非正規雇用も、職務無限定の日本型雇用システムの合わせ鏡として発達してきた。すなわち、職務無限定で、異動・転勤を前提とする人事制度の下では、専門職化・資格職化した職務は異動の対象となりにくく、非正規化するのである。

したがって、生活保護利用者の激増に対応するため、行政行為的な職務である地区担当CWに行政職で採用された新規採用正規職員を配置し、事実行為的だが、経験と専門性を要することから異動の対象となりにくい面接相談員を非正規化するという対応がとられてきた。

六　非正規化が拡張する生活保護行政

増え続ける生活保護利用者、その手前の生活困窮者への対処の必要性から、生活保護行政は多様化・複雑化し、新たな行政需要も発生している。だが、これら新規行政需要も非正規職員をもって対応されている。

たとえば、図表8―3で紹介した自治体の生活援護課の執行体制を例にとると、二〇一六年四月現在、保護受給者の自立支援担当は、正規職員四人に対し、非常勤職員が九人、自立支援プログラム等の委託事業に三団体。非常勤職員は、就労支援専門員、年金等調査専門員、精神保健福祉相談員等の専門職・資格職である。

また、保護にまで至らない生活困窮者自立支援担当者は、正規職員が四人に対し、非常勤職員は相談支援員として五人のほか、委託事業に二団体、さらには就職支援ナビゲーターとしてハローワークから非常勤職員二名が派遣されている。すなわち同市生活援護課は、正規職員五〇人、非正規公務員一七人、委託事業に五団体、ハローワークから派遣された非常勤職員二人から構成され、「正規・非正規複合体」「行政・民間複合体」という様相を呈している。(10)

さらに被保護世帯が急増している地域では、CWそのものも非正規公務員で補充するようになる。貧困と格差の拡大のもとで生活保護利用者が拡大しているにもかかわらず、CW等を正規職員ではなく非正規職員で補充しなければならないという問題は、公務員の定員削減という人事政策が限界に差し掛かっていることを示す。

別の選択肢はないのだろうか。

(1) 二〇一八年六月一日、生活困窮者自立支援法・生活保護法改正法が参議院本会議で可決・成立した。同改正法には、生活困窮者の支援に関する業務を行う関係機関等は、緊密な連携その他必要な支援体制を整備しなければならないことを新たに定めた（生活困窮者自立支援法第八条）。改正法成立時、マスコミのインタビューに応じた越川銚子市長は、「大きな問題として情報共有の欠落があった」ことを悔やむとコメントをしていた（毎日新聞二〇一八年六月一日付朝刊）。

（2）たとえば「まずしさゆえに娘を殺したシングルマザーの慟哭――銚子市・女子殺害事件の真相」『週刊フライデー』二〇一五年七月二二日号。
（3）東京新聞二〇一四年一〇月二六日付朝刊。
（4）政令市と中核市では、同期間において、それぞれ専任の地区担当現業員が四三・二％、三一・七％と大幅に増えているが、政令市においては熊本市が、中核市においては越谷市や豊中市などが新規に指定された影響もある。
（5）政令市で非正規CWが減少した要因として、リーマンショック後の生活保護利用世帯の急増に対処するため、非正規職員の採用形態の一つである任期付職員制度を導入し、従前の非常勤職員を移行したためと考えられる。たとえば大阪市では、二〇一〇年度にフルタイムの任期付職員一九六人を採用している。任期付職員はフルタイムであれば定数内職員としてカウントされる。増加した政令市の専任職員の内実は、このフルタイム任期付職員なのである。
（6）長年、横浜市の社会福祉職として勤務してきた横山秀昭も、次のように指摘している。「生活保護費の決定などの法定受託事務を担う地区担当員は常勤を配置し、生活保護相談などの権限を伴わない部門では非常勤を増員していることがわかります。生活に困窮して、やっとの思いでたどり着いた生活保護相談窓口の職員の約半数は非常勤なのです。」横山秀昭「労働場面から考える生活保護ソーシャルワーカーの専門性」『季刊公的扶助研究』（二五四）二〇一九・七、二二頁。
（7）原田尚彦『行政法要論　全訂第七版』学陽書房、二〇一一年、一三三頁以下。
（8）給付・訪問調査を行政行為とみなすかは微妙である。不足する訪問調査に携わるCWについて、大阪市は、正規職員と同様の公務員の本来的業務に従事できるとする「地方公共団体の一般職の任期付職員の採用等に関する法律」に規定する任期付職員という非正規公務員を採用し、釧路市や八王子市は、一般的には補助的業務に従事するといわれる非常勤職員を任命している。両者の異なる対応は、おそらく、訪問調査を行政行為の一部とみなすか、事実行為に近い行政行為に付随する法行為とみなすかの判断の差異にあったと思われる。

(9) このように社会福祉士は、高齢者や障害者、経済的困窮者などを「相談」によって支援する専門職なのだが、医師や弁護士のような資格を保有しないと職務を行えない業務独占資格と違い、資格を保有しなくても職務を行える名称独占資格である。

(10) この用語を用いた例として、大森彌「自治体の現場と職員の現状」『都市問題』(一〇六)二〇一五・一〇、四七頁を参照。

第9章　相談支援業務の専門職性に関するアナザーストーリー

行政における縦割りや、部署間での情報共有の欠如、さらに、最も根本的な問題として、相談に訪れる市民に対応する非正規相談員と処分決定権限を有する正規公務員との分断は、ときに、救えるはず、救えたはずの市民の命が失われる事態さえも招いてきた（前章参照）。

貧困と格差が拡大し、何らかの困難を抱える市民をどのように支援していくのか。相談支援業務の可能性を見極めつつ、別の物語―アナザーストーリーを描写してみよう。

一　見聞きすれど認識せず――秋田県藤里町社会福祉協議会の取り組み

1　情報を可視化する仕組み

「自分の職務を決めてしまえば、自分の職務に関わること以外の問題は、実際に見ても、聞いたとしても、何も感じていなかったという現象が起こります」。このように語るのは、秋田県藤里町社会福祉協議会の菊池まゆみ氏である。(1)

藤里町は秋田県の白神山地にへばりつく、人口三〇〇〇人強の、小さな山間のまちである。この町の社会福祉協議会は、二〇〇六年度、町内の引きこもり者・長期不就労者数を把握する調査を実施(一次調査)し、八か月以上を要した実数把握調査の結果、町内に約一〇〇人もの引きこもり者がいることを発見してしまった。

引きこもり等調査を実施した一つのきっかけは、二〇〇五年度からはじめた「報告・連絡・相談用紙」におけるヘルパーからの報告事項だった。その中に、「引きこもり者」の話も含まれていた。たとえば、ある高齢者の介護に入ったヘルパーが「介護者さんが、息子がぶらぶらしているのが心配だ、という愚痴を三〇分以上もおっしゃっていました」と記した。ヘルパーが介護のために訪問した家で見聞したことをみだりに外に漏らすのはルール違反だ。その一方で、このような声を拾うシステムがなかったのも事実だった。システムにしてしまえば、みだりに情報を漏らしたことにはならない。そして、今まで自分の職務外のこととして、見聞すれど認識していなかった事柄を、まるでキャンバスに描くように、記すようになる。

この後は、この報告から得られる情報の価値を発見(2)したものの責任だ。

2 福祉職の引きこもり者対策

藤里町社会福祉協議会は、二〇〇六年度の調査に引き続き、引きこもり者支援事業を開始する。引きこもり者・長期不就労者のための拠点づくりをめざし、「こみっと」という施設を二〇一〇年四月に開設する構想をまとめる。これに並行して、第二次調査（二〇〇八年度）を引きこもり者の名簿作成を目的に実施、第三次調査（二〇一〇年二月〜二〇一一年八月）で実態把握のための訪問調査を進めた。その結果、引きこもり者が、年齢一八歳以上五五歳未満の町の稼働世代人口の八・七％に該当する一一三人にも上ることが明らかになった。ただし、このうち七八人はすでに藤里町社協の訪問支援の了解を得たケースだった。

こみっとの活動の柱は短期・臨時的な人材派遣に応じる登録制の「こみっとバンク」である。引きこもり者に登録してもらい、拠点に開設した食堂や藤里町社協ブランドの「白神まいたけキッシュ」の製造などを通じ就労経験を積み、社会復帰のための活動を展開する。いわば「若者による人材バンク」である。また求職者支援事業も展開する。二〇一〇年度には、求職者支援研修の受講者一五人のうち七人が引きこもり者であったが、このうち五人が就職を果たした。

そして二〇一〇年度の事業開始から五年目には引きこもり者は二五人に激減し、二〇一七年度では一〇人足らずになった。自立した方のほとんどが一般就職で、数は少ないが、障害者の方の仕事の定着率もかなり高くなっている。

見聞すれど認識してこなかった福祉のニーズは、「報告・連絡・相談用紙」という情報伝達の仕組みで把握され、新たな事業へと展開することになった。

二　抱える困難を腑分けする——滋賀県野洲市市民生活相談課の取り組み

後に述べるように、「自殺の背景には六〇を超える要因」が潜んでおり、「自殺で亡くなった人は平均四つの要因を抱えていた」ことが分かっている(3)。

何らかの相談すべき事項を抱え役所を訪れる住民は、その相談事項の背景に、複数の困難を抱えている。ところが相談者本人は、圧し掛かる様々な困難のゆえに途方に暮れ、感情は混線している。だから、抱える困難を他者が腑分けする作業が必要となる。

1　「おせっかい」を仕事にする

滋賀県南部に位置する人口五万人のまち、野洲市。二〇一六年六月議会で「野洲市くらし支えあい条例」が可決・成立した。この条例には前文があり、次のように書かれている。

「問題解決には専門的な支援が必要ですが、いずれの場合にも多様で複雑な要因が絡み合っているため、専門分野だけの対応では断片的な対処に留まり、根本的な解決につながりません。

野洲市では、生活が立ち行かなくなった市民に対して、生活の困りごとを解決するという大きな括りで捉えて支援を進めてきました。問題に個々に対応するのでなく、相互関係を把握し、一体的な解決を目指して、「おせっかい」を合言葉に、市役所に設置した総合相談窓口を核にして、公共サービス、専門家、地域社会の総合力を効果的に発揮させる仕組みを発展させてきました。……

これまでの取組を、生活困窮者と市民参加促進機能にも着目して発展させることにより、市民一人ひとりがともに支えあい伸びやかに安心して暮らせるまちの実現を目指すことを決意し、この条例を制定します」。

条例そのものは、消費者行政の機能強化と市内における訪問販売の規制並びに生活困窮者自立支援制度の拡充を目的としているものの、「市は、その組織及び機能の全てを挙げて、生活困窮者等の発見に努めるものとする」(二三条)、また、困難を抱える市民への支援を総合的に行うため、「市の関係する全ての組織に属する職員により構成される野洲市市民生活総合支援推進委員会を設置」し、具体的な支援策を協議するとしているように、市民が抱える困難を発見し解決するために、全庁的に取り組むことを宣言するものとなっている。

2 聞き取り・つなぎ・支援

野洲市では、総合相談窓口の核として市民生活相談課が位置づけられ、二〇一五年度では、正規職員五名、嘱託職員三名、臨時職員一名の合計九名の職員で、消費生活相談、法律相談、税務相談、行政相談と各種専門相談を集約している一方で、第一相談窓口としての機能も合わせ、ワンストップ的に対応できるようにしている。

相談に関する「庁内連携」に関しては、二〇一一年に「野洲市市民相談総合推進委員会設置要綱」が制定され、これが野洲市の相談体制のベースになっている。

庁内連携の契機になったのは、二〇〇六年の「多重債務者包括的支援プロジェクト」の立ち上げだった。この年、貸金業法が改正され、金融庁から市町村に相談窓口の設置要請があり、当時、多重債務問題に積極的に取り組んできた市民生活相談課の消費生活相談の窓口を中心に、庁内連携の取り組みが進められた[4]。

このプロジェクトでは、市民生活相談課と納税推進課、住宅課、上下水道課、学校教育課、こども課、保険年金課、高齢福祉課という税や保険料、使用料を取り扱う八課をチームとして、たとえば、国民健康保険税（料）を滞納している市民に対し「借金はありませんか」と丁寧に聴き取り、借金等の問題があることが判明すれば市民生活相談課につなぎ、法律家を紹介して債務整理につなげるという仕組みであった（図表9―1参照）。

丁寧に聴き取ってみると、多くの場合、問題は借金だけではなかった。たとえば四〇代男性、夫婦と子ども三人という家族構成のAさんの事例では、国民健康保険税（料）を支払えないと納税推進課に相談に訪れ、そこで多額の借金が判明、市民生活相談課が入っての聴き取りの結果、失業し家賃も払えない、雇用保険の適用なし、借金が三社に一五〇万円、妻はうつ症状を示していることなどがわかった。Aさんを促し司法書士につないだところ、借金は債務整理（任意整理）により圧縮し、本人には市民生活相談課に併設する「やすワーク」の就職ナビゲーターによる就労相談支援の活用、妻のうつ症状に関しては、健康福祉課を通じ自立支援医療で本人負担額を一割とし、国民健康保険に関しては保険年金課を通じ短期健康保険証を発行し、子どもたちに関しては学校教育課を通じ就学援助制度を活用することとなった。

図表９－１　野洲市多重債務者包括的支援プロジェクトの流れ

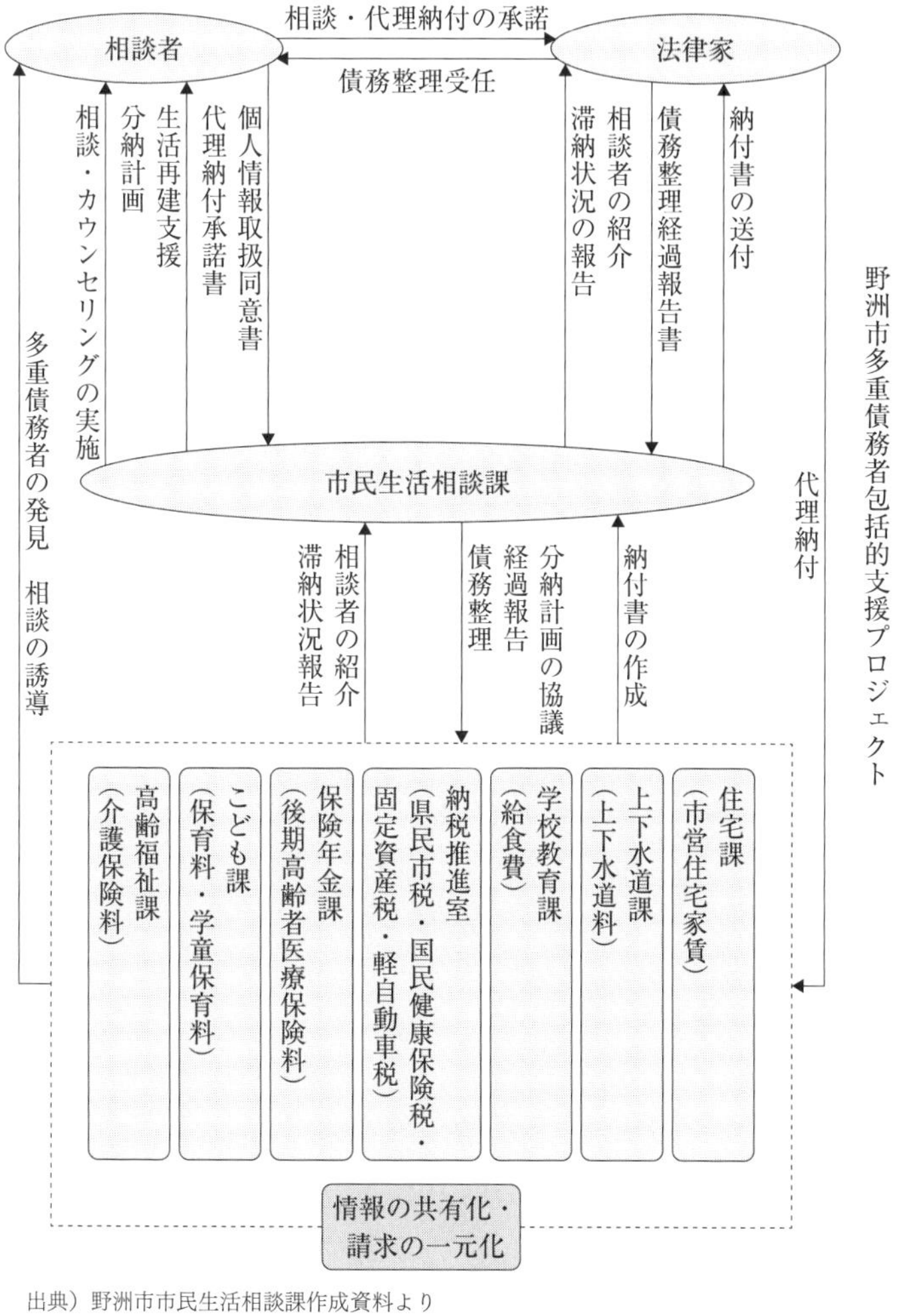

出典）野洲市市民生活相談課作成資料より

市民生活相談課を直接訪れたBさん（男性、七〇代）の事例。公営住宅に一人暮らしだったが、知人の保証人となって二〇〇万円を超す借金を抱え、自身の年金を担保に消費者金融から融資を受け全額を返したものの、月額一六万円近くあった年金の半額は、融資の返済にあてていた。約七〇万円の別の借金もあり、生活が行き詰まった。介護保険料や水道代、月約二万円の家賃も払えなくなり、公営住宅からの退去を迫られていた。

「どこから手を付けたらいいか、わからなかった」Bさんに対し、相談を受けた市民生活相談課の職員は、年金が全額もらえるまで、すべての滞納分を徴収しないことを市の各課に提案した。男性には家計相談支援を受けるよう社会福祉協議会の支援員から助言し、貸金業者と交渉する司法書士も紹介した。司法書士が調べると消費者金融に約四〇〇万円の過払い金があることが判明し、相談から約一年後、過払い金を滞納分の支払いにあて、男性は借金を完済できた。その後は、滞納者から納税者へと劇的な転換を果たした。

3　全庁的総合相談＋ワンストップ型相談

上記の事例のように、滞納者が納付相談に訪れた場合、なぜ滞納しているのかを併せて聞く。借金がある、失業をしている、病気であるなどの本人に係る事項のほか、家に引きこもり者がいる、認知症の年寄りの介護で働きに出られないなどの困難を吐露されるかもしれない。現課では対処できない事情を聴いたら、躊躇なく、総合相談窓口としての市民生活相談課に繋げる。連絡を受けた市民生活相談課は、さらに状況を聞き情報を集約し、どのような問題を抱えているかを腑分けし、個人情報の取り扱いに関する本人同意を得たうえで、各課に連絡を取りつつ、支援メニューを策定し、実際の支援へと結びつける。

野洲市は、各課の課業に、「おせっかい」というキーワードのもと、困窮者支援という概念を入れ込んできた。同時に、市民生活相談課というセイフティーネットを用意した。この機能は、相談者だけでなく、聴き取った各課職員のセイフティーネットでもある。聴き取った職員は、抱え込むことなく、つないだ上で必要があれば自らが担務する課業に基づき、やるべきことをすればいいだけだからである。

巷間、野洲市の取り組みは、市民生活相談課を中心とするワンストップ型の総合相談窓口として喧伝されてきた。(5) 直接、市民生活相談課を訪れればそのように機能するが、むしろ、相談者の困難の発見の段階から、全庁的に各課も相談支援機能を果たす仕組みを備えている。

野洲市の相談支援体制は、漏斗《ろうと》を通じて各課の情報を核となる市民生活相談課に集約し、各課という如雨露《じょうろ》を使って支援という潤いを市民に降り注いでいるのである。

三 全庁的総合相談の進化系——足立区の自殺対策の取り組み

「足立区の職員は誰もが相談窓口である。自分の仕事だけで終わらせないで、何で税金が払えないようになったかの原因を聞き、その原因をつなぐ。役所を総合病院に見立てれば、別の診療科だったらその病気に対処できる、どのような相談者の悩みも解決できる機能を各課それぞれがもっている」と、足立区衛生部こころとからだの健康づくり課の馬場優子氏は語った。

都道府県と市区町村に自殺対策の計画作りを義務づける改正自殺対策基本法が、二〇一六年四月から施行した。計画は、自殺者の年代や性別、職業などの傾向の分析を踏まえて策定するものとし、自殺に至るまでの要因に応じて地方自治体が支援先につなぐ仕組みをつくるとしている。また自殺対策計画には自殺率の改善目標も定める。

こうしたなか足立区の保健・福祉の枠を越えてつながる「生きる支援」に、注目が集まっている。

1 「気付く、つながる、いのちを守る」支援

足立区は東京二三区の北東部に位置し、面積は五三・二五㎢で二三区中三番目の広さ、人口は約七〇万人で二三区中第五位である。

自殺者数が初めて三万人を超えた一九九八年、足立区の自殺者数は、前年比で六六人増え一九三人となりその後も高い水準のまま推移し、二〇一四年までの一七年間で二七二九人の命が失われた。二〇〇六年の自殺者数は一六一人、二〇〇八年は一六六人でいずれも二三区で最も多くなった。ピーク時の一九九八年からの一〇年間で一六一六人の命が失われていたが、これは区内の町会が丸々一つ消滅したのに匹敵する数だった。

二〇〇九年五月、自殺予防対策に取り組んできたNPO法人ライフリンクとの間で、自治体として初めて協定を締結、近藤やよい区長の「さまざまな窓口をもっている行政は、まさにSOSをキャッチする最前線」という視点から、役所の内外に、いくつもの悩みを抱え、自殺に追い込まれていく人を漏れなく支援するネットワークを構築する都市型自殺対策のモデルを目指すこととなった。

NPO法人ライフリンクによる自死遺族への聞き取り調査から、自殺に追い込まれていった方は、平均して四つの悩みを抱え、また七二%の人は、亡くなる前に何らかの相談窓口を訪れていたことも判明した。

そこで自殺の要因である「うつ」の、そうなる前の過程に着目し、生活苦、負債、家族の不和、失業、職場の人間関係、職場環境の変化など複雑に絡み合った自殺に至る問題を、その上流に遡って、それぞれの要因を総合的に解決するために、行政の様々な部署・機関が連携して取り組みを進めることとした。つまり、行政や民間の複数の相談窓口が連携し、それぞれの職員が各窓口で区民からのSOSを受け止め、問題に応じた関係機関と連携することによって、課題解決に導こうというのが、足立区の都市型自殺対策モデルの特徴なのである。(6)

2 「つなぐ」シートによる踏み込んだ連携

足立区では、二〇〇八年一一月から、区民に接することの多い窓口担当職員を中心に「ゲートキーパー研修」を行ってきた。ゲートキーパーとは、「門番」である。窓口の職員は、自殺の兆候を見つけ出し、つなぐ役目を負う。

たとえば、納税の窓口職員が滞納に関する相談を受けると、その背後のいくつもの悩みを察知し、相談者の了解を得て、足立区の生活保護や企業融資の担当、保健総合センター、ハローワーク、病院など適切な関係機関につなぐ(図表9—2参照)。

足立区では、自殺の兆候を気付き察知するためのゲートキーパー研修(初級)、自殺のサインに気付

図表9－2　庁内連携による自殺予防

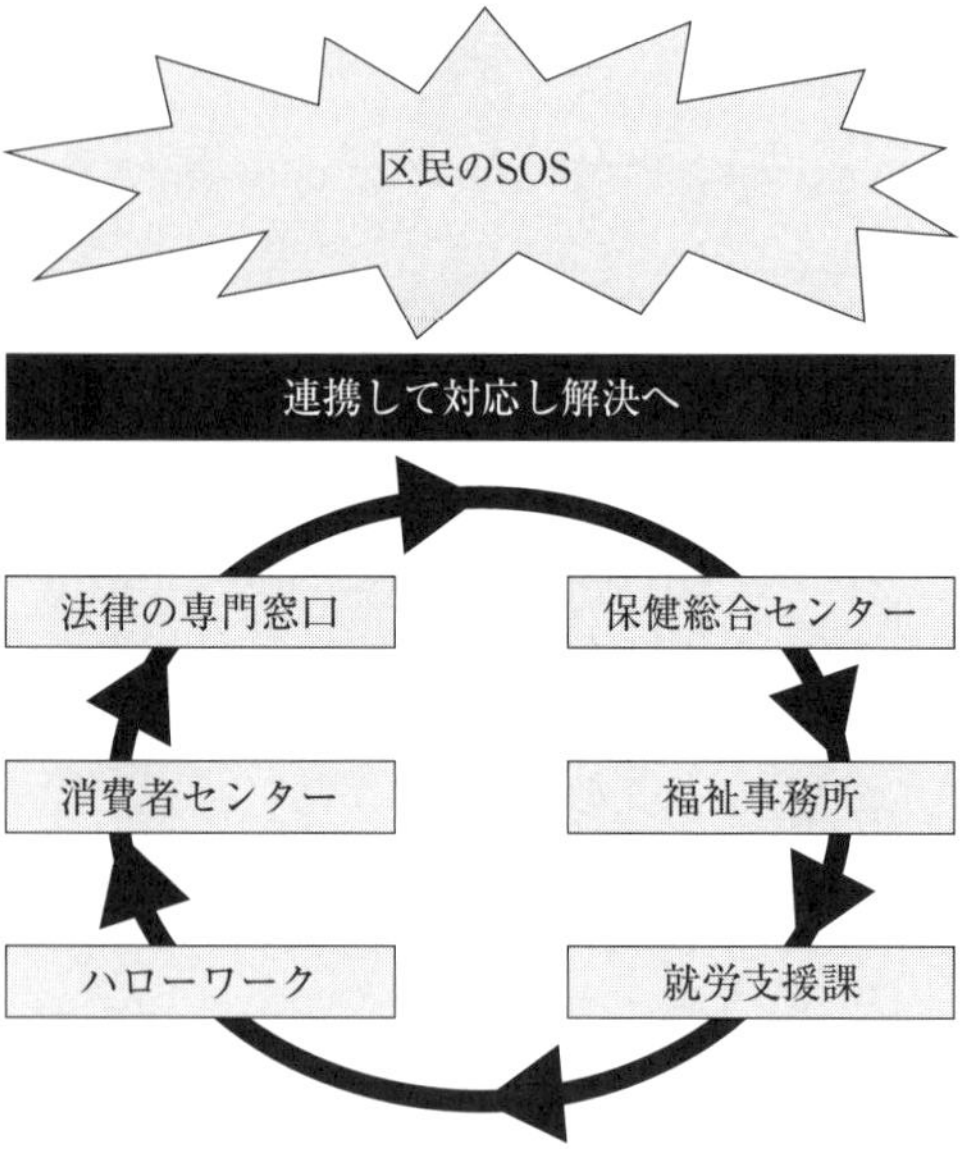

出典）足立区HP掲載資料より

いたらつなぐゲートキーパーフォロー研修（中級）、気付いたとき、適切な窓口につなぎ、連携していのちを守ることができるようになる他分野合同研修と、段階的に研修を実施してきた。まさに足立区の自殺対策のキャッチフレーズ通りの研修体制である。

二〇一二年一月からは「つなぐ」シートを活用した一歩踏み込んだ取り組みを進めている。

「つなぐ」シートとは、行政に相談に訪れた人の状況を他部署でも共有するための記入フォームのこと。たとえば、税金の相談のため行政を訪れた人が、何らかの心配事を抱えていた場合に、その状況をシートに記入して支援ができる部署に引き継ぐという形で活用される。複数の悩みを抱えている相談者をより丁寧に支援し、確実に適切な相談窓口につなぐためのツールである。このシートを使った連携はその後活用範囲を拡張し、二〇一五年一一月には衛生部、子どもの貧困対策部、福祉部の三部長名でシートの活用を促進する通知を出している。

足立区では、二〇一〇年度より、自殺対策を専門に行い、「生きる支援」を推進する部署として、衛生部保健予防課に、こころといのち支援担当係が設置された。他部門との連携を深め、それをコーディネートし、さらにつないでいく役割や対策の核になる部署が必要とされたからである。この係は、その後、課として独立する。

足立区では、誰もが相談窓口になり、相談者の背後にどのような悩み事があるかを気付く技術を磨いてきた。自殺対策を保健・福祉の分野の担当者任せにするのではなく、職員誰もが、ひとごとではなく、自分ごととして対応する改革に取り組んできている。

なぜなら、自殺者の四人のうち三人は、何らかの相談機関を訪れているのである。相談窓口で、兆候に気付き、適切な部署につなげられれば、救える命がたくさんある。自殺とは追い込まれた末の死であり、同時に避けることのできる死なのである。

四　韓国・ソウル市の「出かける福祉」という選択肢

韓国・ソウル市では、「出掛ける福祉」(チャットン)という取り組みを進めている。「出掛ける福祉」は、人口一〇〇〇万人を抱える巨大都市ソウル市で、地域の住民センターを福祉・保健・住民自治の拠点とし、正規公務員のまちづくりコーディネーターと、福祉、看護、保健関係専門職公務員を配置して、高齢世帯や生活困窮者ならびに出産家庭を訪問し、生活困難者を直接見つけ出し、住民主導のもとで福祉・保健サービスを展開するという、人と人のつながりを取り戻すことを最終目的とする事業である[7]。

この事業を展開するきっかけになったのは、二〇一四年に起こった「松坡（ソンパ）母娘心中事件」だった[8]。「出掛ける福祉」を展開する朴元淳ソウル市長（当時）は、筆者らのインタビュウに対し、次のように語った。「私にも大きな責任がある事件でした。このような出来事が二度と起こらないようにするのが、市長の姿勢であると考えています。（中略）再び起きないように徹頭徹尾、真相を調査し、対策を立てなければなりません。私は『市民は忘れても、ソウル市は忘れない』と宣言しました[9]」。

韓国社会においても、保健・福祉予算は増加し続け、二〇〇〇年に三五兆二〇〇〇億ウォンだったものが、二〇一五年には一一四兆ウォンへと三倍強に膨らんでいた。

ソウル市でも、朴元淳市長が就任した二〇一一年には、何らかの福祉施策を必要とする対象住民は一四八万人だったものが、松坡事件が起こった前年の二〇一三年には二五七・四万人へと七三％も激増していたにもかかわらず、福祉担当の公務員は三六七四人から四三六五人へと一八％しか増えておらず、福祉を担当する公務員一人当たり福祉対象者（手当て受給者など）は五九〇人にも上っていた。

また、住民福祉の拠点となる地域の住民センターでは、専門的な社会福祉人材を拡充せず行政職を再配置したため実効性が不十分で、行政支援システムの改編や行政事務の処理に追われるという状況を呈していた。この結果、「福祉の漏給」が進み、実際に福祉サービスを必要としている市民たちは恩恵を受けられない結果になり、これが松坡事件の背景であると分析されたのである。つまり福祉専門職員の不足が住民の自死を招いたのである。

朴市長は福祉行政の革新を先送りできないと判断して早急に対策を講じ、これが「待つ福祉」から「出掛ける福祉」へのコペルニクス的転換となって結実したのである。

具体的には、住民センターに、松坡事件翌年の二〇一五年に社会福祉人材五〇〇人、訪問看護師一〇六人を配置し、二〇一七年までに一住民センター当たり、平均で社会福祉職を五〜六人、訪問看護師を一人ずつ配置、総計二四五〇人の専門職公務員を拡充したのである。

この効果はすぐに現れた。制度発足初年度だけでも、相談件数は約二倍、基礎生活費給付は二・七四倍になり、新たな対象者は一万二二八一人に上った[10]。

五　専門職公務員の再評価

日本では地方自治体に相談窓口の設置を義務付ける法律が続出している。義務付けられた地方自治体の方では、どのように相談窓口を開き、相談支援業務を展開し、押し寄せる相談者に対し対応すべきなのか、戸惑い、立ち往生している。

そこで、相談支援業務はどのようにあるべきか。ここまで記したことを踏まえて、以下にまとめておくこととする。
①総合相談窓口とは、窓口をワンストップ化し、そこで何でも解決できるようにすることではない。全庁的に相談窓口を張り巡らすことであり、いわば相談窓口の集約ではなく、全庁的に拡大すること、

役所全体を相談窓口とすることである。

②個々の部署は、課業（タスク）に相談機能を付加し、相談に訪れた市民の相談内容の背景にどのような困難があるのかについて思いを巡らし、「何かお困りのことはありませんか」と聞いてみる。野洲市の取り組みでいう「おせっかい」である。

③聞いた情報は記録し、繋げる（藤里町社協「報告・連絡・相談用紙」、足立区「つなぐ」シート）

④聞いた情報を腑分けし、適切な部署や専門家の支援を仰ぐ（野洲市）。そもそも、一人一人の困難者は、いっぱい困難材料をもっていて、それを一人の職員で対応することは無理で、重すぎる。

⑤支援は、自分の課業におせっかい分を付加して進める。これを数式で表現すれば、一対一対応ではなく、一対（〇・一×一〇人）である。

⑥つまり縦割りにおける、専門性をむしろ活用する。

⑦課題は、どうやってつなぐか、どうやって全庁的な相談体制がつくれるかである。

総合支援相談業務の成功事例のなかに、共通項として、何が見出されるだろうか。

それは中核を専門職が担っているということである。菊池まゆみ氏は福祉職、生水裕美氏は消費生活相談員、馬場優子氏は保健師である。彼女達は、自分の専門分野の責任領域から出発し、さまざまな困難を抱える人に対応し、その対応力をつけるために自分の領域を拡大し、ジェネラリスト型専門職となっていった。公務員として、さまざまな部署を異動し、課業を身につけるジェネラリストではなかった。

韓国ソウル市の事例は、専門職公務員を増員し、実施体制の強化を伴って地域を拠点とする「出掛ける福祉」を進展させたわけで、相談支援業務の専門職性をさらに徹底させている。

つまり相談支援業務の展開は、従前のジェネラリスト型人事制度の見直しを迫ることになるのである。

また日本の事例が、残念ながら「点」でしかないのに対し、韓国・ソウル市の取り組みは、中央政府をして、全国へと拡大された。たとえば、朴槿恵前政権下の韓国政府において、「死角地帯」解消のための福祉三法（国民基礎生活保障法、緊急福祉支援法、社会保障給与の利用・提供および受給権者発掘に関する法律）改正法が二〇一五年七月一日に施行している。改正国民基礎生活保障法は、相対的貧困線を給付要件として導入することを通して利用対象者拡大を図るとともに、住居扶助および教育扶助を中心とする単給化を可能とするもの、緊急福祉支援法は、地方自治体の裁量権を拡大して迅速な給付認定を可能とするもの、社会保障給与の利用・提供および受給権者発掘に関する法律は、福祉死角地帯の積極的な発掘および支援体系構築を目的とするものであった。松坡母娘心中事件からわずか一年後のことである。

日本で、生活保護制度の使いにくさをそのままにして別建ての生活困窮者自立支援法が施行したのが二〇一五年四月。同じ年の七月に、韓国では、生活保護の利用者を拡大し、利用しやすくする制度改革が行われていた。

日韓のこの差異は、一体、どこから生じているのだろう。

おそらく、死を選ばざるをえない状況にまで国民・市民を困窮に陥らせてしまったことに対する中央政府・地方自治体の責任の自覚、貧困を解消しなければならないとする覚悟の差異とともに、貧困をプライベートのものとみるのか、ソーシャルのものとみるのかという国民的・市民的合意の差異なのではないだろうか。

そうだとすると、日本の貧困対策を韓国の施策のようなものとする道のりは、遠い。

（1）菊池まゆみ「ひきこもり支援から見えた地域福祉の可能性――ひきこもり者の力を地域づくりへ」沢井勝＝正木浩司＝上林陽治編『自立と依存』公人社、二〇一五年、一〇一頁以下。

（2）見る人がみなければ発見できない。発見できる人は、多くの場合、自分の職務を客観視せざるをえない体験をしている。「万年床と足の踏み場もない部屋で蹲っているNの姿を見た時、獣を連想した。突然の訪問者にNはおびえて震え、身を縮めた。『私を覚えている？』おびえさせないように言ったつもりだったが、彼は『ごめんなさい。僕は分からないです。ごめんなさい』と頭を畳に打ち付けるように私に謝り続けた。……何を言って良いのか分からなかったが、ただ『部屋に閉じこもりきりの生活はよくないと思う』と言った気がする。H（父親…引用者注）さんは苦笑した。『どこへ出かける？やつが行ける所はあるのか？買い物に連れて出ても、不審者だと見られるだけだ』。Hさんが亡くなった後、Nは精神科病棟に入院した。そして、入院から数か月して病死した。社協の相談員はただただ無力だった。」藤里町社会福祉協議会編『引きこもり町おこしに発つ』秋田魁新報社、二〇一二年、プロローグ。執筆者は同社協事務局長（当時）の菊池まゆみ氏。

（3）NPO法人ライフリンク『自殺対策白書２０１３』。

（4）生水裕美「野洲市生活困窮者支援事業――おせっかいでつながりあう仕組み」『自治実務セミナー』二〇一六・四、二二頁以下。

（5）たとえば、朝日新聞二〇一三年一二月一三日付朝刊記事見出し「親身な相談　つないだ命　ワンスト

ップ窓口先進　滋賀県野洲市の例」。

（6）馬場優子「保健福祉の枠をこえてつながる」『都市問題』一〇二（二）、二〇一一・二、七〇頁。

（7）白石孝編著／朴元淳ソウル市長他著『ソウルの市民民主主義』コモンズ、二〇一八年、七四頁以下。

（8）二〇一四年二月二六日、ソウル市松坡区の二階建て戸建て住宅に付属する半地下の貸部屋で、生活苦を悲観した母娘の三人の遺体が発見された。長女は糖尿病と高血圧を患いながらも働けると判断され、母親は看病に追われ、次女はコンビニでのアルバイトを掛け持ちするという状態だった。また心中した部屋には、わずかな所持金から最後の家賃と公共料金を封筒に入れて残し、「家主のおばさんに申し訳ありません」と表書きしていた。生前、行政に相談に行ったことがあったものの、日本の生活保護にあたる国民基礎生活保障の受給には至らなかった。なお松坡区関係者は「申請記録は、まったくない」と話していた（ハンギョレ新聞〈日本語電子版〉二〇一四年二月二七日等より）。韓国社会では、基礎生活保障水準にありながら同制度による支援を受けられていない層を「死角地帯」という。「特集　韓国に学ぶ生活困窮者の就労支援」『賃金と社会保障』（一七一五）二〇一八年一〇月上旬号における五石敬路ならびに邊公律の論文および発言を参照。

（9）前掲注（7）一四一頁。

（10）本文のソウル市の統計数値等は、二〇一五年六月に実施された公益社団法人新潟県自治研究センターのソウル市調査でソウル市から提供された資料に基づく。

第三部　欺瞞の地公法・自治法改正、失望と落胆の会計年度任用職員制度

地方自治体で働く非正規公務員の採用根拠を明確にし、期末手当（賞与）を支払えるようにすると喧伝された地公法・地方自治法（以下「自治法」という）等改正法は、二〇一七年五月一一日、衆議院本会議で可決・成立し（参議院先議で、四月一四日に参議院本会議で可決）、二〇二〇年四月一日に施行した。

改正地公法のポイントは、同じ非正規の事務職員でも「臨時職員」「特別職非常勤職員」「一般職非常勤職員」というように自治体ごとにまちまちで、制度の趣旨に合わない不適正な採用実態であったものを、「会計年度任用職員」という採用類型を新設し、これに統一するというものであった。そして改正自治法では、会計年度任用職員に期末手当を支払えるとした。

二〇一七年三月二八日に政府の働き方改革実現会議が決定した「働き方改革実行計画」においても、「（地方公務員の――筆者）非常勤職員制度を整備し、任用・服務の適正化と期末手当を支給可能とすることを一体的に進めるため所要の法改正を図」り、「各地方公共団体における適正な任用・勤務条件の確保を推進する」と記述されており、改正地公法・自治法等により、地方自治体で働く臨時・非常勤職員の処遇改善が進展するとのイメージが示されていた。

だが、この法改正により地方自治体で働く職員の三人に一人、一一二万人以上（二〇二〇年四月一日現在）にまでに膨らんだ非正規公務員の処遇が改善すると考えるのは早計である。

なぜなら、この法改正は欺瞞だからである。

第10章　深化する官製ワーキングプア
——とまらない非正規化、拡大する格差

一　政府方針としての「同一労働同一賃金」

二〇一六年一月二二日、アベノミクスの失速感が広がるなかで開かれた第一九〇通常国会における施政方針演説で、安倍首相は「『一億総活躍』への挑戦を始める」と宣言、そのため「非正規雇用の皆さんの均衡待遇の確保に取り組みます。（中略）更に、本年取りまとめる『ニッポン一億総活躍プラン』では、同一労働同一賃金の実現に踏み込む」と発言した。また、二〇一六年二月二三日に開催された第五回一億総活躍国民会議でも、安倍首相は「我が国の雇用慣行には十分に留意しつつ、同時に躊躇なく法改正の準備を進めます。あわせて、どのような賃金差が正当でないと認められるかについては、政府としても、早期にガイドラインを制定し、事例を示してまいります」とし、このため「法律家などからなる専門的検討の場を立ち上げ、欧州での法律の運用実態の把握等を進め」ることを指示した。そして、

三月二三日、厚生労働省において「同一労働同一賃金の実現に向けた検討会」（座長：柳川範之・東京大学大学院経済学研究科教授）が開催されることとなった。

それと前後して、国会では同一労働同一賃金をめぐる質疑が頻繁に行われるが、そのなかで公務員における正規・非正規間格差も取り上げられる。

たとえば、二月二六日の衆議院総務委員会で、吉川元（社民党）が「地方自治体における非正規職員の処遇改善も待ったなしだと思いますが、この点、いかがお考えでしょうか」と質したのに対し、安倍首相は「今後の取り組み状況を見きわめ、適切な時期に実態について調査を実施して、取り組みの進捗状況についてフォローアップを行いながら、臨時、非常勤職員の必要な処遇の確保に取り組んでまいりたい」と回答、また三月二三日の参議院総務委員会では、江崎孝（民進党）が、地方自治体の非正規公務員と同一労働同一賃金について質問したのに対し、安倍首相は「政府としては、地方公共団体の臨時・非常勤職員の処遇について、パートタイム労働法の趣旨に言及しながら、常勤の職員の給与と同様に職務の内容と責任に応じて適切に決定されるべきものであるとの助言を行っている」「今後、各地方公共団体の取組状況を見極めながら、適切な時期に実態について調査を実施し、取組の進捗状況についてフォローアップを行いながら臨時・非常勤職員の必要な処遇の確保に取り組んでまいりたい」と回答した。

二　官製ワーキングプアの拡大

安倍首相の国会答弁を受け、総務省は地方公務員の臨時・非常勤職員に関する実態調査を実施し、二〇一七年三月三一日、「地方公務員の臨時・非常勤職員に関する実態調査結果（二〇一六・四・一現在）」（以下、「二〇一六総務省調査」という。地方公務員の臨時・非常勤に関する総務省調査に関しては、「調査年＋総務省調査」と表記する）を発表した。

この調査で明らかになったことは、概要、①全国の非正規公務員は六四万三一三一人で、このうちフルタイムの臨時・非常勤職員、いわゆる常勤的非常勤職員は、二〇万二七六四人で、およそ三分の一を占める、②非正規公務員の四人中三人にあたる四八万一五九六人は女性である、③継続雇用年数（期間更新回数）が一定数に達していることのみを捉えて、一律に応募制限を設ける自治体が一割ある、④任期の更新にあたり、雇用されていない期間（空白期間）を置く自治体は、臨時職員の場合、約半数の自治体である、⑤臨時職員の報酬水準は時給換算で八四五円。一日八時間、月二〇日、一二月を休みなく働いても、年収で一六二万円にしかならない、というものである。

1　非正規公務員は六四万人以上、一一年間で四割増

総務省では、二〇〇〇年以降二〇一六年までに、臨時・非常勤職員に関する実態調査を四回実施している。一回目の調査は二〇〇五年で、臨時・非常勤職員の数が全国で約四六万人であることが明らかに

なった。三年後の二〇〇八年に二回目の臨時・非常勤職員の調査を実施し、臨時・非常勤職員数約五〇万人という数字を出している。三年間で四万人増え一割増えたことになる。二〇一二年には三回目の調査が行われ、臨時・非常勤職員の数は約六〇万人となり、二〇〇五年からの七年間で一四万人、三割以上も増加した。そして、二〇一六総務省調査では約六四万人で、二〇〇五年比で約一九万人、四割以上増加した。

二〇一六総務省調査を職種別にみると、最も人数が多いのは一般事務職員で約一六万人、次が消費生活相談員や女性相談員などの各種の相談員で構成される「その他」に分類される非正規公務員で約一二万人、保育士も約一〇万人である。二〇〇五年からの一一年間で最も人数が増えたのは教員・講師で、倍増していた。

二〇〇五年から二〇一六年にかけ、正規公務員は三〇四万人から二七四万人へと三〇万人減少している。特に一般行政部門で一四万人、教育部門一二万人、合わせて二六万人が同期間で減少した。このふたつの部門は、非正規公務員の大半が属するもので、同期間で一九万人増加した非正規公務員が正規公務員の減少分を代替してきたとみなすことができる。

代替とは置き換わることである。したがって、どの職種をとっても非正規公務員が占める割合（＝非正規率）が高まってきた（図表10―1参照）。

二〇一六年四月一日現在でみると、公立図書館に勤務する図書館員の六五・三％は非正規公務員である。ここには民間事業者が運営している指定管理者や業務委託の図書館は含まれず、いわゆる直営館の状況であり、パートの図書館員が大半を占める指定管理者館等を含めると、非正規率は七割を超える。

図表10－1　職種別正規・非正規比率（2016.4.1現在）

単位：人

職種	非正規公務員A	正規公務員	合計B	非正規割合（%）A/B			
				2016.4.1現在	2012.4.1現在	2008.4.1現在	2005.4.1現在
一般事務職員	159,559	744,682	904,241	17.6	16.7	13.3	11.9
技術職員	9,316	217,443	226,759	4.1	3.9	3.0	2.8
医師	8,138	24,845	32,983	24.7	25.7	26.2	25.7
医療技術員	11,851	52,065	63,916	18.5	17.8	13.7	11.0
看護師等	28,043	168,138	196,181	14.3	13.4	11.8	10.4
保育士等	99,958	96,025	195,983	51.0	50.8	45.1	40.0
給食調理員	37,985	25,406	63,391	59.9	54.1	44.7	38.2
技能労務職員	56,853	94,060	150,913	37.7	34.0	26.7	24.2
教員・講師	92,494	842,561	935,055	9.9	8.5	6.2	5.0
図書館員	16,484	8,768	25,252	65.3	—	—	—
その他	122,450	463,270	585,720	20.9	19.8	16.7	14.8
合計	643,131	2,737,263	3,380,394	19.0	17.8	14.7	13.0

出典）非正規公務員の数値は2016総務省調査、正規公務員の数値は、総務省「平成28年地方公共団体定員管理調査」から筆者作成

注）正規公務員の職種の分類については、「地方公共団体定員管理調査結果」の「第4表 職種別職員数」の区分・職員数を再分類したもの。なお図書館員の正規公務員の人数は、同調査の「司書・学芸員」の人数。

さらに給食調理員の五九・九％も非正規であり、人手不足が著しい保育士等も、その半数以上が非正規公務員である。

勤務する職員の半数以上が非正規公務員である地方自治体は、九二自治体に及ぶ。非正規率が五割を超える地方自治体数は、二〇〇八年の総務省調査では一七自治体だったが、二〇一二年の同調査では四三自治体で二・五倍に、そして二〇一六年の同調査までの八年間で五倍強に急増した。

非正規率が高い順に並べると五番目までが六割を超え、長崎県佐々町は非正規率が六六％で、職員三人中二人が非正規公務員である。そして沖縄県宜野座村、北海道厚真町、秋田県潟上市、愛知県扶桑町と続く（図表10—2）。

図表10－2　職員の半数以上が非正規公務員の地方自治体　上位20団体（2016. 4. 1現在）

単位：人

	地方公共団体名		非正規公務員数A	正規公務員数B	全職員数A＋B	非正規率（%）
1	長崎県	佐々町	192	99	291	66.0
2	沖縄県	宜野座村	179	93	272	65.8
3	北海道	厚真町	188	104	292	64.4
4	秋田県	潟上市	473	289	762	62.1
5	愛知県	扶桑町	342	227	569	60.1
6	北海道	東川町	163	109	272	59.9
7	長野県	中野市	624	426	1,050	59.4
8	長野県	青木村	73	52	125	58.4
9	沖縄県	恩納村役場	182	130	312	58.3
10	長野県	小川村	68	49	117	58.1
11	和歌山県	太地町	79	57	136	58.1
12	長野県	高山村	108	78	186	58.1
13	熊本県	菊陽町	298	221	519	57.4
14	長野県	小布施町	129	96	225	57.3
15	群馬県	上野村	46	35	81	56.8
16	長野県	塩尻市	736	561	1,297	56.7
17	岐阜県	垂井町	255	195	450	56.7
18	沖縄県	南風原町	269	206	475	56.6
19	鹿児島県	与論町	136	105	241	56.4
20	鹿児島県	徳之島町	226	176	402	56.2

出典）2016総務省調査の個票ならびに総務省「平成28年地方公共団体定員管理調査結果」より筆者作成

非正規公務員数は、実はもっと多い。全体合計で見ると、非正規率は約二割、五人に一人と見られるが、これは「過少算定」といえる。なぜなら二〇一六総務省調査は、調査時点を四月一日現在とし、その時点で在籍している者しか把握しておらず、調査対象は任用期間が六月以上または六月以上見込み、かつ一週間当たりの勤務時間が一九時間二五分以上のものという要件を付しており、調査対象から漏れる臨時・非常勤職員が少なからずいるからである[1]。

たとえば臨時職員の一回の任用期間が二月の東京都や佐賀県は、臨時職員の人数がカウントされていない。また、四月一日を雇用しない期間（いわゆる空白期間）として運用している自治体では、臨時教員のように一回の任期を六月で運用していても在職していないことになる。臨時教員の任期のうち春休み期間の四月一日を空白期間としている東京都は、二〇一六総務省調査でも、臨時職員は任期六月未満なので「〇人」、任期六月の臨時教員は四月一日に採用していないので「〇人」、総じて臨時的任用職員は「〇人」と報告している。

非正規率は自治体階層別でも異なり、非正規公務員の約七割にあたる四三万〇二八八人が勤務する市区町村の非正規化率は三割以上に及ぶ。つまり、「過少算定」の二〇一六総務省調査でも、最も住民に身近な基礎的自治体といわれる市区町村の職員の三人に一人は、非正規公務員なのである（図表10―3参照）。

2　正規・非正規間格差の拡大——給与水準は正規の四分の一から三分の一程度

逼迫する地方財政と小さな政府への指向性の下で、正規公務員の定員が削減され、非正規公務員へと

図表10－3　自治体階層別非正規率（2016.4.1現在）

	臨時・非常勤職員	正規公務員	非正規割合（%）			
			2016.4.1現在	2012.4.1現在	2008.4.1現在	2005.4.1現在
都道府県	138,393	1,500,778	8.4	7.7	6.2	5.8
政令市	58,046	234,513	19.8	21.3	14.6	12.8
市区	356,789	762,302	32.0	30.0	25.3	22.9
町村	73,499	137,634	34.7	31.0	26.0	
一部事務組合等	16,404	102,036	13.9	—	—	
合計	643,131	2,737,263	19	17.9	14.7	13.0

出典）図表10－1に同じ

置き換えられていった。置き換えが進むのにはそれなりの理由がある。最大の理由はやはり賃金の相対的低さだろう。

二〇一六総務省調査では、一般事務職員、教員・講師、保育所保育士の報酬額を採用種類別に紹介している。図表10—4の「職種別正規・非正規年収格差（二〇一六・四・一現在）」は、これら職種の非正規公務員の平均時間単価に、一日八時間、月二〇日、年間一二月をフルに働くものとして単純に乗じて年収換算額を求め、正規公務員で相当する職種の年収換算額と対比させたものである。

一般事務職員で見ると、特別職非常勤が年収二〇七万円、一般職非常勤が一七六万円、臨時職員が一六二万円である。これに対し、正規公務員の年収は六四五万円程度。つまり、非正規公務員の一般事務職員は、休みなくフルに働いたとしても、その年収は正規公務員の四分の一から三分の一程度なのである。

他の職種でも、同様の傾向がみられる。小中学校に勤務する非常勤講師は、正規教員の四～五割水準で、臨時教員は三分の一程度となる。働き手不足が露呈している保育士では、非正規保育士の年収はいずれも二〇〇万円前後。一方の正規保育士は、正規公務員のなかでは相対的に低い賃金水準だが、それでも五二〇万円程度である。

図表10－4　職種別正規・非正規年収格差（2016. 4. 1現在）

単位：円

		非正規公務員（2016.4.1）		正規公務員（2016.4.1）			
		時給平均額（A）	年収換算額（A×8時間×20日×12月）…X	月例給与平均額（B）	期末勤勉手当平均額（C）	年収換算額（B×12月+C）…Y	格差 X/Y
一般事務職員	特別職	1,080	2,073,600	407,147	1,562,823	6,448,587	32.2%
	一般職	919	1,764,480				27.4%
	臨　時	845	1,622,400				25.2%
教員・講師（義務教育）	特別職	1,699	3,262,080	419,508	1,717,327	6,751,423	48.3%
	一般職	1,385	2,659,200				39.4%
	臨　時	1,218	2,338,560				34.6%
保育所保育士	特別職	1,195	2,294,400	318,328	1,386,295	5,206,231	44.1%
	一般職	1,055	2,025,600				38.9%
	臨　時	1,004	1,927,680				37.0%

出典）非正規公務員の数値は2016総務省調査、正規公務員の数値は、総務省「平成28年地方公務員給与実態調査結果」。なお、正規公務員の保育士の数値は福祉職である。
注）非正規公務員の時給平均額は、該当団体数の単純平均値。

非正規保育士の賃金水準は正規保育士のそれの四割程度の水準なのである。

臨時教員や臨時保育士のなかには、クラス担任を務める者もいる。とりわけ公立保育所に勤務する保育士の半数以上は非正規で、その年収は二〇〇万円前後で、正規保育士と同様の勤務につく。

3　空白期間

二〇一六総務省調査では、いわゆる空白期間の設定状況についても調査している。

空白期間とは、新たな任期と、再度の任用後の新たな任期との間に一定の勤務しない期間を設けることである。

二〇一六総務省調査では、臨時職員を任用している一二五八団体の約半数の五八八団体で空白期間を設定し、このうち一週間から一月以内の期間を空白期間としているものが二五六団体でもっとも多く、一月以上の期間を空ける地方公共団体も一五七団体あった。また、一日だけを空白期間とする地方公共団体も九九団体あった。

空白期間をおく理由について、臨時職員に関してその状況を見ると、「継続した任用と見られないようにするため」が三八六団体で最も多く、「退職手当や社会保険料等の財政的な負担を避けるため」という「本音」の回答も七二団体あった。

臨時職員の任用に関しては、国・地方とも、「六月を超えない期間で更新することができるが、再度更新することはできない」(国公法六〇条一項、地公法旧二二条二項)と定める。この規定からは、一回の更新はできるが再度更新することはできないと読める。このため多くの地方公共団体で、都合一年に満たない期間で雇止めし、一定の空白期間を置いた後に再度任用するという運用を行ってきたといわれる。

しかし、国では空白期間を置くというような運用は行っていないし、そもそも、このような運用は法を誤って解釈したもので空白期間を置く必要はない。それは「任期の更新」と「再度の任用」とは異なる概念だからである。会計年度単年度主義(自治法二〇八条)のもと、臨時・非常勤職員が就く職は、本来原則一年ごとにその職の必要性が吟味される「新たな職」であり、臨時職員の場合、一回更新都合一年の任期の終了後、再度、同一の職務内容の職に就いたとしても、その職は予算審議を通じて設定された新たな職に改めて任用されたもの(「再度の任用」)で、同一の職に引き続き任用する「任期の更新」ではないと解釈されている。[2]さらに二〇一四年七月四日の公務員部長通知[3](以下、「二〇一四通知」という)でも、「再度の任用の場合であっても、新たな任期と前の任期の間に一定の期間を置くことを直接求める規定は地方公務員法をはじめとした関係法令において存在しない。任期については、任用されていない者が事実上業務に従事することのないよう、あくまで職員に従事させようとする業務の遂行に必要な期間を考慮して適切に定めることが必要である」と指摘されてきた。

このように政府・総務省の側から「空白期間」の是正が求められてきたにもかかわらずなくならなかったのは、「退職手当や社会保険料等の財政的な負担を避けるため」という「本音」が背景にあったからである。

4 再度任用時の応募制限

二〇一六総務省調査では、募集にあたり、任用の年数が一定数に達していることのみを捉えて、一律に応募制限を設ける「再度任用時の応募制限」について調べた。

「再度任用の応募制限」とは、公募なしの再度任用（いわゆる雇用期間の更新）の上限回数や上限期間を設定することにとどまらず、上限回数等に達して雇止めにあった臨時・非常勤職員が再度の任用を求めて応募する機会さえも与えない、つまり応募自体を制限することであり、極めて問題の多いものである。

二〇一六総務省調査では、全国計では一般事務職員について明らかにしている。特別職非常勤で四四団体（一三・八％）、一般職非常勤で五七団体（一〇・三％）、臨時職員で八七団体（六・九％）が応募制限を設けていた。また、当該団体において雇止めとする上限期間は三年または五年が多く、臨時職員の場合は一年雇用で雇止めし、その後、公募に応じさせないという団体が最も多い。

再度任用時の応募制限は、二〇一四通知でも「平等取扱いの原則や成績主義の観点から避けるべきであり、均等な機会の付与の考え方を踏まえた適切な募集を行うことが求められる」と指摘されたものであるが、二〇一六総務省調査でも、なお三割以上の団体で見直しの予定なしとしていた。

再度任用時の応募制限を設けている理由について、かつて旭川市を取材した川村雅則氏は、「同じ人を長く雇い続けると雇用機会に不公平が生じてしまうことになる」との証言を得ている[4]。だがこれは「公平」を建前とした「失業のシェアリング」である。

（1）実際、要件外の非正規公務員数をはじめて明らかにした二〇二〇年四月一日時点の総務省調査では、四三万一二七三人在職しているとした。全非正規公務員の実に四割を占める。
（2）橋本勇『新版逐条解説地方公務員法 第五次改訂版』学陽書房、二〇二〇年、五一頁。
（3）平成二六年七月四日、総行公五九号、総務省公務員部長通知「臨時・非常勤職員及び任期付職員の任用等について」。
（4）川村雅則「官製ワーキングプア問題(I)：地方自治体で働く非正規公務員の雇用、労働」『(北海学園大学)開発論集』(九二)二〇一三・九、一六六頁。

第11章　隠蔽された絶望的格差
――総務省「地方公務員の臨時・非常勤職員及び任期付職員の任用等の在り方に関する研究会」報告

総務省は、二〇一六年七月二六日、「地方公務員の臨時・非常勤職員及び任期付職員の任用等の在り方に関する研究会」（座長：高橋滋・法政大学大学院教授）を発足した。

設置の目的は、第10章に記した二〇一六総務省調査を踏まえて、①臨時・非常勤職員の任用の在り方、②任期付職員任用の在り方、③その他、研究会が定めるものを調査・研究するというものだったが、研究会の議論は、主に①臨時・非常勤職員の任用や職の在り方に集中した。

一　地方の非正規公務員の任用・処遇をめぐる検討経過

1　誤ったメッセージとして伝わった「二〇〇九通知」

総務省は、二〇〇〇年代に入って二〇一六年までに、臨時・非常勤職員に関する実態調査を四回実施した。このうち二〇〇八年の二回目の調査では全国の臨時・非常勤職員数約五〇万人、二〇〇五年の一回目の調査から四万人超、一割以上も増加したことを明らかにした。そこで総務省は、二〇〇八年に「地方公務員の短時間勤務の在り方に関する研究会（座長：高橋滋・一橋大学大学院教授〈当時〉）」を立ち上げ、報告書を取りまとめ、この報告書に基づき、二〇〇九年四月二四日、総務省自治行政局公務員部公務員課長・給与能率推進室長名で「臨時・非常勤職員及び任期付短時間勤務職員の任用等について（総行公第二六号）」を通知した（以下「二〇〇九通知」という）。

この二〇〇九通知は、地方に誤ったメッセージとして伝わった。すなわち「臨時・非常勤の職に繰り返し任用されることは、長期的、計画的な人材育成・人材配置への影響や、臨時・非常勤職員としての身分及び処遇の固定化などの問題を生じさせるおそれがある」というこの一文から、非正規公務員の任用の適正管理を建前として、雇止めを推進するものとして受け取られたのである。そして日本各地の地方公共団体で、三年や五年で一律に雇止めするという事例が頻発した。

二〇〇九通知が雇止め推進と受け止められたことには背景がある。二〇〇九通知が出る二年前の二〇〇七年一〇月に、東京高裁で中野区非常勤保育士再任拒否事件の判決が出されていた[1]。

裁判は、雇止めに遭った五人の保育士が提訴したもので、判決の内容は、区に対して一人当たり二〇〇万円の賠償金を支払えというものであった。雇止めに遭った保育士は、任期は一年であるものの六～一〇年もの長期にわたり勤続しており、また中野区の採用手続の実態を見ると、採用通知書も出さず、更新時に保育園長から「来年もやっていただけますよね」と口頭で意向を確かめられているだけだった。長く勤めていた保育士が、次年度以降も雇い続けられると期待をするのは当然で、このような「雇用継続の期待権」を中野区は裏切ったのだから、雇止めに遭った保育士の一年分の報酬に相当する二〇〇万円を支払え、というものだったのである。

この中野区非常勤保育士再任拒否事件の東京高裁判決の画期的なところは、有期雇用の非正規公務員にも雇用継続の期待権が生じ、その侵害は国家賠償の対象であるとしたことである。

このような背景があって、二〇〇九通知は、臨時・非常勤職員に期待権が生じないようにするにはどうしたらいいかというメッセージとして地方公共団体に伝わり、雇用年限や更新回数を制限する制度を導入するきっかけとなったのである。

2 度重なる司法からの指摘

中野区事件以後も各地で非正規公務員に関わる訴訟が提起された。

一つは二〇〇八年の東村山市事件[2]である。非常勤嘱託職員への一時金や退職金支給は不法な支出であるとして、東村山市を相手方に提訴された損害賠償請求の住民訴訟であるが、東京高裁は、週勤務時間が常勤職員の約半分の非常勤職員であっても常勤職員と同じ仕事をしている者は常勤の職員と見なすべきであり、これら非常勤職員への一時金等の支給は違法ではないと判示した。

さらに二〇一〇年には茨木市事件[3]、枚方市事件[4]の判決があり、ここでは勤務時間が常勤の職員と同等とみなされる非常勤職員への手当支給は容認されると判断された。特に枚方市事件に係る大阪高裁判決では、非常勤職員でも勤務時間が常勤職員の四分の三に相当する時間以上を勤務している者は非常勤ではなく、常勤であると判示した。

さらに、二〇一三年の大分県の中津市事件(5)である。これは常勤職員と同じ勤務時間で三三年間勤めた常勤的非常勤の学校司書による退職金請求事件で、一審の大分地裁では原告は敗訴したものの、控訴審の福岡高裁は中津市に対し一〇八〇万円の退職金の支払いを命じた。中津市では、一般職職員の退職手当支給条例は制定していたものの、一審原告は特別職非常勤として任用されていたものであり、退職手当条例の適用はないと中津市は主張していたが、福岡高裁は、労働者性を有する職員、つまり一定の業務に携わり労働の対価として報酬を支給され、使用者の指揮命令監督下に入る者は特別職ではなく一般職の職員なのだから、中津市は地公法の解釈を誤って原告を特別職として任用したのであり、本来一般職の原告には退職手当条例の適用があるとし、中津市に支払命令をなしたのである。(最高裁判所で一審原告逆転敗訴)。

3　二〇一四通知による誤ったメッセージの修正

以上のような裁判例の蓄積を背景として、総務省は二〇一四年に新たに公務員部長通知「臨時・非常勤職員及び任期付職員の任用等について」(平成二六年七月四日　総行公第五九号　総務省公務員部長通知。以下、「二〇一四通知」という)を発出する。この二〇一四通知では、二〇〇九通知の負の影響を払拭し、非正規公務員をめぐる環境を是正するとの使命を帯びることとなった。

① 不必要な空白期間

負の影響とは、一つは任用問題の是正であり、二〇一四通知のなかでは、任用の更新回数制限は不要であり、再度任用することは是認されるものであると記された。

さらに、空白期間の設定も不要とした。空白期間は自治体ごとにまちまちで、神奈川県は三週間、他にも東京都町田市では二月雇用して二月の空白期間を置き、また横浜市の図書館でも二月雇用・二月空白期間という運用をしているが、空白期間に入る直前に二月後の採用申込書が渡される。つまり二月後の勤務ローテーションに組み込まれているのに、二月の空白期間が置かれていたのである。

二〇一四通知では、このような空白期間の設定は不要であるとした。

② 適用労働法制の徹底

さらに二〇一四通知では、年金や健康保険、時間外労働と休暇・休業等についても、適用労働法制を徹底することを強調していた。

二〇一四通知では社会保険の加入要件と空白期間の関連性について触れた。非正規公務員は月末にかかるように空白期間を置かれると、社会保険の組合員資格がはく奪され、その一月の間は自ら国民年金、国民健康保険に加入する手続きをとっていた。しかし、健康保険法の解釈では、一定期間を置いても、再度任用が決まっていれば組合員資格は継続する取り扱いとなっていたのである。二〇一四通知では、改めて、短時日の空白期間を置いたものであれば、組合員資格は継続することを明示した。

二 総務省「地方公務員の臨時・非常勤職員及び任期付職員の任用等の在り方に関する研究会」報告

このような経過の延長線上で、二〇一六年七月二六日、「地方公務員の臨時・非常勤職員及び任期付職員の任用等の在り方に関する研究会」(以下、「総務省研究会」という)が発足した。発足のきっかけは、安倍政権における「ニッポン一億総活躍プラン」と、そのなかで打ち出された「同一労働同一賃金を目指す」ことであったことは、間違いない。

総務省研究会では、何を提言したのか。この点を次に見ておこう。

1　一般職非常勤への統一と、給料・手当の支給

総務省研究会報告の最大の特徴は、それまでは二〇〇九通知、二〇一四通知という法的効果のない「技術的助言」で非正規公務員の勤務条件の見直し・整備を促したのに対し、地方自治体における取り組み状況が芳しくなかったことに鑑み、「小規模市町村を含め全ての地方公共団体において適正な確保が図られるよう、可能な限り立法的な対応を目指し検討されることを期待する」(傍線―筆者)とうたったことである。

報告では、大きく二つのことが提言された。

第一に、地公法改正に関わることで、地方自治体によっては、制度の趣旨に沿わない任用が行われていることから、特別職非常勤職員及び臨時的任用職員の任用についてその採用要件の厳格化等を行い、あわせて、一般職非常勤職員制度について労働者性が高い者とするとした上で、必要な任用上の取扱い、服務規律、人事評価制度等を適用するとともに、給料・手当や休暇・休業、研修などの必要な勤務条件等を確保するための新たな仕組みを設けるべきとしたことである。

第二に、自治法改正に関わることで、労働者性が高い類型とされる非正規公務員については、新たな

一般職非常勤職員とし、常勤職員と同様に給料および手当の支給対象とするよう給付体系を見直すべきとしたことである。

具体的な法制度設計は所管の総務省に委ねられたものの、要するに、これまでまちまちであった非正規公務員の任用の種類について、①特別職非常勤職員については、専門性の高い者等に任用の対象を限定することについて立法的な対応を検討、②臨時的任用の要件について、国の臨時的任用に準じて、常勤に欠員を生じた場合などのように、厳格な制限を徹底すべきであり、立法的な対応を検討、③一般職非常勤職員制度について、募集・採用・任用等、服務・懲戒等の新たな仕組みを整備し、労働者性ある非正規公務員についてこの新たな一般職非常勤職員による任用に統一、④新たな一般職非常勤職員については、常勤職員と同様に、給料・手当の支給対象とするというものであった。

労働者性とは、労働基準法九条では「事業所に使用されて賃金を支払われる者」と規定している。また一九八五年の労働基準法研究会報告では、労働者の判断基準について、「『使用される＝指揮監督下の労働』という労務提供の形態をしている人及び『賃金支払』という報酬の労務に対償性がある人、これを労働者という」としている。いずれにせよ、労働者か否かは、勤務時間の長短、有期無期かに関わりがない。

一方、特別職か否かの判断については、先に紹介した中津市事件福岡高裁判決でも、特別職とは「生活を維持するために常時公務に就くのではなく一定の学識、知識、経験、技能に基づいて随時地方公共団体の業務に参画する者」で、「職員が特別職に該当するかどうかは、常時なのか臨時・随時なのかによって判断すべきであり」、そもそも常時だったらそれは特別職ではない、としていた。

2　支給すべき手当

総務省研究会報告書では、新たな一般職非常勤職員に支給すべき手当として、二〇一六総務省調査を踏まえ、最低でも、次の手当を支給すべきとした。

- 「時間外勤務手当」　正規の勤務時間を超えて勤務する（週休日を含む。）ことを命じられた場合には、その超えた時間に対して、労働基準法で定める基準を下回らない額を適切に支給すべきである。
- 「通勤手当」については、その費用弁償的性格を踏まえ、適切に支給すべきである。
- 「退職手当」については、現行の支給要件を満たす場合には、適切に支給すべきである。
- 「期末手当」については、相当長期（六月以上を想定）にわたって勤務する者に対し支給することを検討すべきである。

「時間外勤務手当を支給する」ことをわざわざ指摘しているが、そもそも不払いは労働基準法上の犯罪要件を構成することになる。にもかかわらず指摘したのは、地方自治体では、非正規公務員への時間外手当支給に係る条例・規則が制度化されておらず、また不払いの実態があるからである。

通勤手当に関しては、働き方改革のプログラムのなかでも、通勤手当を支払わないのは不合理な格差に該当するとうたわれており、これはパート・有期雇用労働法八条以下（旧労働契約法二〇条、旧短時間労働者の雇用管理の改善等に関する法律八条以下）に抵触することになりかねない。

退職手当は、退職手当条例通り支給すべきことがうたわれている。要件を満たしているのに不払いであれば、過失違法性が生じて損害賠償請求の対象になる。先に、常勤的非常勤職員は全国に二〇万人強いることを指摘したが、これら常勤的非常勤職員は、総務省の退職手当条例準則通りの条例を制定していれば、勤務期間六月を超えた時点で、退職手当請求権が発生している。

たとえば四〇都道府県の県費の臨時教員には、毎年、退職手当が支給されているが、これは総務省が地方自治体に技術的助言として通知している「職員退職手当条例準則」二条が「常時勤務に服することを要するものが退職した場合には、その者に支給する」とし、常勤の臨時教員には当然支払われるからである。また同条二項には、「職員について定められている勤務時間以上勤務した日が一八日以上ある月が引き続いて一二月を超えるに至つた者で、その超えるに至つた日以後引き続き当該勤務時間により勤務することとされているもの」にも退職手当を支払うとしている。

ところが全国の地方公共団体では、退職手当条例通りには、常勤的非常勤職員に退職手当が支給されていない実態が蔓延している。

期末手当に関しては、総務省研究会報告には、相当長期（六月以上を想定）にわたって勤務する者に対し期末手当の支給を検討すべきであるとした。報告書のなかでこのように触れたのは、人事院が、二〇〇八年八月に各府省に対し「相当長期にわたって勤務する非常勤職員に対しては、期末手当に相当する給与を、勤務期間等を考慮の上支給するよう努めること」とする事務総長通知(6)を出し、各府省ともこの通知に準じて、六月以上勤務の非常勤職員に期末手当を支給しているからである。

なお、これ以外の手当については、要検討とした。

3　給与水準の設定

給与水準については、同一人が同一の職種の職に再度任用される場合であっても、職務内容や責任の度合い等が変更される場合には、異なる職への任用であることから、給料額を変更することはあり得るとした。たとえば、一定の勤務経験や実績等のある一般職非常勤職員の保育士について、クラス担任など、より責任の度合いが高い職に新たに任用する場合、地公法二四条に定める職務給の原則などを考慮して給料額を変更することはあり得るとしたものである。

4　その他の勤務条件等

休暇については労働基準法に定める年次有給休暇、産前産後休暇、育児時間、生理休暇を制度的に設けるとともに、国の非常勤職員との権衡の観点から必要な休暇制度を整備する必要があるとした。また、整備されていない地方自治体が一定程度存在することから、各地方自治体において、確実に休暇制度の整備を行うべきであるとした。とりわけ育児休業制度については、条例の整備が行われていない団体が一定程度あり、確実に育児休業に係る条例の整備を行うべきであるとした。

さらに研修については、地公法三九条の規定が適用されるところであり、各地方自治体においては、職務の内容や責任の程度に応じて、適切な対応を図るべきとした。

5　雇止め問題についても再度言及

さらに、二〇一四通知を受け継いで、任用の回数や年数により一律に応募要件に制限を設けることを避けるべきことを再度打ち出した。すなわち「地方公務員の任用における成績主義や平等取扱いの原則を踏まえれば、繰り返し任用されても、再度任用の保障のような既得権が発生するものではなく、任期ごとに客観的な能力実証に基づき当該職に従事する十分な能力を持った者を任用することが求められる。任期一方、募集に当たって、任期の回数や年数が一定数に達していることのみを捉えて応募制限を設けている地方公共団体が一定程度存在する。そのように一律に応募制限を設けることは、平等取扱いの原則や成績主義の観点から避けるべきであり、均等な機会の付与の考え方を踏まえた適切な募集を行うことが求められる」とした。

すなわち、能力実証に基づけば、経験・能力を積んだ非正規公務員を繰り返し任用することはむしろ求められることであり、一律な応募制限は避けるべきとしたのである。

また雇止めに関しても、「能力実証の結果」「業務の見直しによる業務自体の廃止」「その他の合理的な理由により再度の任用を行わないこととする場合」に該当するものとして雇止めできる事例を限定列挙し、さらに雇止めする場合でも「事前に十分な説明を行ったり、他に応募可能な求人を紹介する等の配慮を行うことが望ましい」「労働基準法第一四条第二項に基づく『有期労働契約の締結、更新及び雇止めに関する基準（厚生労働省）』においては、契約を更新しない場合の予告や理由の明示等が定められている」ことを紹介し、適正な手続きを経ることを強調していた[7]。

6 空白期間

総務省研究会報告では、空白期間の問題にも、再度、触れている。第10章に見たように、空白期間は、臨時職員の場合、半分近くの地方自治体で置いていた。

総務省研究会報告では「再度の任用の際に、新たな任期と前の任期の間に一定の期間（いわゆる「空白期間」）を置いている地方公共団体が一定程度存在する」ことを指摘した上で、「このような空白期間を置くことを直接求める規定は、地公法をはじめとした関係法令において存在しない」ましてや「退職手当や社会保険料等の負担を回避したい、任用されていない者を事実上業務に従事させたりすることは明らかに不適切」だと断じている。

そして、一般職非常勤職員の任期については、あくまで職員に従事させようとする業務の遂行に必要な期間を考慮して適切に定めることが必要であることについて、立法的な対応を検討することを求めた。

三　欺瞞を生んだ絶望的な格差

二〇一六年一二月にまとめられた総務省研究会報告書は、概要、上記のようなものだった。提言を受けた総務省は、地公法・自治法改正案をまとめ、二〇一七年一月には、研究会報告書の提言通り、労働者性ある非正規公務員を新たな仕組みの一般職非常勤職員とし、勤務時間の長短に関わらず自治法二〇四条の職員であり、給料とすべての手当を支払う対象とするというものであった。

しかしこの原案は二〇一七年二月になって後退し、現行自治法を大きく変更することなく、従前通り、常勤の一般職非常勤職員には給料と諸手当を支払える対象とし、常勤よりも短い勤務時間の一般職非常勤職員には、これも従前通り、報酬と費用弁償を支払い、これに加えて期末手当のみを支払うことができるとし、総務省研究会の提言から逸脱していったのである。このような勤務時間の長短だけに依拠して支払う給与の種類を違えることは、明らかに「同一労働同一賃金の原則」に反する取り扱いである。これでは、地方公務員の正規・非正規格差は解消しないどころか、労働時間の長短による差別を合法化することとなる。

なぜ、こんなことになってしまったのか。

筆者は、地方公務員における絶望的なまでに拡大した格差状況が、日本社会全体の格差解消への取り組みの足を引っ張りかねず、したがって、地方公務員における格差状況の「隠蔽」が行われ、問題解決に向けた処方箋作りが、途中で諦められてしまった結果だと見ている。その端緒は、すでに総務省研究会の審議過程のなかに現れていた。

二〇一六年九月二六日午後、総務省研究会は非公開の会合を開いた。そこでは、図表11―1に示すような、地方公務員における正規・非正規間格差の状況が示されていた。

一般事務の非常勤職員の平均年収は、時給を年収に換算してフルタイムで計算すると一七三万円。一方、一般行政職の常勤職員の平均年収は六三四万円。一年以上二年未満の経験年数の常勤職員でも、正規公務員の場合は三二八万円、七年以上一〇年未満の職員は四五〇万円。非常勤の事務職員の年収は、二年目の正規公務員に比べても約半分である。

保育士に着目しても、フルタイムの非常勤の保育士は年収換算で二〇一万円。一方、一年目の正規の保育士であれば三〇〇万円を超え、七年以上だと約四〇〇万円になり、全体平均では五七三万円という

図表11－1　隠蔽された絶望的な格差

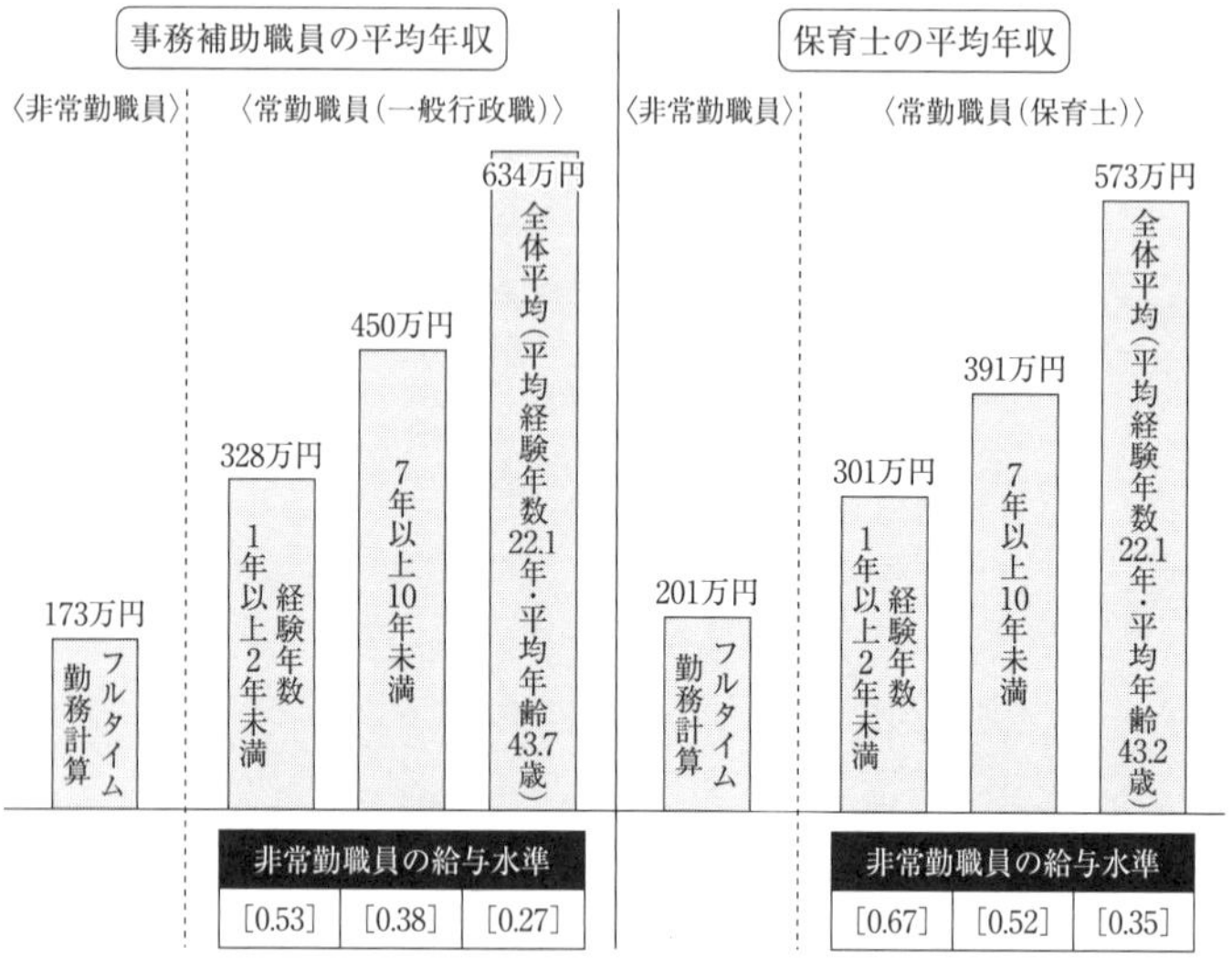

出典）2016年９月26日午後開催の総務省「地方公務員の臨時・非常勤職員及び任期付職員の任用等の在り方に関する研究会」非公開会議資料。
注１）非常勤職員は、総務省2016調査速報版に基づき、非常勤職員の時間単価に、１日7.75時間、１月20日、12月を乗じて積算したもの。
注２）常勤職員は、総務省給与実態調査2013年版より

のが実態である。このようななかで、非常勤保育士や臨時保育士のなかには正規の保育士と同様にクラス担任を持ち、なかには、新任の正規の保育士への研修さえも担当している者もいる。その人たちも年収は約二〇〇万円なのである。

総務省研究会で非公開会合が開かれた翌日の九月二七日に発足した「働き方改革実現会議」の第一回会合で、日本経団連の榊原会長は、「働き方改革は官民共通の課題でして、議論の対象を公務員まで広げることを提案したいと思います」と発言した。この発言の意図するところは明確ではないが、総務省研究会に激震が走ったことだけは確かだった。

この発言がきっかけになって、総

務省の研究会は開店休業になり、二月以上経った一二月五日にようやく再開したからである。

再開時の総務省研究会において、出席委員から「なぜ予定を変更して、研究会を開催しなかったのか」と問われ、研究会事務局の総務省公務員部は「(内閣府の)働き方改革室からは地方公務員の検討状況は周回遅れで、民間と比べてもレベルが低過ぎるとの指摘を受けています」と回答している。(8)

地方公務員における正規・非正規間格差は、「同一労働同一賃金」政策実現の道筋の障害物になっている。だから格差状況は隠蔽され、官製ワーキングプアが放置され、格差是正にむけた対策も先送りされてしまったのである。

(1) 中野区非常勤保育士再任拒否事件・東京高判平一九・一一・二八『判例地方自治』(三〇三)二〇〇八・六、三二頁以下。
(2) 東村山市嘱託職員退職手当支給損害賠償請求住民訴訟事件・東京高判平二〇・七・三〇裁判所ウェブサイト。
(3) 茨木市臨時的任用職員一時金支給事件・最二小判平二二・九・一〇『判例タイムズ』(一三三五)二〇一一・一・一五、六四頁以下。
(4) 枚方市非常勤職員一時金等支給事件・大阪高判平二二・九・一七『労働法律旬報』(一七三八)二〇一一・二・二五。
(5) 中津市非常勤職員退職手当支給請求訴訟事件・福岡高判平二五・一二・一二『判例時報』(二二二二)二〇一四・七・二一、一二三頁以下。

（6）給実甲第一〇六四号、平成二〇年八月二六日、人事院事務総長「一般職の職員の給与に関する法律第二二条第二項の非常勤職員に対する給与について（通知）」。総務省が二〇〇九年通知を発出時点で、期末手当の支給を各府省に求める人事院事務総長通知は認識できていた。しかしこれは無視され二〇〇九年通知には反映されていなかった。この点も含め、二〇〇九年通知は、地方の非正規公務員の処遇を改善する必要はないとのメッセージとして地方自治体に伝わった。

（7）雇止めに関して、消費者庁は、消費生活相談員のほとんどが非常勤職員であるということに危機感を持ち、二〇一四年に「雇止めに対する懸念」と題して、次のメッセージを出している。「地方公共団体が消費生活相談員を『雇止め』しなければならない法制度はありません。実態として非常勤職員が行う業務の中にも恒常的な業務があること及び任期ごとに客観的な能力実証を行った結果としての同一者の再度任用は排除されないことについて、総務省とも認識を共有していることを重ねて申し上げます」。

（8）ある研究会委員作成の議事要録を参照した。なお、研究会事務局である公務員部は、二〇一六年九月二六日午後の非公開研究会以降は、議事要旨さえ公開していない。

第12章 欺瞞の地方公務員法・地方自治法改正

一 幻の地公法等改正原案――給与体系の統一

二〇一六年一二月二七日に総務大臣に提出された総務省研究会報告の要点は、これまで地方自治体ごとにまちまちであった非正規公務員の任用の種類について、①特別職非常勤職員に関しては、専門性の高い者等に任用の対象を限定することについて立法的な対応を検討、②臨時的任用の要件について、国の臨時的任用に準じて、常勤に欠員を生じた場合などのように、厳格な制限を徹底すべきであり、立法的な対応を検討、③一般職非常勤職員制度について、募集・採用・任用等、服務・懲戒等に新たな仕組みを整備し、労働者性ある非正規公務員についてこの新たな一般職非常勤職員による任用に統一、④新たな一般職非常勤職員は、勤務時間の長短、任期の有無にかかわらず、常勤職員と同様に給料及び手当を支給できる給与体系に移行することについて、立法的な対応を検討すべきと記していた。

図表12－1　地方公務員法・地方自治法改正法原案（2017年1月段階）の説明資料

2．地方自治法の一部改正【給付体系の見直し】

現在、地方の非常勤職員は、国と異なり、報酬・費用弁償の支給対象とされており、労働者性が高い者であっても期末手当等の手当が支給できないなど、バランスを欠いた制度となっていることから、上記の適正な任用等の確保に伴い、以下の改正を行う。

○　会計年度任用職員など労働者性が高い一般職の非常勤職員について、常勤の職員と同じく、給料・手当の支給対象とする。

【施行期日】平成31年4月1日

この報告書を受けて二〇一七年一月に与党や地方自治体等の協議に付された地公法等改正原案では、新たな一般職非常勤職員の採用類型として会計年度任用職員（改正地公法二二条の二）を新設し、あわせて、「会計年度任用職員など労働者性が高い一般職の非常勤職員について、常勤職員と同じく、給料・手当の支給対象とする」とし、施行期日も二〇一九年（平成三一年）四月一日としていた（図表12―1参照）。

ところが、二〇一七年三月七日に閣議決定された地公法等改正法案は、新設した地公法二二条の二第一項にフルタイムとパートの二種類の会計年度任用職員を位置づけ、「一週間当たりの通常の勤務時間に比し短い時間であるもの」（同条一項一号）＝パートタイム会計年度任用職員には、自治法で、従前通りの生活保障的な要素を含まない報酬と費用弁償に加えて期末手当を支払うとし、「一週間当たりの通常の勤務時間と同一の時間であるもの」（同条一項二号）＝フルタイム会計年度任用職員には、法の仕立てとしてはこれまた従前通り、自治法で、生活給としての給料と諸手当ならびに退職手当を支払うものとした。この内容は総務省研究会報告書の提言から逸脱し、同報告を受けて策定された地公法等改正原案を大幅に修正

図表12－２　地方公務員法及び地方自治法の一部を改正する法律案の概要〈成案の説明資料〉（2017年３月）

２．地方自治法の一部改正【会計年度任用職員に対する給付を規定】

地方の非常勤職員については、国と異なり、労働者性が高い者であっても期末手当が支給できないため、上記の適正な任用等の確保に伴い、以下の改正を行う。

○　会計年度任用職員について、期末手当の支給が可能となるよう、給付に関する規定を整備する。

【施行期日】平成32年４月１日

して、勤務時間を唯一の要件として処遇を違えるという、およそ同一労働同一賃金の実現という政府方針からは考えられないものへと変質したのだった（あわせて施行期日も一年遅らせ、二〇二〇年（平成三二年）四月一日とした。図表12―２参照）。

成案の説明資料では、さすがに「給付体系の見直し」といえず、「会計年度任用職員に対する給付を規定」と変更している。

原案からどのように変節したのか、自治法二〇三条の二、二〇四条を取り上げ具体的に見てみよう。

自治法改正原案では、二〇三条の二、二〇四条における「非常勤」「常勤」の要件を限定的なものとし、勤務時間の長短に関わらず、労働者性ある職員に給料・諸手当ならびに退職手当を支払えるものとなるように改められていた（図表12―３参照）。

たとえば、改正前の自治法二〇三条の二では「普通地方公共団体の非常勤の職員（短時間勤務職員を除く。）」と定められていたものを、改正地公法三条三項三号が特別職非常勤職員の要件に「（専門的な知識経験又は識見を有する者が就く職であって、当該知識経験又は識見に基づき、助言、調査、診断その他総務省令で定める事務を行うものに限る。）」を付加されたことにあわせ、自治法改正原案二〇三条の二

図表12－3　自治法改正原案と改正自治法の対比表

自治法改正原案（2017年１月）	改正自治法（2017年３月国会上程）
第二百三条の二　普通地方公共団体は、その委員会の委員、非常勤の監査委員その他の委員、自治紛争処理委員、審査会、審議会及び調査会等の委員その他の構成員、専門委員、投票管理者、開票管理者、選挙長、選挙分会長、審査分会長、国民投票分会長、投票立会人、開票立会人、選挙立会人、審査分会立会人、国民投票分会立会人及び地公法三条三項三号の二の総務省令で定める者その他普通地方公共団体の同項に規定する特別職の非常勤の職員に対し、報酬を支給しなければならない。	第二百三条の二　普通地方公共団体は、その委員会の非常勤の委員、非常勤の監査委員、自治紛争処理委員、審査会、審議会及び調査会等の委員その他の構成員、専門委員、監査専門委員、投票管理者、開票管理者、選挙長、投票立会人、開票立会人及び選挙立会人その他普通地方公共団体の非常勤の職員（短時間勤務職員及び地方公務員法第二十二条の二第一項第二号に掲げる職員を除く。）に対し、報酬を支給しなければならない。
	④　普通地方公共団体は、条例で、第一項の者のうち地方公務員法第二十二条の二第一項第一号に掲げる職員に対し、期末手当を支給することができる。
④　報酬、費用弁償の額並びにその支給方法は、条例でこれを定めなければならない。	⑤　報酬、費用弁償及び期末手当の額並びにその支給方法は、条例でこれを定めなければならない。
第二百四条　普通地方公共団体は、普通地方公共団体の長及びその補助機関たる職員（前条第一項の職員を除く。）、委員会の常勤の委員（教育委員会にあつては、教育長）、常勤の監査委員、議会の事務局長又は書記長、書記その他の職員（同項の職員を除く。）、委員会の事務局長若しくは書記長、委員の事務局長又は委員会若しくは委員の事務を補助する書記その他の職員（同項の職員を除く。）その他普通地方公共団体の職員（同項の職員を除く。）に対し、給料及び旅費を支給しなければならない。 ②　普通地方公共団体は、条例で、前項の者に対し、扶養手当、地域手当・・・期末手当、勤勉手当、（中略）又は退職手当を支給することができる。	第二百四条　普通地方公共団体は、普通地方公共団体の長及びその補助機関たる常勤の職員、委員会の常勤の委員（教育委員会にあつては、教育長）、常勤の監査委員、議会の事務局長又は書記長、書記その他の常勤の職員、委員会の事務局長若しくは書記長、委員の事務局長又は委員会若しくは委員の事務を補助する書記その他の常勤の職員その他普通地方公共団体の常勤の職員並びに短時間勤務職員及び地方公務員法第二十二条の二第一項第二号に掲げる職員に対し、給料及び旅費を支給しなければならない。 ②　普通地方公共団体は、条例で、前項の者に対し、扶養手当、地域手当・・・期末手当、勤勉手当、（中略）又は退職手当を支給することができる。

では「その他普通地方公共団体の同項（改正地公法三条三項をいう――筆者）に規定する特別職の非常勤の職員」等とし、報酬・費用弁償の支給対象者を本来的な特別職非常勤に限定した。これにより少なくとも労働者性ある一般職の職員は、勤務形態がパートの者であっても、二〇三条の二の非常勤の職員に分類されないように改められていた。また自治法改正原案二〇四条は、給料・諸手当ならびに退職手当の支給対象を「補助機関たる職員（前条第一項の職員を除く。）」とのみ規定し、フルタイムかパートかという勤務形態の差異や有期か否かに関わらず、正規職員、会計年度任用職員、臨時的任用職員、高齢者再任用（短時間勤務を含む）職員等の一般職の職員全員とするものとしていた。

もともと、地方公営企業職員や現業職員には、自治法二〇三条の二の特例として、地方公営企業法三八条一項「企業職員の給与は給料及び手当とする」が適用され、特段にフルタイムかパートかを区分けすることなく、給料及び諸手当を支給できる給与体系になっていた。したがって自治法改正原案が成立していれば、ようやく地方公務員総体を通じて、一般職において、フルタイムかパートかを区分することなく給料・手当を支給する体系に統一することになったはずである。

だが、原案は大きく変更され、勤務時間の長短を唯一の要件として、給与体系が歪められる結果となった。

二　変節過程

なぜ、改正地公法等は、総務省報告書や地公法等改正原案から逸脱していったのか。

表面的な理由としては、地方自治体から、「手当支給による財政負担の増加が見込まれる中、議会等の理解が得られるためには、国レベルで支給されている手当に限定すべき」という意見が寄せられたからである。二〇一七年一月一三日、総務省は、全国都道府県人事担当課長・市町村担当課長・指定都市人事担当課長連絡会議において総務省研究会報告書の内容を説明し、各地方自治体に意見の提出を依頼した。一月中を提出締め切りとした意見集約のための調査票には以下の項目が並んでいた。この時点では原案は変節していない。

Ⅰ　「特別職非常勤職員」及び「臨時的任用職員」の任用について要件の厳格化を図ることについて
Ⅱ　「一般職非常勤職員」の新たな仕組みを設けることについて
Ⅲ　一般職非常勤職員について、報酬・費用弁償の支給から給料・手当を支給できる給付体系への移行を図ることについて
Ⅳ　その他

各地方自治体からの意見集約状況は八〇一団体・四五％（都道府県四三・指定都市二〇・市区町村七三八）で、第九回総務省研究会（二〇一七年二月二八日）にその概要が示された(1)。上記の項目のうちⅢについては、「支給すべき手当の範囲を明確に定めてほしい」という意見に集約されたのだが、その理由として「各団体・職員間で不均衡が生じないよう統一的対応を図ることが必要」「人材確保の観点か

ら、周辺自治体との手当水準の均衡が必要」「手当支給による財政負担の増加が見込まれる中、議会等の理解が得られるためには、国レベルで支給されている手当に限定していただいた方が、円滑な制度設計・運用が可能」「各団体で疑義や混乱が生じるおそれがあり、特に小規模市町村では、適切な手当の設定ができるか不安視する意見」が寄せられたとしている。

そしてこれに対する総務省の対応方針が、「会計年度任用職員（パート）について、引き続き報酬・費用弁償の対象としつつ、新たに期末手当を支給することができることとする」「会計年度任用職員（フルタイム）については、これまでも給料・手当の対象と解されることから、給料・手当の対象とする」というものだった。

しかし地方からの意見と総務省の対応方針との間には飛躍がある。地方からの意見は、財政逼迫ならびに人材確保競争の低位平準化という理由を挙げ、支給すべき手当の絞り込みを要望しているのであって、これをもって給与体系を違える〈パートの会計年度任用職員への支給を報酬・費用弁償のままとする〉ことの理由にはならない。原案通り、給料と手当を支給できる体系のまま、パートの会計年度任用職員には、期末手当だけを支給できるよう自治法二〇四条に規定すればそれで済むからである。

各府省交渉も終え法制局審査も通った二月になって、改正法案を変更することは常識的には考えられない。フルタイムとパートで給与体系を違え、パートの会計年度任用職員への給付を給料と手当ではなく報酬と費用弁償のままとしたのには隠された理由があったと思われるがそれはつきとめられなかった。

ただし、後掲図表14―1に示したように、労働者性を有する者であっても、報酬・費用弁償体系にあることに、戦略上の利益をもつ勢力がいることは確かなようなのである。

三　労働時間差別の合法化

改正地公法等では、会計年度任用職員をフルタイム型とパート型の二つに区分し、フルタイム（地公法二二条の二第一項二号）とは「一週間当たりの通常の勤務時間が常時勤務を要する職を占める職員の一週間当たりの通常の勤務時間と同一」の者とする。したがって、一日の勤務時間が一分でも短ければパート（同項第一号）に分類される。

問題は、フルタイムとパートで給与体系を違えたことである。フルタイムの会計年度任用職員には、従前通り、自治法二〇四条が適用され、生活給としての給料と、扶養手当等の手当や退職手当を支払うとした一方、パートの会計年度任用職員には、これまた従前通り、自治法二〇三条の二の適用により、生活保障的な要素を含まない報酬と費用弁償に加えて、期末手当を支払うとしたのである。

このようなパートとフルタイムという勤務形態の違いで処遇体系を違えることは、政府の働き方改革の柱である同一労働同一賃金原則に反する。ましてやパートの会計年度任用職員に支給できる手当として期末手当だけを法定化したため、その他の手当、たとえば扶養手当や地域手当や退職手当（退職手当条例に基づかない慰労金を含む）を支給すると「違法」という取り扱いになってしまう。

また改正地公法の「常勤」の概念は、従前の判例法理からも逸脱する。

たとえば、枚方市事件[2]では、「常勤職員の週勤務時間［三八時間四五分］の四分の三に相当する時間以上」勤務している非常勤職員について、これを「常勤の職員」と判定し、給料と手当を支給する対象とした。また、東村山市事件では、「東村山市の嘱託職員は……その職務内容も常勤職員と同様であり、勤務実態からみて常勤職員に該当する」[3]とし、常勤職員と同じ仕事をしていれば「常勤の職員」と判定している。

会計年度任用職員は、国の期間業務職員制度をモデルとして設計され、条文も人事院規則をそのまま引き写しているものもみられるが、国においては、勤務時間が常勤職員と同等の期間業務職員だけでなく、勤務時間が常勤の四分の三未満のその他の非常勤職員にも「一般職の職員の給与に関する法律」が適用され、同法二二条二項「常勤を要しない職員については、各庁の長は、常勤の職員の給与との権衡を考慮し、予算の範囲内で、給与を支給する」より、常勤職員と同様に給料と手当が支給される。だが地方公務員のパートの会計年度任用職員には、給与（給料・手当）ではなく、報酬と費用弁償と期末手当が支給されるに過ぎない。

すなわち二〇一七地公法・自治法等の改正は労働時間差別の合法化であり、官製ワーキングプアを固定化するものなのである。

四　権利剥奪の立法化

1　一月の条件付き採用

改正地公法二二条の二は、会計年度任用職員の採用について、すべて条件付きのものとし、その期間を「一月」とするとしている（同条七項）。このため会計年度任用職員は、一年を単位として再度任用を繰り返すと、再度任用のたびに「条件付」となる。

この規定は、国の期間業務職員に係る定め（人事院規則八—一二　四八条二項）をモデルとしたものだが、従前の一般職非常勤に係る規定より後退したものとなっている。なぜなら一般職非常勤は、旧地公法二二条一項の条件付採用を「臨時的任用又は非常勤職員の任用の場合を除き」という規定により適用除外とし、その採用は直ちに正式採用となり、また臨時職員と異なり身分保障ならびに不利益処分に関する審査請求の条文が適用されるので、採用により直ちにこれらの権利を有していたからである。

だがこの規定は削除された。そして新たに条件付採用とする規定が設けられた。したがって会計年度任用職員は、年度ごとの採用時に、いかなるベテランの非正規公務員であっても、最初の一月は、その意に反して任命権者の任意で免職処分にされうる立場になってしまったのである。

会計年度任用職員にも人事評価が実施され、再度任用前の勤務における職務遂行能力は実証されている。それにもかかわらず、再度任用ごとに、身分保障規定が適用とならない期間である条件付採用期間が設定される。このような取扱いは、非正規であることを唯一の理由とした、不合理な差別だといえよう。

2　再度の任用

地公法には、任期のある職員の採用方法として、任期の「更新」を定める。

たとえば臨時的任用に関して、地公法二二条の三は、「臨時的任用を六月を超えない期間で更新することができるが、再度更新することはできない。」（第一項・第四項）とし、会計年度任用職員に関しても、地公法二二条の二は、「会計年度任用職員の任期が第二項に規定する期間（筆者注：一会計年度内の一年）に満たない場合には、当該会計年度任用職員の勤務実績を考慮した上で、当該期間の範囲内において、その任期を更新することができる。」（同条四項）とする。

任期の「更新」とは、「引き続く任用をいうものと解され[4]」、臨時的任用職員の場合は、一回更新最長一年の任期の「雇用が中断した後、あらためて任用することは更新ではな[5]く」、これと区別して「再度の任用」といわれる。同様の考え方が、会計年度任用職員の「任期の更新」と「再度の任用」にも適用されている。

ところが、高齢再任用（短時間）職員の任用については、異なる説明となっている。

高齢再任用職員は、フルタイムであれ短時間であれ、その任期は一会計年度以内の一年の任期である。その点で、任期のある高齢再任用職員が配置される職も、年度ごとに新たに設置が検討される期間ある職と解すべきである。だが、高齢再任用に関しては、「任期又はこの項の規定により更新された任期は、条例で定めるところにより、一年を超えない範囲内で更新することができる。」（地公法二八条の四第二項。高齢再任用短時間勤務職員に関しては、地公法二八条の五第二項で準用）としている（傍点筆者）。つまり、一会計年度ごとにその職の必要性が吟味される「新たに設置された職」への「再度の任用」ではなく、任期の「更新」なのである。

このように「更新」と「再度の任用」の差異の説明は、臨時的任用職員や会計年度任用職員と、高齢再任用職員との間で、異なるものとなっている。一方で、高齢再任用に関しては、「任期の更新も新たな再任用[6]」と解されているのだから、臨時的任用職員や会計年度任用職員の繰り返し任用も、任期の

「更新」とすべきではないだろうか。

任期の「更新」であれば、会計年度任用職員についても、条件付き期間を置く必要はなくなる。

3 空白期間問題

地方自治体で働く非正規公務員、とりわけ常勤の臨時・非常勤職員を悩ます問題の一つとして「空白期間」問題がある。「空白期間」とは、新たな任期と、再度の任用後の新たな任期との間に一定の勤務しない期間を設けることである。

この「空白期間」の解消にむけ、改正地公法は二二条の二第六項を新設し、会計年度任用職員の任期について「職務の遂行に必要かつ十分な任期を定め」「必要以上に短い任期を定めることにより、採用又は任期の更新を反復して行うことのないよう配慮しなければならない」と規定した。総務省はこの規定により、「空白期間」を置かない運用となると説明する。

同項の規定もまた、国の期間業務職員に係る条文（人事院規則八―一二　四六条の二第三項）をそのまま地公法に取り込んだものである。同規則四六条の二第三項の読み方について、「任期については会計年度を超えないことから最長一年であるが、再任用の場合は、任期と任期の間に空白期間をおかずに採用すべき」であることを定めたものと解されている(7)。

この規定で「空白期間」は解消するかもしれないが、残念ながら、退職手当や社会保険料等の財政的な負担を避けるために別の手立てが講じられることになる。たとえば、常勤の会計年度任用職員が空白期間を置かずに六月を超えて雇用されると退職手当請求権が発生する(8)。常勤で採用し一年を超えて継続して在職すれば事業主負担分を伴う公務災害補償の加入資格が生じる。したがって「空白期間」を置けないのであれば、パートという勤務形態で採用し、上記の要件を満たさなくするようになる。

不合理な差別を解消しようとするのであれば、正規と非正規で資格要件を別建てにしている制度そのものを改正すべきだが、そうはなっていないのである。

さらに、上記の「空白期間」を置かないことを求める改正地公法の規定は、条文上は会計年度任用職員について適用されるものであり、臨時的任用職員の再度任用に関しては当てはまらず、今後も「空白期間」を置くという運用が残置される可能性がある。

4 兼職規制の緩和

改正地公法三八条は、職員は任命権者の許可を受けなければ、報酬を得ていかなる事業若しくは事務にも従事してはならないと定めるが、パートの会計年度任用職員はこの限りではないとし、兼業を実質的に自由化した。この規定は改正法原案に対する地方自治体から寄せられた意見に基づき挿入されたものなのだが、先に指摘した労働時間差別の法定化の延長線上で、パートの処遇は低いままなので、兼職して自分で稼いで補填すべしということのようである。

ところがこの規定はおそらく効果はない。それは多くの非正規公務員の勤務形態がシフト勤務で、兼業先の勤務時間や勤務シフトに関する要請と合致させることが困難なためである。またパートの場合であっても週勤務時間が常勤職員の四分の三を超え、通常の労働時間として残余する時間は少ないからである。

5　雇止め規制

非正規公務員にとって、最大の課題は雇止め問題である。これに対し改正地公法は何も答えていない。そもそも雇用年限を求める法令はなかったのだから法改正もできない。より敷衍していえば、地方自治体は法定外措置として、雇用回数制限・雇用年限を運用してきた。

二〇一六年一二月の総務省研究会の報告書で、「任期ごとに客観的な能力実証に基づき当該職に従事する十分な能力を持った者を任用することが求められる」として遠回しながら雇用継続を奨励し、「任期の回数や年数が一定数に達していることのみを捉えて……一律に応募制限を設けることは、平等取扱いの原則や成績主義の観点から避けるべき」として、一律な雇止めに警鐘を鳴らし、さらに雇止めする場合でも、「能力実証の結果」「業務の見直しによる業務自体の廃止」「その他の合理的な理由により再度の任用を行わないこととする場合」と、その理由を限定列挙した。

だが雇止め規制は立法的措置ではない。地方自治体等への技術的助言として通知されるに過ぎない。事業主たる地方自治体の任命権者に対する、労働契約法の無期転換申し入れ権のような実効性ある措置は、いまもって義務付けられていないのである。

五　希求される事業主たる地方自治体への処遇改善の義務付け

なぜ、非正規公務員の惨状は、放置されるのか。

それは、事業主たる地方自治体の任命権者に、非正規公務員の処遇を改善することを法的に義務付けていないからである。

非正規公務員には、労働契約法が適用されない。このため事業主たる地方自治体の任命権者は、非正規公務員を何年使用しようが無期雇用に転換することも、雇用期間を長くすることも義務付けられず、恒常的な業務に従事させているにもかかわらず、必要以上に短い期間を定めて非正規公務員を採用し、その有期雇用を反復更新し、いざとなったら解雇に類すべき雇止めを行うという、およそ民間労働者に適用される法環境では許されない行為を「適法」に執行してきた。

そして、パート・有期雇用労働法が非適用なため、絶望的な格差を埋める義務も免れている。さらに、民間の事業主に課される待遇差の説明義務さえ免れ、非正規公務員をワーキングプア水準の賃金で働かせることについての異議は、「問答無用」とばかりに受け付けられない。

現行の非正規公務員の勤務条件の改善のための法環境は、民間に比べて、二周回も遅れている（一周遅れは非正規国家公務員）。もしかしたらスタートラインにも立てていない。

だが解決の道筋はある。第一に、どのような中小企業の民間事業者でも義務付けられている処遇改善に向けた法的義務を、パート・有期労働法や労働契約法に準じて地方自治体の使用者にも義務付けること、そのことによって、はじめてスタートラインに立てる。

そして第二に、異動限定型であれ職務限定型であれ、その内容はともかく、これまでの職務無定量な公務員とは異なる形の新たな公務員採用の類型〈ジョブ型公務員（仮称）〉を創設し、別途の定数管理を行うことで、有期雇用の非正規公務員を無期雇用に転換し、正規化を進めることなのである。

（1）総務省「地方公務員の臨時・非常勤職員及び任期付職員の任用等の在り方に関する研究会（第九回）」（二〇一七年二月二八日）資料一「各地方公共団体からの意見等」。
（2）枚方市事件・大阪高判平二二・九・一七裁判所ウェブサイト、『労働法律旬報』（一七三八）五〇頁。
（3）東村山市事件・東京高判平二〇・七・三〇裁判所ウェブサイト。
（4）橋本勇『新版逐条地方公務員法 第五次改訂版』学陽書房、二〇二〇年、三四九頁。
（5）橋本前掲注（4）三四九頁。
（6）橋本前掲注（4）六二三頁。
（7）地方公務員退職手当制度研究会編『コンメンタール退職手当条例』ぎょうせい、加除式、四九頁以下。
（8）「職員の退職手当に関する条例案」（昭和二八年自丙行発四九号）改正附則（昭和三七年）五項により、当分の間、六月以上と規定。

第13章　不安定雇用者による公共サービス提供の適法化

二〇二〇年四月一日から、新たな非正規公務員制度である会計年度任用職員制度がスタートした。一九五〇年に制定された地方公務員法は、七〇年の時を経て、はじめて正面から有期雇用ないしは非常勤の非正規公務員を法定したのだが、見方を変えれば、職員の三人に一人にまで拡がったワーキングプア水準の非正規公務員を固定し、正規から非正規への代替を一層促進することになりかねないものとなった。

そもそも二〇一七年の地公法・自治法等改正はいかなるものなのか。

法改正の意味を端的にいえば、「常勤」と「非常勤」、「有期」の概念を明確にすることで、非正規公務員とは、地方自治体が直接雇用する、短時間勤務か有期かのいずれかまたは両方の要件を帯びる「定数外職員」であると規定したものである。そして、本来、常用的な業務は定数内の常勤職員をもって充てるべきで、「当該（非正規―筆者）職員の勤務実態を常勤と評価されるようなものに改め、これを恒常的に任用する必要があるときには、正規職員として任命替えを行う方向での法的、行政的手当を執るべき(1)だったにもかかわらず、これをなさず、非正規の身分のまま恒常的・本格的・常用的な業務に充てることを認めるものとなった。

すなわち、保育や看護や介護や生活保護や相談支援のような、ただでさえ不足する公共サービスを、自立して生活を支えることが不可能な賃金水準の非正規公務員で補おうとするものであり、さらには、常に雇止めの危機に晒されている不安定雇用の非正規公務員が正規職員を代替することを一層促進することに道を開くものであり、いうなれば、不安定雇用者による公共サービス提供を適法化するものなのである。

そしてこの法改正で生み出されたのが、会計年度任用職員という新たな非正規公務員の類型であった。

一　会計年度任用職員とはなにか

まず会計年度任用職員とは、いったい何か。この点から確認していこう。

会計年度任用職員とは、二〇一七年の地公法・自治法改正で制度化されたもので、そのポイントは、同じ非正規公務員でも、「臨時職員」「特別職非常勤」「一般職非常勤」というようにまちまちだったものを、「会計年度任用職員」という制度を新設し、これに統一するというものである。

会計年度任用職員にはフルタイム型とパートタイム型の二つがあり、前者には給料や期末手当を含むすべての手当ならびに退職手当が支給され、後者には報酬と、通勤費等の費用弁償に加え、期末手当だ

図表13－1　改正地公法・自治法の概要

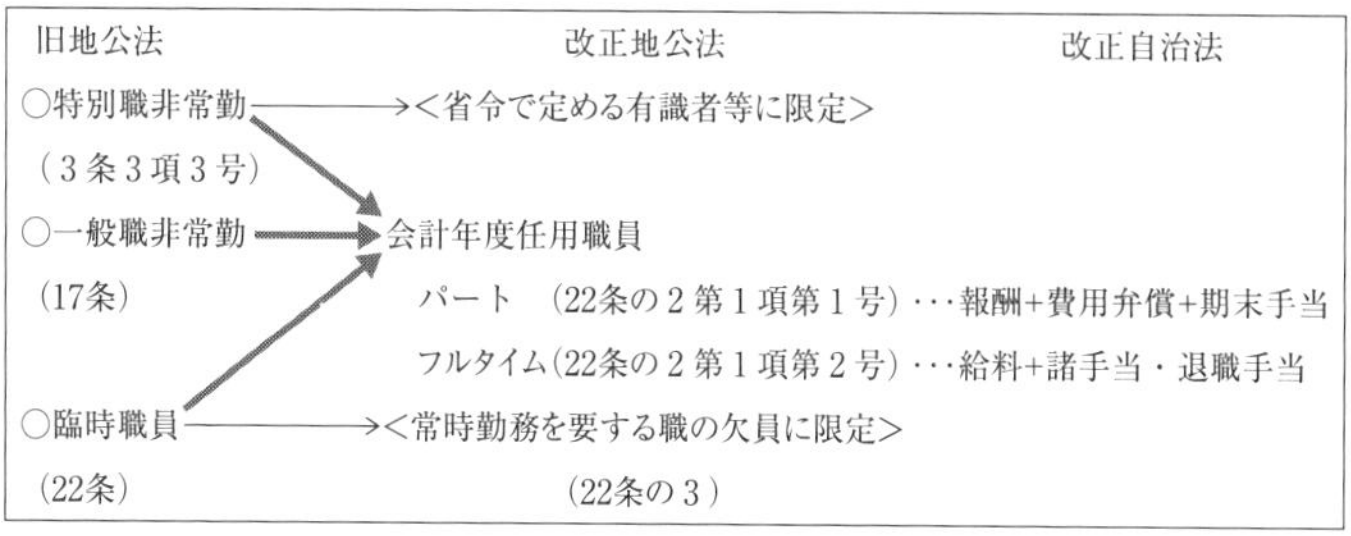

出典）筆者作成

けが支払われる。

正規職員との大きな違いは有期雇用で一回の任期は最長一年、期間も決まっていて、四月一日から翌年三月三一日。すなわち任期を予算会計年度に合わせたという制度設計になっている。だから「会計年度」任用職員という名称なのである（図表13—1参照）。

会計年度任用職員は、地公法が適用される一般職の地方公務員で、守秘義務や職務に専念する義務、法律や上司の職務上の命令に従う義務、政治的行為の制限などの服務規制がかかる一方、雇用期間中は、条件付期間を除き、身分保障があり、不合理な理由で免職や懲戒処分を受けないというものである。

改正地公法二二条の二第一項には、「一会計年度を超えない範囲内で置かれる非常勤の職（第二八条の五第一項に規定する短時間勤務の職（高齢短時間再任用職員—筆者）を除く。）を占める職員」と規定する。すなわち①一会計年度の期間を限度とする有期雇用で、②「非常勤の職」を占める職員ということである。

ここでいう「非常勤の職」の「非常勤」とは、勤務時間の長短という勤務形態のことではない。常時勤務で無期雇用の正規職員が配置されていない職を総称して「非常勤の職」と言っているのであって、

「職」（＝業務や仕事）そのものの性格（＝本格的、恒常的、常用的）を意味していない。したがって、いままで常勤の職員が配置されていた職を、会計年度任用職員をもって代替させた途端に、その職は「非常勤の職」になる。

このことに関係し、総務省は、職員の体系を(ア)従事する業務の性質＝任期の有無の要件と(イ)勤務時間の要件の二つの軸で切り分けて四つに分類できるとしたうえで、次のように説明している（図表13―2参照）。

A(ア)相当の期間任用される職員を就ける業務　(イ)フルタイム
　任期の定めない常勤職員
B(ア)相当の期間任用される職員を就ける業務　(イ)パートタイム
　任期付短時間職員
C(ア)右記以外の職員を就ける業務　(イ)フルタイム
　フルタイムの会計年度任用職員
D(ア)右記以外の職員を就ける業務　(イ)パートタイム
　パートの会計年度任用職員

「常勤の職」は分類Aのみで、分類B～Dは、「非常勤の職」と位置付ける。[2]

また「相当の期間任用される職員」の意味は、一回の任期が会計年度を超える職員のことで、無期雇用の正規職員や三～五年任期の任期付職員等を指す。さらに再任用職員は、一回の任期は一年だが、六五歳に達した年度末まで任期が更新されることが予定されているので、実質上、任期が一会計年度を超

図表13－2　常勤と非常勤の職の概念整理と「会計年度任用職員」

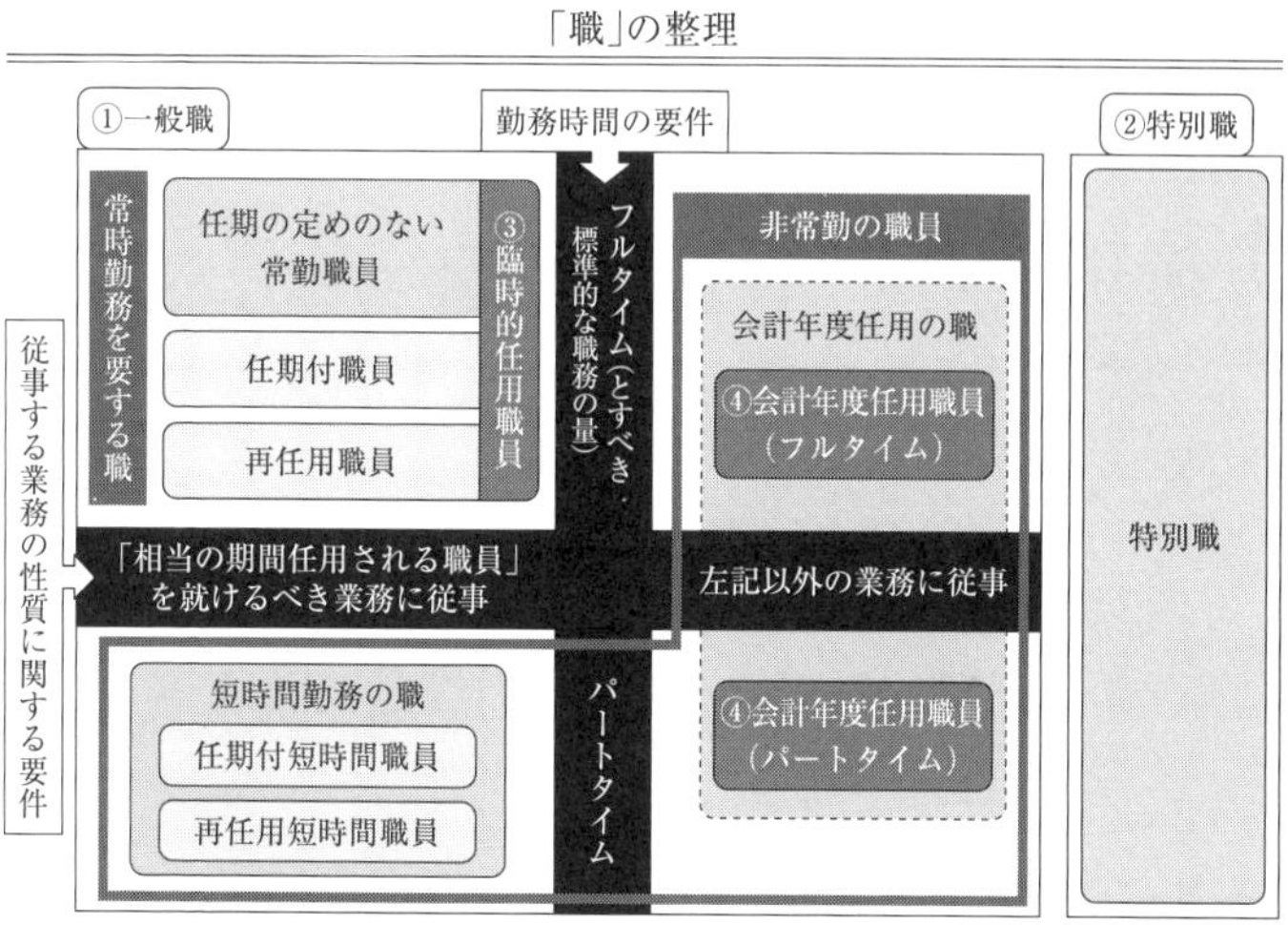

出典）会計年度任用職員制度の導入等に向けた必要な準備等について（通知）（2017年8月23日総行公102号総務省自治行政局公務員部長通知）

えて設定されるとみなされる。つまり「相当の期間任用される職員」とは、一会計年度を超えて任期が実質上で設定される職員のことなのである。

なお「相当の期間任用される職員を就けるべき業務」は、業務の内容や責任の程度などを踏まえた業務の性質により判断されるべきなのだが、「典型的には組織の管理・運営自体に関する業務や、財産の差押え、許認可といった権力的業務などが想定される」との説明もある(3)。

だが、この説明は従前のものと異なり、常勤の職を狭めて解釈している。たとえば、かつて総務省に設置されていた地方公務員制度調査研究会でまとめられた『分権新時代の地方公務員制度——任用・勤務形態の多様化(4)』報告書では、公務運営の中核は任期の定めのない常勤職員であるとしつつ、職員を類型化する軸は、①フルタイム勤務か短時間勤務か、②本格的・恒常的業務か補助的・臨時的業務か、③任期の有無としていた。同報告書の区分軸に従えば、常勤の職員とは、フルタイム勤務―本格的・恒常的業務従事―任期の定めのない職員ということになる。

また再任用短時間勤務職員や任期付短時間勤務職員には、通常の非常勤職員と異なり給料と手当が支払われるが、この点についても、総務省はその占める職から説明してきた。たとえば、再任用短時間勤務職員に関しては、「従前の非常勤職員における臨時的または補助的な業務ではなく、常勤職員と同様な本格的業務に従事させることができる」[5]からであるとし、また任期付短時間職員に関しても「(高齢―筆者) 再任用短時間勤務職員と同様本格的業務に従事することができる」[6]としていた。

このように二つの短時間勤務職員は、常勤職員と同様の本格的・恒常的業務に従事するから、特例として自治法上の「常勤の職員」と扱われてきたのであって、管理運営業務や権力的業務等に従事する職員という理由からではない。

ところが二〇一七年改正地公法・自治法における「常勤の職」についての総務省の説明は、本格的・恒常的業務に従事するという要件を落とし、この結果、本格的・恒常的業務であっても、管理運営的業務や権力的業務でない限り、不安定雇用の会計年度任用職員を充てることを許容することとなった。この観点からすると、同改正は、定数内の正規職員を一層削減し、不安定雇用で定数外の会計年度任用職員に置き換えて公共サービスを提供することを促進するものなのである。

また、勤務形態の「常勤」についても、改正地公法上のそれは、従前に比べ、狭めて規定されることとなった。たとえばフルタイムの会計年度任用職員は、「その一週間当たりの通常の勤務時間が常時勤務を要する職を占める職員の一週間当たりの通常の勤務時間と同一の時間であるもの」（地公法二二条の二第一項二号）であり、パートの会計年度任用職員とは、「その一週間当たりの通常の勤務時間が常時勤務を要する職を占める職員の一週間当たりの通常の勤務時間に比し短い時間であるもの」（同項一号）なのである。すなわち、一週間当たりの通常の勤務時間が常勤職員のそれよりも一分短いだけで、パートの会計年度任用職員とみなされるのであり、後に述べるように、自治法上の「常勤の職員」「非常勤の職員」の解釈について積み上げられてきた裁判例とはかけ離れたものとなった。(7)

二　自治法上の常勤・非常勤の区分要素

一方、自治法では、地公法とは異なる要素で常勤と非常勤を区分している。

自治法二〇四条一項は、給料を支給すべき職員等として、「普通地方公共団体の長及びその補助機関たる常勤の職員、委員会の常勤の委員（教育委員会にあっては、教育長）、常勤の監査委員、議会の事務局長又は書記長、書記その他の常勤の職員、委員会の事務局長若しくは書記長、委員の事務局長又は委員会若しくは委員の事務を補助する書記その他の常勤の職員その他普通地方公共団体の常勤の職員並びに短時間勤務職員及び地方公務員法第二二条の二第一項第二号に掲げる職員」を列挙する。

ここには、任期が無期ないしは勤務形態が常時勤務である常勤の職を占める職員だけでなく、非常勤の職を占めるが勤務形態はパートの短時間勤務職員と、同様に非常勤の職を占めるが勤務形態が常勤のフルタイムの会計年度任用職員、そして特別職の職を占め勤務形態が常時勤務の者が含まれており、地

図表13－3　自治法上の常勤の職員・非常勤の職員

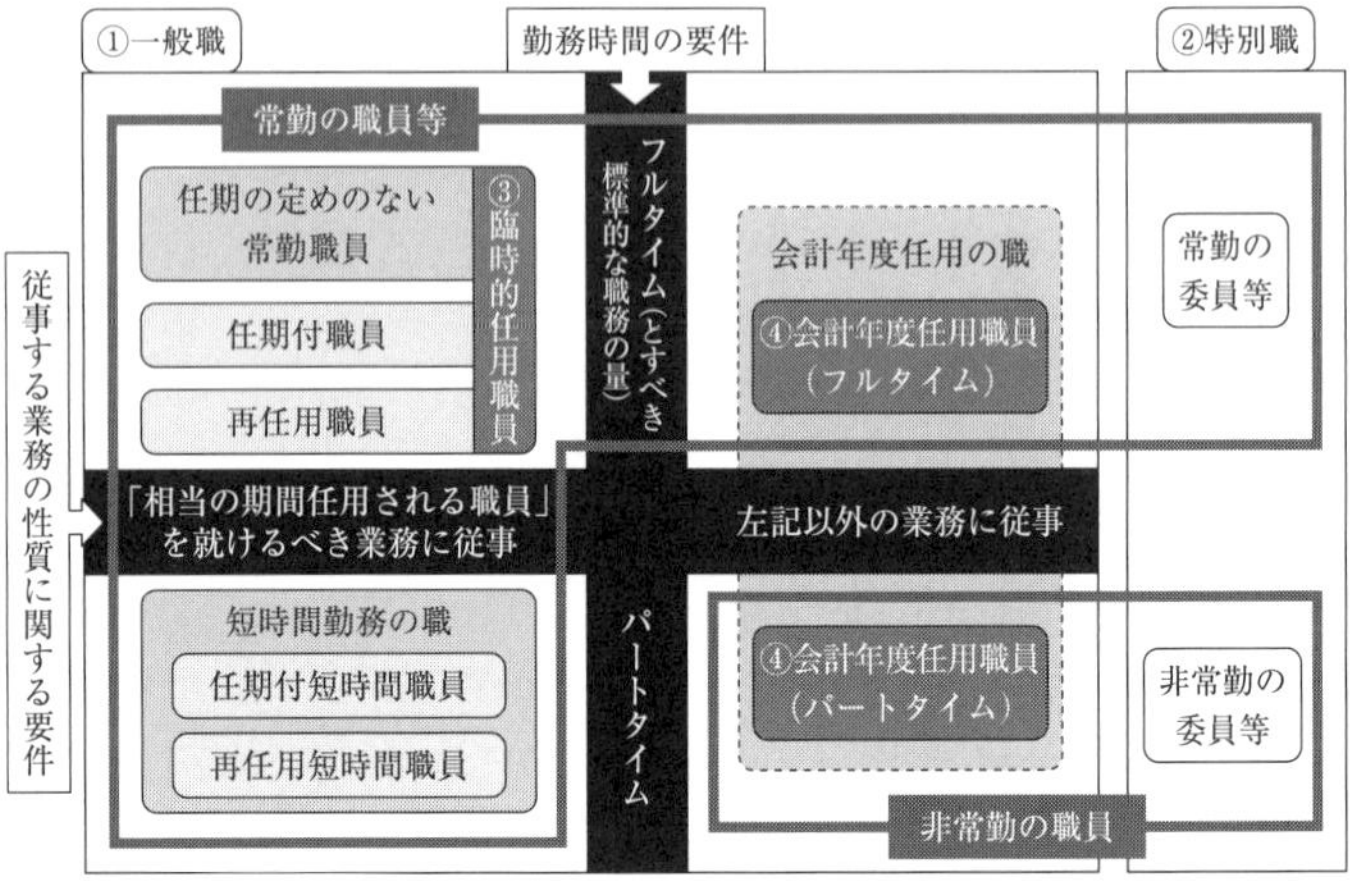

出典）筆者作成

公法上の「常勤の職」を占める職員とは異なる要素で分類されている。

すなわち自治法上の常勤の職員には、任期の要素はない。その業務も管理運営的ないし権力的業務か否かに関わらず、勤務形態が「常時勤務」とみなされるものをすべて常勤としている（図表13―3参照）。

ところが自治法上において常勤の職員に関する規定はない。また、二〇一七年に地公法が改正される以前においては、地公法上においても常時勤務の規定はなかった。その中で、自治法二〇四条の常勤の職員をめぐって、いくつかの裁判例が現れていた。

たとえば茨木市事件(8)では、非常勤の勤務形態の職員を自治法二〇四条の常勤の職員とみなすためには「その勤務が通常の勤務形態の正規職員に準ずるものとして常勤と評価できる程度のものであることが必要」で、「人事院規則一五―一五が、国家公務員について、非常勤の職員の勤務時間は常勤の職員の四分の三を超えない範囲〔中略〕としていることなどをも参酌すると」、茨木市の当時の非常勤的勤務の臨時的任用職員の「勤務日数が週三日という程度では、〔中略〕上記正規職員に準ずるものとして常勤と評価できる程度のものとはいい難い」とした。自治法二〇四条の常勤の職員とみなすためには、その勤務時間が正規職員の勤務時間の四分の三を超える必要があると説示したのである。さらに枚方市事件(9)も同様の観点から、「常勤職員の勤務時間〔三八時間四五分〕の四分の三に相当する時間」以上勤務している非常勤職員について、これを自治法二〇四条の「常勤の職員」と判定した。

一方、東村山市事件(10)では、「東村山市の嘱託職員は〔中略〕その職務内容も常勤職員と同様であり、勤務実態からみて常勤職員に該当する」とし、常勤職員と同じ仕事をしていれば「常勤の職員」と判定している。さらに総務省自身が、国会審議で東村山市事件を取り上げ、「非常勤の職員と常勤の職員の区別に当たって、勤務の内容、態様あるいはその役割、また待遇等の取扱いなどの諸事情を総合的に考慮して常勤の職員に該当するかどうかということを認めることが相当であると、このような趣旨の判示がなされているところでございます。こういったことにも留意をする必要がある」と答弁している（二〇一二年八月二八日、参議院総務委員会、政府参考人（三輪総務省公務員部長）発言）。

三　特別職非常勤職員、臨時的任用職員、一般職非常勤職員はどうなるのか

非正規公務員の任用の種類は、これまで特別職非常勤職員、臨時的任用職員、一般職非常勤職員の三種であった。

このうち特別職非常勤職員については、地公法三条三項三号に関して「臨時又は非常勤の顧問、参与、調査員、嘱託員及びこれらの者に準ずる者の職」に続けて、「(専門的な知識経験又は識見を有する者が就く職であつて、当該知識経験又は識見に基づき、助言、調査、診断その他総務省令で定める事務を行うものに限る。)」という文言を付加し、同項三号に規定する特別職の職の性格を、専ら自らの学識・経験に基づき非専務的に公務に参画する労働者性の低い勤務形態の職と位置づけることで、同号による任用を厳格化し、総務省令で定める事務に従事する者に限定した。

また臨時的任用職員については、これまでの二二条を分割し、条件付採用部分を新二二条、臨時的任用部分については二二条の三を新設して規定した。あわせて、臨時的任用ができる要件について、「緊急のとき、臨時の職に関するとき又は採用候補者名簿がないとき」の前に、「常時勤務を要する職に欠員を生じた場合において」という前提条件を付し、あくまでも臨時的任用は常勤欠員代替であることを明確にした。したがって、勤務時間の短い非常勤の勤務形態で臨時職員を任用することはできないことになる。

国家公務員の場合、臨時的任用は、人事院規則八―一二(職員の任免)三九条で、「任命権者は、常勤官職に欠員を生じた場合において……現に職員でない者を臨時的に任用することができる。」と規定しており、改正地公法は、人事院規則のこの文言を取り込むことで、臨時的任用の濫用を防止し、厳格な運用とするとした。

なお、すでにその多くが教員定数内に組み込まれている常勤講師＝臨時教員については、「常時勤務を要する職に欠員を生じた」ものとして常勤の臨時教員を配置していると読み込み、従前通りの取り扱いとすることとなった。

このように改正地公法は、地公法の制度の趣旨に合わない実態にあった特別職非常勤ならびに臨時的任用の要件を厳格化することで、少なくとも労働者性ある非正規公務員の任用を会計年度任用職員（二二条の二）に統一しようとしたものである。

ところで、茨木市事件と枚方市事件で、期末手当等の支給を受けていた職員は、地公法一七条を採用の根拠とする一般職の非常勤職員であった。この地公法一七条採用の一般職非常勤職員制度は、二〇一七年の地公法改正後においても、従前のまま存置されている。したがって、地公法一七条で採用された職員のうち、有期任用であるものの、勤務時間が常勤の職員の四分の三以上、又は、常勤の職員と同様の業務に就く非常勤職員を常勤の職員とみなしてきたこれまでの裁判例が失効したものとは考えられない。さらに裁判例は自治法上の常勤職員の要件を争点にして判断したのであり、この点は法改正後も変わりはない。

会計年度任用職員制度を超えて、「任期の定めのない短時間公務員制度」という新たな公務員採用の類型を考慮する上において、この地公法一七条を根拠とする一般職非常勤職員が、その礎になる可能性を秘めていることを指摘しておく。

（1）茨木市臨時的任用職員一時金支給事件（最判平二二・九・一〇）における千葉勝美裁判官の補足意見。
（2）この説明は、笹野健「『非常勤』とは何か」『地方公務員月報』（六四三）二〇一七・二、一四頁以下及び笹野ほか「地方公務員法及び地方自治法の一部を改正する法律（平成二九年法律二九号）について（その一〇」『地方公務員月報』（六四七）二〇一七・六、五八頁以下ならびに山下真弘「常勤職員と同様の業務を実施する再任用短時間勤務職員も常勤職員か」『自治実務セミナー』（六六七）二〇一八・一、二六～二七頁を参照。

（3）「地方公務員の臨時・非常勤職員及び任期付職員の任用等の在り方に関する研究会報告書」（二〇一六年一二月二七日）四頁。

（4）地方公務員制度調査研究会『分権新時代の地方公務員制度――任用・勤務形態の多様化』（二〇〇三年一二月二五日）。

（5）橋本勇『新版逐条地方公務員法 第五次改訂版』学陽書房、二〇二〇年、六二五頁。

（6）「地方公務員法及び地方公共団体の一般職の任期付職員の採用に関する法律の一部を改正する法律の運用について（通知）」（二〇〇四年八月一日、総行公第五四号、各都道府県総務部長等宛、総務省自治行政局公務員部公務員部長）。

（7）「一分でも勤務時間が短い方は、パートタイムの会計年度任用職員ということでございます。」（第一九三回国会衆議院総務委員会議録第一六号、二〇一七年五月九日、一四頁（高原剛総務省自治行政局公務員部長答弁）。

（8）茨木市事件・最判平二二・九・一〇『最高裁判所民事判例集』（六四巻六号）、一五一五頁。

（9）枚方市事件・大阪高判平二二・九・一七裁判所ウェブサイト、『労働法律旬報』（一七三八号）五〇頁。

（10）東村山市事件・東京高判平二〇・七・三〇裁判所ウェブサイト。

第14章　失望と落胆の会計年度任用職員制度

二〇二〇年四月一日から新たな非正規公務員制度である会計年度任用職員制度が始まった。しかしながらこの新たな制度は、多くの非正規公務員に失望と落胆をもたらした。それは会計年度任用職員制度を定めた二〇一七年の地公法・自治法改正が、「不安定雇用者による公共サービス提供」を法定化するもので、労働時間による差別を合法化し、無期転換申入権を付与しないまま有期雇用の非正規公務員を雇うこととしたため、解雇に準ずべき雇止めをも是認する「偽装解雇」の合法化だったからである。

このような劣悪な改正法を下敷きにして各自治体で進められてきた会計年度任用職員の制度化は、その過程において、月例給の減額や雇止めの頻発という事態を招いた。

処遇は改善されるどころか、官製ワーキングプアが一層進展した。

非正規公務員の処遇改善と雇用安定の期待は打ち砕かれ、仕事への誇りを否定された非正規公務員の離職の連鎖が生じている。たとえば、一時、休館を余儀なくされた岐阜県飛騨市図書館長の次の悲痛な

メッセージ（抄―筆者）は、公共サービスの現場で何が起こっているのかを如実に伝える。(1)

「飛騨市図書館館長より皆様へご挨拶

図書館のために必要な司書が今、足りません。飛騨市では過去、専任司書を設けておりましたが、正職員ではなく、嘱託職員、令和二年度からは会計年度任用職員となり継続的な雇用ができない状況です。

図書館の命である蔵書を選ぶ作業、選書は司書にしかできません。

司書資格があれば良いというものではなく、カウンターに立ち、このまちの人たちの利用傾向をつかんだり、本棚を整頓、編集し、どんな本がどこにあるかを把握する。レファレンスを受け本や関係機関を使い調査研究する。そしてなによりも、このまちに住み、このまちに根ざした人たちと交流を深める。そんな日々の業務を繰り返し、この図書館の蔵書をより把握している一部の司書にしか選書作業は行えないのです。

年数をかけて育てるべき専門職をみすみす手放し続けてきた過去は取り戻せませんが、五〇年後の飛騨市図書館のため、すこし、お休みをください。

状況は簡単には変わりませんが、市民のみなさまの「本を自由に読む権利」を守るためご理解とご協力をお願いいたします。

令和二年三月　飛騨市図書館長」

一　パート化圧力

会計年度任用職員には、フルタイム型（同項一号）とパートタイム型（同項二号）の二つがあり、前者には給料や期末手当を含むすべての手当ならびに退職手当が支給され、後者には報酬と通勤費等の費用弁償に加え、期末手当だけが支払われる。

このような制度設計では、会計年度任用職員の人件費を削減するためにパート化圧力が高まる。フルタイムで採用すれば退職手当を支払わなくてはならず、支給すべき手当も期末手当に限定されないからである。

パートの会計年度任用職員では、支給される手当は期末手当に限定され、退職手当を支給しなくてすみ、非現業のパートの会計年度任用職員であれば労働災害保険や地方公務員災害補償基金への負担金も不要となる。何よりも時給単価を変えずに勤務時間数を減らせば支払い月例給を下げることができる。期末手当も、月例給を基礎として支給月数を乗じて支給するので少額で済む。

会計年度任用職員制度の施行にあわせ総務省が実施した「地方公務員の会計年度任用職員等の臨時・非常勤職員に関する調査結果（二〇二〇年四月一日現在）」（二〇二〇年一二月公表）によると、任期六月以上、週勤務時間が常勤の半分以上の要件を満たす非正規公務員は六九万四四七三人（うち女性は五一・七万人、七四・五％）で、前回調査の二〇一六年四月一日現在に比して約五・一万人、八％増えていた。非正規率を計算すると、全体で二〇・一％（都道府県一〇・四％、政令市一六・七％、市区三

図表14－1　非正規公務員のフルタイム・パート割合

	2020・4・1現在		%	2016・4・1現在		%
フルタイム	会計年度任用職員 特別職非常勤職員 臨時的任用職員	69,611 0 68,498	11.2	一般職非常勤職員 特別職非常勤職員 臨時的任用職員	31,599 18,495 152,670	
	合計	138,109	19.9	合計	202,764	31.5
パートタイム	会計年度任用職員 特別職非常勤職員 臨時的任用職員	552,695 3,669 0	88.8	一般職非常勤職員 特別職非常勤職員 臨時的任用職員	135,434 197,305 107,628	
	合計	556,364	80.1	合計	440,367	68.5
総計		694,473	100.0		643,131	100.0

出典）地方公務員の会計年度任用職員等の臨時・非常勤職員に関する調査結果（2020年4月1日現在）を筆者加工

二・一％、町村三七・〇％）に増加していた。

同調査では、はじめて任期六月未満・週勤務時間が常勤職員の半分の一九時間二五分未満の非正規公務員数も調べ、非正規公務員の全体数は一一二万五七四六人であることが判明した。全非正規公務員数に基づき非正規率を計算すると、地方自治体に勤務するすべての地方公務員の非正規率は二九・〇％、このうち町村は四七・一％、市区は四三・五％で、最も住民に身近な自治体である市区町村の職員の半分近くが非正規公務員なのである。

そして会計年度任用職員制度への移行に際して、パート化圧力が高まったことも明確となった（図表14―1）。

移行前の二〇一六総務省調査では、非正規公務員のフルタイム勤務者は二〇万人超でパートタイム勤務者との比率は三一・五：六八・五、すなわち「三人に一人はフルタイム」の非正規公務員、いわゆる常勤的臨時非常勤だった。

ところが会計年度任用職員制度へ移行すると、フルタイム勤務者は一三万八一〇九人（会計年度任用職員六万九六一一人、臨時的任用職員六万八四九八人）、パートタイム勤務者は五五

図表14－2　会計年度任用職員のフルタイム・パート割合

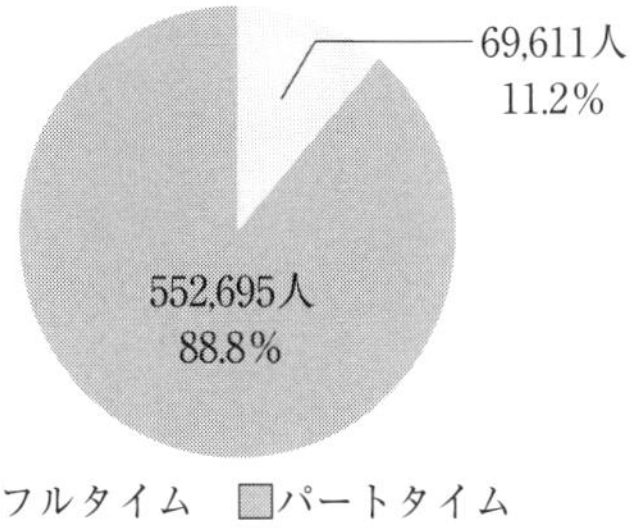

出典）地方公務員の会計年度任用職員等の臨時・非常勤職員に関する調査結果（2020年4月1日現在）を筆者加工

万六三六四人（会計年度任用職員五五万二六九五人、特別職非常勤職員三六六九人）となり、その比率はフルタイム一九・九：パートタイム八〇・一で、「五人に一人がフルタイム」に減少した。さらに会計年度任用職員だけをとりだせば、この比率はフルタイム一一・二：パートタイム八八・八となる。会計年度任用職員のフルタイムは、一〇人に一人まで減少した（図表14―2）。

『空白期間』を置けないのであれば、パートという勤務形態で採用」し、退職手当請求権や公務災害補償の加入資格の要件を満たさないようになるのではないかとのかねてからの指摘（本書第12章）は、不幸にも、当たってしまった。

二　パートの会計年度任用職員だけ異なる給与体系

このような限定した給与しか支給しないと法律で規定されているのはこのパート会計年度任用職員だけである。

繰り返しになるが、フルタイムの会計年度任用職員は、自治法二〇四条の「常勤の職員」であり、給料＋全手当・退職手当支給という給与体系の下にある（図表14—3）。

国家公務員の非常勤職員の例を見ると、常勤の職員よりも勤務時間数が短いパートの非常勤職員も含めて正規職員と同じ給与体系のもとにあり、手当を支給制限する規定はない。非常勤の国家公務員は、一般職の職員の給与に関する法律二二条二項で「常勤を要しない職員については、各庁の長は、常勤の職員の給与との権衡を考慮し、予算の範囲内で、給与を支給する」と定めているからである。給与とは、基本給である給料と諸手当を指し、労基法上の賃金と同義である。つまり国家公務員の非常勤職員には、地方公務員の非常勤職員と異なり、諸手当を支給することができないと解釈されるような法令上の制限はなく、実際上も、期末手当、勤勉手当、地域手当をはじめとする諸手当が支給されている。

さらに、地方公務員でも、公営企業職や現業職の非常勤職員も、常勤の職員として取り扱われる。まず地方自治体の公営企業体に勤務する職員の給与等は、地方公営企業法（以下、「地公企法」という）六条において、「地方自治法並びに地方財政法及び地方公務員法に対する特例を定めるものとする」としており、自治法二〇三条の二および二〇四条の特例として、地公企法三八条一項「企業職員の給与

図表14－3　非正規公務員の給与体系分類表

			給料・全手当	報酬・費用弁償・期末手当	備考（実態上）
地方公務員	非現業職	臨時職員	○		
		フル会計年度任用職員	○		法改正前も支給できた
		パート会計年度任用職員		○	裁判上は常勤の４分の３勤務時間は常勤
	現業職	フル会計年度任用職員	○		地方公営企業法38条の準用
		パート会計年度任用職員	○		
	公営企業職	フル会計年度任用職員	○		地方公営企業法38条は、自治法203条の２、204条の特例
		パート会計年度任用職員	○		
国家公務員	期間業務職員（常勤の勤務時間）		○		府省により異なるが、生活給的手当も支給
	期間業務職員（常勤の勤務時間の４分の３以上）		○		ほとんどがハローワーク。
	その他非常勤職員		○		
（参考）地方議会議員				○	

は給料及び手当とする」が適用される。同項の「企業職員」とは、地公企法一五条一項の「管理者の権限に属する事務の執行を補助する職員」を指すが、地公企法には、特段に常勤の職員と非常勤の職員を区分けする規定はないので、上記の「企業職員」には非常勤の職員も含まれる。[2]すなわち企業職員のパートの会計年度任用職員は自治法二〇三条の二の特例として、地公企法三八条四項に基づく条例及び労働協約・協定により、給料と諸手当が支給されるのである。

また、地公法五七条に規定する単純労務職に従事するパートの会計年度任用職員の給与も、地公企法三八条が適用され、報酬・費用弁償ではなく、給料・諸手当が支給される。地公法五七条は、「職員のうち〔中略〕単純な労務に雇用される者その他その職務と責任の特殊性に基づいてこの法律に対する特例を必要とするものについては、別に法律で定める」としているが、単純な労務に就く職員については別の法律が制定されないまま、地方公営企業等の労働関係に関する法律（以下、「地公労法」という）制定附則五項により、「特別の法律が制定施行されるまでの間は、この法律（第一七条を除く。）並びに地公企法三八条及び三九条の規定を準用」されているからである(3)。

つまり、地方公務員の非現業職のパートの会計年度任用職員だけが、公務部内の他の非正規公務員に比しても、劣等な給与体系の下に置かれたのである。

三　期末手当支給分の月例給を下げる措置

会計年度任用職員制度の導入により、非正規公務員の処遇がむしろ「悪化」する事態も生じた。期末手当支給相当分の月例給が減額され、年収さえも維持できないというものである。

先に紹介した総務省「地方公務員の会計年度任用職員等の臨時・非常勤職員に関する調査結果（二〇二〇年四月一日現在）」に合わせて実施された施行状況調査では、「給料（報酬）水準が、制度導入前の報酬の水準に比べて減額となった職種があるか」を地方公共団体に尋ね、回答団体数二九六〇団体中、七〇三団体、二三・八％で、水準減額の措置を実施したと回答している。だが団体数を基にした数値では、意図したものかどうかはともかく、実態を正確に表わしていない。故意に少なく見せるという印象操作との疑念さえを持つ。

図表14－4　給料（報酬）水準減額の推計影響人数

	団体数	回答団体数	減額となった職種がある団体数		非正規公務員数B	推計影響人数	
				% A	B	A×B	割合
都道府県	47	47	25	53.2%	162,492	86,432	52%
政令市	20	20	10	50.0%	70,060	35,030	
市区	815	795	298	37.5%	363,993	136,440	
町村	926	926	205	22.1%	81,111	17,957	
一部事務組合等	1,464	1,172	165	14.1%	16,817	2,368	
合計	3,272	2,960	703	23.8%	694,473	278,226	40%

出典）総務省「会計年度任用職員制度の施行状況等に関する調査（2020年４月１日現在）」を筆者加工

それは第一に、一部事務組合等を含んだ数字だからである。一部事務組合等は団体数こそ多いものの正規も非正規も少ない。また一部事務組合等で非正規公務員を採用していない団体は、二〇一六総務省調査の個票から計算すると一六五九団体中六八七団体で約三分の一に及ぶ。したがって一部事務組合等の回答団体数には少なからず非正規公務員を採用していない団体が含まれているものと推測される。

このように非正規公務員数が極端に少ない一部事務組合等を含んだ団体数による計算では、月例給減額措置の影響を少なく見せかける効果がある。

同時に、団体数としては一団体とのみカウントされる都道府県や政令市は、非正規公務員の採用人数が多いだけでなく、減額措置をした団体も半数以上であり、これも団体数に基づく数値では、その影響を推し量れない。

したがって、減額措置の影響は、団体数ではなく、人数で計測すべきである。

この点を考慮に入れて作成したのが、図表14―4「給料（報酬）水準減額の推計影響人数」である。団体区分ごとの非正規公務員数に減額措置をした団体区分ごとの割合を乗じて、減額措置の影響人数を推計したところ、二七万八二二六人、非正規公務員の四〇％に影響があったとの結果になった。とりわけ、都道府県と政令市では、合計二三万二五五二人中一二万一四六二人、過半数以上の五二％の非正規公務員に影響があったと推計されるのである。

処遇引き下げの方法は、①勤務日数や勤務時間を削減する（フル→パート）、②時給単価そのものを引き下げる、③人員を削減するの三つがあり、それらが予想を超えて広がっていったようである。

たとえば、茨城県K市の公立図書館で司書として週五日働く女性は、従前は月収一八万五〇〇〇円、手取りは約一四万円で、新制度で期末手当が支給されると期待を寄せていたが、提示された勤務条件は、年間二・六か月分の期末手当が支給される一方で、月収は一六万二〇〇〇円。手取りでは一二万円ほどに下がるというものだった。期末手当が新たに支給されるものの、年収は今と変わらない。

女性は、東日本震災で自宅を失い、その後、住居を新築し、毎月、住宅ローンを支払いながら家族の生活も支えている。毎月の減った収入を補うため、四月からは仕事のあとや休日を使って清掃や工事現場でのアルバイトを始めた。「ボーナスが出ると言っても月収から引かれている分が戻ってくるだけなので、何も変わらないというのが現状です。頑張ろうと思っていた気持ちが一気に萎えてしまって、この制度改革は何だったのか」と疑問を呈した[4]。

二〇二〇年二月二～三日、NPO法人官製ワーキングプア研究会が開設した電話相談窓口には、月例給が下げられるという相談が相次いだ。関西の地方自治体で相談業務をしている非正規の女性からは、期末手当支給の一方で月例給が七万円減るとの相談があった。シングルマザーの彼女は、七万円は家賃分に相当し、日々の生活が回らないと語った。別の相談者からは「仕事内容は正職員と同じになり諸手当や賞与がでると言われていたのに、勤務日数は週三日から二日に、一日七・五時間から六・五時間にされ、この条件以下の職員には賞与がでないと言われた」「賞与がでると喜んでいたが、予算がないので四人から二人に減らす」といった実質削減についての不満も聞かれた。

四　公募試験による雇止め——制度化されたパワハラ

制度発足を前に、ベテランの非正規公務員を雇止めする事例も相次いだ。山陰地方のある自治体では、非正規公務員の組合運動を主体的に担ってきた当事者数人が、移行時に実施された採用試験の成績が悪かったとして、次年度の任用を打ち切られた。

雇止めが頻発したのは、制度導入にあわせ、在職者も一般求職者とともに公募試験を受けさせられ、試験に合格しないと雇用が継続できないとする公募制度が導入されたからである。国（総務省）もこのような措置を推奨してきた。

公務員には労働契約法が適用されない。したがって、長年雇われていても無期転換申入権は発生しない。にもかかわらず公募試験制度が導入されるのは、有期雇用の公務員においても、損害賠償請求の対象となる雇用継続の期待権が生じることが裁判上明確となっているからである[5]。そこで、雇用継続における手続きを取ったという外形を整えるために公募試験を強制し、そしてあろうことか、試験を口実に、三年程度で異動する正規公務員よりも一つの部署で長く勤務し、業務遂行能力を高めて疎ましい存在となった非正規公務員を、この際とばかりに雇止めする事例が頻発したのである。さらには先の山陰の事例は、組合の主導的人物を真っ先に雇止めするなど、労働組合法が適用されていれば不当労働行為に該当する事例でもある。

五　「職」の整理という名の排除

さらに、仕事上で果たしてきた役割を制限する動きも生じた。

たとえば関東地方の男女共同参画センターで六年以上にわたり課長待遇のセンター長として勤務してきた特別職非常勤のある女性は、三月末をもって雇止めすると通告された。また同じく関東地方の女性関連施設で勤務すること一〇年目の特別職非常勤のコーディネーターは、雇止めこそ免れたものの、コーディネーターという役割から外されることになった（その後、彼女は、自ら職を辞した。一〇年勤めても退職金はない。非常勤には支給しない仕組みになっているからだ）。

なぜこんなことが起こるのか。それは、制度開始にあわせ「職」の整理をなすべきという「御達し」があったからである。

法改正後、国（総務省）が各地方自治体に通知した「会計年度任用職員事務処理マニュアル」（以下、「マニュアル」という）(6)では、特別職として任用することが可能な職は、学校医が典型例であるように、専門的な知識経験等を有する者が就く職であって、当該知識経験等に基づき、助言、調査、診断等を行う職であり、労働者性が低い者が就く職が該当し、およそ任命権者又はその委任を受けた者の指揮監督下で行われる事務などは、特別職が従事すべき事務ではないとした。では会計年度任用職員にすればいいではないかということになるが、それもできない。会計年度任用職員が従事すべき職は、同じくマニュアルによれば、「組織の管理・運営自体に関する業務や、財産の差押え、許認可といった権力的業務」以外の仕事で、会計年度任用職員の身分のまま、管理職や事業の運営を企画・指揮するコーディネーターのような業務には就けない。だから雇止め、だから役割限定と短絡されている。

どの自治体も、非正規公務員に依存している。とりわけ男女共同参画のような女性支援業務や、消費生活相談、ドメスティック・バイオレンス（DV）等の女性相談、家庭児童相談などの相談支援業務は、定員枠が適用されないため、非正規公務員をもって展開されてきた。消費生活相談員や女性相談員の八割が非正規なのは、このためである。

六　地方交付税措置による財源の流用

多くの地方自治体が講じた期末手当を支給するが月例給を下げるという措置は、国家的詐欺行為である。なぜなら期末手当支給分の財源は、法改正を主導し、地方自治体に会計年度任用職員への期末手当の支払いを義務づけた国（総務省）が地方交付税という形でそれぞれの自治体に配分するからである。

二〇一九年一二月二〇日、国（総務省）は二〇二〇年度地方財政対策を公表し、期末手当等の支給原資として約一七〇〇億円を地方交付税として措置するとし、あわせて「会計年度任用職員制度の導入に伴い必要となる財源が確保される見込みとなったことを踏まえ」「単に財政上の制約のみを理由として、期末手当の支給について抑制を図ることや、新たに期末手当を支給する一方で給料や報酬について抑制を図ることは、法改正の趣旨に沿わない」ことを通知[7]した。

しかし「時、既に遅し」で、自治体の側は、この期末手当原資を他の財源に回す予定で新年度予算を組んでいたのである。

財政補填のある期末手当を支給する一方で、月例給を引下げ、その分を他の予算に回す手法は、地方交付税が一般財源だから可能となる。そしてこのような手法は、筆者にはデジャブ（既視）感がある。二〇〇二年から二〇〇五年の三位一体改革の折、保育士の給与が、使用目的が決まっている補助金交付金から何にでも充当してよい一般財源である地方交付税に変わった途端、自治体の側は、認可保育園の保育士の配置基準を守りつつ、年収水準五五〇万円程度の正規の保育士を年収水準二〇〇万円程度の非正規に代替させるという措置を講じた。そして働きに見合わない処遇しか得られない保育士の離職を促した。今日の保育士不足は、地方自治体自身が進めた非正規化が招いた結果なのである[8]。

総務省も月例給削減という事態は放置できないとして、二〇二〇年一月三〇日、「財政上の制約を理由として、合理的な理由なく短い勤務時間を設定し、フルタイムでの任用について抑制を図ること」「一日当たり一五分間短くするなど、わずかに短く設定すること」「新たに期末手当を支給する一方で、給料や報酬を削減すること」は改正法の趣旨から不適切であると重ねて通知[9]したが、自治体の側はこれに応じず、期末手当の原資になるべき地方交付税増額分を他の使途に流用するため、会計年度任用職員の月例給を引き下げて支給することを組み込んだ二〇二〇年度予算案を議会に上程し、議会は問題意識なく新年度予算を成立させたのである。

七　似非同一労働同一賃金を促進した国（総務省）のマニュアル

問題は、国（総務省）が各地方自治体に示したマニュアルにこそあった。マニュアル自身が、法改正の趣旨である同一労働同一賃金を目指すものではなく、官製ワーキングプアを固定化するものだったのである。この点は、民間労働者を対象とする「同一労働同一賃金ガイドライン[10]」と対比させることで鮮明になる。

同一労働同一賃金ガイドラインは、労働者派遣法四七条の一一及びパート・有期雇用労働法一五条一項に基づき告示されたもので、改正パート・有期雇用労働法の施行日（二〇二〇年四月一日）から適用されている。会計年度任用職員制度の施行日と同日である。

同一労働同一賃金ガイドラインは、同一企業・団体におけるいわゆる正規労働者（無期雇用フルタイム労働者）と非正規労働者（有期雇用、パートタイム、派遣）の間の不合理な待遇差の解消を目指すもので、何が不合理な待遇差に該当するかの尺度を明らかにしている。

たとえば基本給については、労働者の職業経験・能力に応じて支給しようとする場合、正規雇用労働者と同一の職業経験・能力を蓄積している非正規労働者には、職業経験・能力に応じた部分につき同一の支給をしなければならないとし、昇給についても、勤続による職業能力の向上に応じて行おうとする場合、正規労働者と同様に非正規労働者にも、勤続による職業能力の向上に応じた部分につき、同一の昇給を行わなければならない、としている。

さらに賞与については、正規と非正規間で、同一の業績の貢献である場合、貢献に応じた部分につき、同一の支給をしなければならない。また、貢献に一定の違いがある場合には、その相違に応じた支給をしなければならないとし、手当についても、比較的決まり方が明確で、職務内容や人材確保の仕組みとは直接関連しないものについては、処遇差は認められないとしている。

ところが会計年度任用職員に係るマニュアルは、このガイドラインから逸脱している。

第一に、基本給の設定水準が、正規公務員の初任給よりも異様に低く設定されている。

正規公務員の場合は、初任給は予め定まっており（人事院規則九―八別表二初任給基準表）、地方公務員が準じている国の行政職給料表㈠では、一般職高卒が一級五号、一般職大卒が一級二五号である。ところがマニュアルは、会計年度任用職員の基本給の初年度の給料は、適用給料表の初級の初号給（一級一号）を基礎とするとし、基本給のなかでも最も低い金額から出発してよいとした。そして多くの地方自治体がこのマニュアルに従い、初年度の基本給を最も低い金額の一級一号からとしている。

この金額から時給水準を計算してみると、自治体によっては地域別最低賃金さえも下回る。仮に行政職給料表㈠を適用すると、その一級一号給の金額は、一四万六〇〇〇円（二〇一九年人事院勧告後）。これを国家公務員給与法一九条の勤務一時間当たりの給与額の算出方法を用いて計算すると、時給は八六九円である。

この金額は、二〇一九年一〇月から適用されている法定最低賃金を、埼玉、千葉、東京、神奈川、愛知、三重、京都、大阪、兵庫で下回る。

第二に、昇給額の上限設定である。

今回の制度改正で、国（総務省）は、経験加算措置（「昇給」に準じたもの）の導入を示しているが、あわせて、その措置の上限を設定することも推奨している。すなわち、マニュアルによれば、「給料又は報酬の水準に一定の上限を設けることが適当」とし、「常勤職員の初任給基準額を上限の目安」とする、具体的には、大卒初任給である行政職給料表一級二五号（一七万二二〇〇円）を上限としている。この金額で、期末手当が二・六月分支給されるものとして年収を推計すると、二五一万四一二〇円にしかならず、一般行政職正規公務員の平均年収の約六五〇万円に遠く及ばず、二〜三倍の格差が生じたまま残置される。

上限を設ける理由については、会計年度任用職員の職務の内容や責任が限られることを挙げている。つまり、制度設計当初から、会計年度任用職員の役割は限定されるものであり、その限定された役割に基づく賃金を支払えばよいとしたのである。

これが「職の整理」の内実である。

第三に支給すべき手当が制限されていることである。

先述の通り、非現業職の地方公務員の給与体系は、常勤職員（正規、臨時的任用、フルタイム会計年度任用）とパート会計年度任用職員で異なる扱いで、手当支給に関しては、自治法上は、後者には期末手当しか支給できない。このような措置を法定化した二〇一七年の改正地公法・自治法は、明らかに同一労働同一賃金の考え方から逸脱した労働時間による差別なのである。

この結果、たとえば正規公務員に支給される賞与は期末手当と勤勉手当を合わせて年間四・五月分が支給されるところ、マニュアルでは、フルタイムの会計年度任用職員には運用上、パートの会計年度任用職員には法律上、勤勉手当は支給できないとし、期末手当分の年間二・六月分しか支給されない。しかも一年目の二〇二〇年六月期の期末手当は、制度施行が四月一日からで期末手当支給額の算定の基礎となる期間が二月しかないことを理由に、約〇・四月分しか支給しなくてよいことをマニュアルは推奨していた。

一方、国の場合には、ほとんどの非常勤職員に期末手当も勤勉手当も支給される実態にある。

内閣人事局が実施した「国家公務員の非常勤職員の処遇の状況に関する調査（二〇一八年七月一日現在）」によれば、①フルタイムの非常勤職員一万二八七六人のうち、期末手当支給者は一万二八七六人（一〇〇％）、勤勉手当支給者は一万一七九六人（九一・六％）、②勤務時間が常勤の四分の三を超え三八時間四五分（フルタイムの勤務時間数）未満の非常勤職員一万九七四九人のうち、期末手当支給者は一万九六五一人（九九・五％）、勤勉手当支給者は一万九五九三人（九九・二％）、勤務時間が常勤の四分の三以下の非常勤職員二万五〇二七人のうち、期末手当支給者は二万三三七二人（九三・〇％）、勤勉手当支給者は二万二三〇一人（八九・一％）となっている。

つまり、国家公務員の非正規職員に関しては、期末手当はほぼ一〇〇％。勤勉手当は概ね九割以上の者に支給されているのである。

同じ非正規公務員でも、国と地方ではこれだけの格差がある、

すなわち地公法・自治法改正で導入された会計年度任用職員制度とは、同一労働非同一賃金を一般原則とする官製ワーキングプア固定化装置だったのである。

八　働かせる側の改革の必要性

これまで述べてきたような非正規公務員にとって不利益な取り扱いが、なぜ「適法」なものとして放置されているのか。

その答えの一つは、非正規公務員の処遇改善や雇用安定に向けた法的義務を、民間事業者と異なり、国・地方自治体の使用者は免れているからである。

正規・非正規間の不合理な格差を解消することを目的として、同一労働同一賃金の実現を基本原則とするパート・有期雇用労働法では、短時間・有期雇用労働者から求めがあったときは、短時間・有期雇用労働者と通常の労働者との間の待遇の相違内容及び理由等について説明しなければならないことを事業主に義務づけている。

だが同法は公務員には非適用である。また労働契約法の適用もない。

つまり国・地方自治体の使用者は、無期雇用に転換することも、雇用期間を長くすることも義務付けられず、恒常的な業務に従事させているにも関わらず、必要以上に短い期間を定めて非正規公務員を採用し、その有期雇用を反復更新し、いざとなったら解雇に類すべき雇止めを行い、非正規公務員から疑問を呈せられても応答する必要もないという、およそ民間労働者に適用される法環境では許されない行為を、何の痛痒も感じずに「適法」に執行できる。

非正規公務員に関する限り、彼女ら彼らの働き方改革が問題なのではない。非正規公務員を働かせる側の問題、非正規公務員の処遇や雇用を劣悪なまま放置することを使用者に認めている法制度そのものの問題、これこそ改革すべきなのである。

（1）http://hida-lib.jp/html/1322983018670800l3/index 館長挨拶.html 二〇二〇年四月一〇日最終閲覧。
（2）関根則之『改訂地方公営企業法逐条解説』財団法人地方財務協会、二〇〇五年改訂八版、三八七頁には、次のような解釈が記されている。「なお、本項（地公法三八条一項）の企業職員には、非常勤の企業職員も含まれているので、非常勤職員の給与も本項によって給料及び手当に分類される」。
（3）以下の行政通知も参照のこと。「地公法五七条に規定する単純な労務に雇用される一般職に属する地方公務員については、本条（自治法二〇四条）の規定は適用されないものと解する」（昭和三一年九月二八日 自丁行発第八二号 各都道府県総務部長宛 行政課長通知）。単純労務職員（現業職員）の非常勤職員への諸手当の支給が、適法であるとされた裁判例として、東大阪市一般職非常勤職員給与支出損害賠償請求住民訴訟事件（大阪地判平一八・九・一四判例タイムズ一二三三号二一一頁）がある。
（4）二〇二〇年二月一日に開催された「パネルディスカッション 茨城県内の会計年度任用職員制度」における本人の発言ならびに筆者の本人へのインタビューによる。パネルディスカッションの記録は、公益財団法人茨城県地方自治研究センター発行『自治権いばらき』（一三六）二〇二〇・二に掲載。
（5）中野区非常勤保育士再任拒否事件・東京高判平一九・一一・二八『判例地方自治』（三〇三）二〇〇八・六、三二頁以下。武蔵野市レセプト点検嘱託職員再任拒否事件・東京高判平二四・七・四『公務員関係判決速報』四一七号二頁。
（6）初出は、「会計年度任用職員制度の導入等に向けた必要な準備等について（通知）」（平成二九年八月二

三日、総行公第一〇二号、総務省自治行政局公務員部長)。その後、数度改定。
(7)「会計年度任用職員制度施行に向けた留意事項について(通知)」(総行公第九五号、二〇一九(令和元)年一二月二〇日、総務省自治行政局公務員部公務員課長)。
(8)保育士の社会的経済的評価の低下は、公共セクターが保育サービス供給を縮小させる過程で保育士をコストとして削減対象としていったことにある。萩原久美子「保育供給主体の多元化と公務員保育士――公共セクターから見るジェンダー平等政策の陥穽」『社会政策』八(三)二〇一七、六二〜七八頁を参照。
(9)「会計年度任用職員制度の施行に向けた質疑応答の追加について」(総行公第二〇号、二〇二〇(令和二)年一月三一日、総務省自治行政局公務員部公務員課長。
(10)「短時間・有期雇用労働者及び派遣労働者に対する不合理な待遇の禁止等に関する指針」(二〇一八(平成三〇)年一二月二八日、厚生労働省告示第四三〇号)。

第四部　女性非正規公務員が置かれた状況

地方自治体に勤務するすべての職員の三人に一人は、臨時・非常勤職員といわれる非正規公務員である。その人数は総務省調査で約一一二万人超（二〇二〇年四月一日現在）。このうち労働者性ある臨時・非常勤職員はおよそ一〇〇万人。そして、その四分の三は女性である。つまり地方自治体に勤務するすべての職員の少なくとも四人に一人は、官製ワーキングプアの女性非正規公務員なのである。

二〇二〇年度に導入された会計年度任用職員制度は、この女性非正規公務員を不安定雇用の官製ワーキングプアのまま固定した。その結果、制度導入前から指摘されてきたさまざまな格差も、是正されることなく温存されることとなった。

温存された格差とは、同じ質量の仕事をしていても、非正規であるというだけで、その賃金は年収水準で正規の四分の一から三分の一、専門資格職で四割から半分程度となるという説明のつかない不合理な格差のことである。そしてこの賃金格差は、非正規公務員の四人中三人が女性であることからすると、雇用形態の差異を装った男女間の間接差別である。

したがって会計年度任用職員制度とは、間接差別を温存することで、劣悪な処遇に置かれる女性非正規公務員を使って公共サービスを提供することを可能とする装置として導入されたものといえるのである。

なぜこんなことが起こるのか、そしていかなる歪みが生じてきたのか。

第15章　女性活躍推進法と女性非正規公務員が置かれた状況

一　女性活躍推進法・特定事業主行動計画から抜け落ちる女性非正規公務員

1　「臨時・非常勤職員を含め全ての職員」を対象とする特定事業主行動計画

二〇一五年八月二八日成立、二〇一五年九月四日公布・施行の「女性の職業生活における活躍の推進に関する法律」（以下、「女性活躍推進法」という）は、都道府県、市町村に対し、当該区域内の女性の職業生活における活躍の推進に関する施策についての計画を策定・公表することに努めなければならない（努力義務）としている（同法六条）。

行動計画策定関係は二〇一六年四月一日から施行となっており、都道府県、市町村は、同日までに、国が策定した基本方針(1)（同法五条、二〇一五年九月二五日閣議決定）を勘案して区域内における女性の事業主行動施策の計画（一般事業主行動計画）を策定するものとされた。なお基本方針には、優良企業の認定、公共調達を通じた女性の活躍推進、情報収集・広報、中小企業行動計画への支援、非正規労働者の処遇改善推進施策や正社員への転換支援、待機児童解消、放課後子どもプラン、パワハラ・マタハラなどの対策が列挙されている。

一方、女性活躍推進法は、都道府県・市町村の任命権者に対し、特定事業主として、二〇一六年四月一日までに、その雇用する職員を対象とする事業主行動計画の策定（同法一五条）ならびに公表（同法一七条）を義務づけた。

二〇一五年一一月二〇日に告示された事業主行動計画策定指針[2]では、都道府県・市町村の任命権者に対し、以下の手順を踏まえ、特定事業主行動計画を策定することとしている（傍線は筆者）。

一　行動計画の策定体制の整備等

行動計画の策定・推進に当たっては、常勤職員はもとより臨時・非常勤職員を含め、全ての職員を対象としていることを明確にし、男女双方の幅広い職員の理解と納得の下、協力を得ながら、各課題に応じた目標・取組を進めていくことが極めて重要。

このため、行動計画の策定の過程において、必要に応じて、職員に対するアンケート調査や意見交換等を実施するなど、各職場・各世代の男女の声を広くくみ上げつつ、職場の実情の的確な把握に努めることが重要。

二　状況把握・課題分析の方法

公務部門である特定事業主における取組について、公務員法制上の平等取扱の原則及び成績主義の原則や各機関の特性に留意しつつ、一般事業主に対し率先垂範する観点から、まず一般事業主が状況把握を行う項目に対応した四項目（下記項目1～4）に、今後取組を推進する上で重要となる三項目を加えた七項目を状況把握すること。

項目1：採用した職員に占める女性職員の割合

項目2：平均した継続勤務年数の男女の差異（離職率の男女の差異）

項目3：職員一人当たりの各月ごとの超過勤務時間

項目4：管理的地位にある職員に占める女性職員の割合

項目5：各役職段階にある職員に占める女性職員の割合

項目6：男女別の育児休業取得率及び平均取得期間

項目7：男性職員の配偶者出産休暇及び育児参加のための休暇取得率及び平均取得日数

三　数値目標、計画期間、取組内容及び実施時期を記載する行動計画

四　行動計画の公表、全職員に周知

五　行動計画の推進

毎年一回、数値目標の達成状況や、行動計画に基づく取組の実施状況の点検・評価を実施し、結果をフィードバックする。

地方自治体の任命権者に対し、その雇用する職員の採用や勤務条件等の改善にむけた何らかの計画の策定を義務付ける法律は、女性活躍推進法のほか、障害者の雇用の促進等に関する法律、次世代育成支

援対策推進法があるが、女性活躍推進法のように、「常勤職員はもとより臨時・非常勤職員を含め、全ての職員」を対象とし、地方公共団体をして、民間事業者に対し「率先垂範」となるような計画内容の策定を求める法律は、他にはない。

地方自治体に勤務するすべての職員の三人に一人は、臨時・非常勤職員といわれる非正規公務員である。その人数は、事業主行動計画の施行期日である二〇一六年四月一日を基準日に実施された二〇一六総務省調査で約六四万人である。そしてその四分の三にあたる約四八万人は、女性であった。すなわち地方自治体に勤務するすべての職員の四人に一人は、女性の非正規公務員なのである。

これら女性非正規公務員を、事業主たる地方自治体は、民間事業主への率先垂範となるよう、特定事業主行動計画の中でどのように扱うのかが注目されたが、結果は惨憺たるものだった。

2 限定された状況把握と取組のない行動計画

二〇一五年一一月二〇日に政府が定めた「事業主行動計画策定指針(3)」では、都道府県、市町村が策定する特定事業主行動計画において、「女性職員の登用の拡大は、女性の活躍の一側面を測るものであるが、女性の活躍は、それにとどまるものではなく、臨時・非常勤職員を含めた全ての女性職員が、どの役職段階においても、その個性と能力を十分に発揮できることを目指して推進する必要がある」とその意義を強調し、「臨時・非常勤職員については、その状況を適切に把握するとともに、課題の内容に応じ、両立支援制度やハラスメント等の各種相談体制の整備などの取組が期待される」としていた。

ところが状況把握にあたっては、「職員のまとまりごとに把握」することが強調された。「職員のまとまり」とは、「職種、資格、任用形態、勤務形態その他の要素に基づく職員のまとまりであって、当該まとまりに属している職員について他のまとまりに属している職員とは異なる人事の事務を行うことを予定して設定している」もので、「常勤職員及び臨時・非常勤職員については、通常、互いに別の職員のまとまりとして運用されているものと考えられる」とされた。つまり臨時・非常勤職員は正規職員とは別のまとまりとして把握することとされ、正規・非正規間の格差を明らかにすることは慎重に避けられていたのである(4)。

また、「臨時・非常勤職員を対象とする把握項目」についても、「職員の割合に関する事項、職員の給与・勤務条件に関する事項及び職場環境に関する事項については、臨時・非常勤職員も基本的に対象となる」とする一方、「職員の登用に関する事項など、臨時・非常勤職員に該当しない項目は基本的に対象外となる」。さらには、離職率の男女差または継続勤務年数の男女差は、任期の定めのない職員に限り把握対象としているとし、臨時・非常勤職員の繰り返し任用の実態については把握しないものであった(5)。

このように正規職員との格差状況について慎重に避けられ、かつ、限定された項目の下では、女性非正規公務員が置かれた状況を正確に把握することは困難で、仮に状況を把握したとしても無意味なものとなってしまった。

結果として、各自治体が特定事業主として策定した「女性活躍方針基本計画」を見る限り、その多くは、女性の非正規公務員の処遇改善、雇用の安定、彼女らのワークライフバランスに関して配慮されたものとはなっていないものとなった。

把握すべき状況とは、正規公務員に男性が多く非正規公務員は圧倒的に女性が多いのはなぜなのか、非正規公務員の年収は、男性正規公務員の年収の四分の一程度であるのはなぜなのか、非正規公務員の育児休業制度はなぜ進まないのか、妊娠した女性職員が受ける保健指導はなぜ正規公務員は有給で非正規公務員は無給なのか、なぜ産前産後休暇が正規公務員は有給で非正規公務員は無給なのか、どうして非正規公務員は職場に復帰できるかどうかに不安を覚えながら出産に臨まなければならないのか、ということだったのではないだろうか。

本当の問いは、ここにあるはずなのだ。

二　女性非正規公務員に依存する地方自治体

先に指摘したとおり、地方自治体に勤務する全職員の四人に一人は、女性の非正規公務員である。住民に最も身近な公共サービスの提供主体である市区町村でこの状況をみると（図表15―1）、二〇一六年四月一日現在で、非正規公務員が四三万〇二八八人で、このうち女性非正規が三四万七六二七人。非正規公務員の八割は女性非正規である。これに対し正規公務員の人数は八九万九九三六人で、市区町村に勤務する全職員数は一三三万〇二二四人となる。したがって、市区町村における非正規率は三二・三％でおよそ三人に一人は非正規公務員で、特に女性非正規率（女性非正規依存率）は二六・一％となり、市区町村では四人に一人が女性非正規なのである。

地方自治体によっては、全職員の半数以上が女性非正規公務員の団体さえある。

図表15－1　市区町村における女性非正規依存率

非正規公務員・全職種合計			正規公務員 合計	全職員 全職種 合計	非正規率 %	女性 非正規 依存率
男	女A	計B	C	D＝B＋C	B／D	%　A／D
82,661	347,627	430,288	899,936	1,330,224	32.3	26.1

出典）非正規公務員の数値は2016総務省調査、正規公務員の数値は、総務省「平成28年地方公共団体定員管理調査」から筆者作成。

最も女性非正規公務員に依存した地方自治体は愛知県扶桑町で、非正規三四二人のうち三一一人が女性非正規、正規公務員が二二七人で、全職員五六九人である。したがって扶桑町では全職員のうち五四・七％が女性非正規なのである。全職員の半数以上が女性非正規である団体は、二〇一六年四月一日現在、八団体で、扶桑町以下、北海道厚真町の女性非正規依存率は五三・四％、長野県山形村は同五一・七％、熊本県菊陽町は同五一・四％、秋田県潟上市は五一・三％、長野県塩尻市は五〇・六％、三重県川越町は五〇・四％、愛知県幸田町は五〇・〇％と続いている。

三　ケアワークと女性の非正規公務員の親和性——性別・職種別非正規公務員割合

非正規公務員に関する総務省調査は、非正規公務員数を職種別・性別に集計している。

図表15―2をみると、全非正規公務員における女性非正規公務員の割合は、二〇一六年が七四・九％である。この割合は二〇〇八年が七四・二％、二〇一二年が七四・五％であるから、常に非正規公務員の四人に三人は女性ということが常態化している[6]。

図表15－2　一般職・教育職における非正規公務員と正規公務員の女性割合比較

区分	非正規公務員（2016.4）				正規公務員（2018.4）				職種の性別性質
	合計	女性	男性	女性割合（%）	合計	女性	男性	女性割合（%）	
一般事務職員	159,559	128,260	29,462	80.4	919,146	287,962	631,184	31.3	男性
技術職員	9,316	2,599	5,971	27.9					
医師	8,138	2,139	6,343	26.3	10,373	2,180	8,193	21.0	男性
医療技術員	11,851	10,572	1,185	89.2	36,918	22,193	14,725	60.1	女性
看護師等	28,043	27,430	469	97.8	86,121	80,705	5,416	93.7	女性
保育士等	99,958	96,499	3,868	96.5	103,174	93,520	9,654	90.6	女性
給食調理員	37,985	36,901	1,155	97.1	13,855	10,774	3,081	77.8	女性
技能労務職員	56,853	21,973	35,072	38.6	71,041	16,136	54,905	22.7	男性
教員・講師	92,494	61,440	27,705	66.4	849,452	437,525	411,927	51.5	
図書館員	16,484	15,295	1,189	92.8					中立
その他	122,450	78,488	43,638	64.1	387,022	133,561	253,461	34.5	
合　　計	643,131	481,596	156,057	74.9	2,477,102	1,084,556	1,392,546	43.8	男性

出典）非正規公務員については、2016総務省調査、正規公務員については、総務省「平成30年４月１日地方公務員給与実態調査結果」より筆者が作成。職種区分は前者の職種の分類区分に合わせた。なお正規公務員から警察職は除いた。

※男女別に集計していない団体があり、当該団体については男女別集計から除いているため、男女計と合計が異なる場合がある。

職種別・女性割合でみると、九割を超えているのが、看護師、保育士、給食調理員、図書館員である。このうち看護師、保育士、給食調理員というケアワークはいわゆる女性職種で、正規公務員でも女性割合が高い。また図書館職員の非正規化は、一九九〇年以降に急速に進展し、女性非正規が多くを占める職種となっていった[7]。

図表15―2の右側は正規公務員における職種別性別人数である。総務省では、五年に一度の指定統計年に限って正規公務員の性別人数を調査しているが、非正規公務員の二〇一六総務省調査に最も近い年に実施された「地方公務員給与実態調査結果（平成三〇（二〇一八）年四月一

日)」と対比させ女性職種と非正規化の傾向をつかむこととする。

正規公務員における職種別性別傾向を見ると、一般事務職員・技術職員に関しては女性二八万七九六二人に対し男性六三万一一八四人で女性割合は三一・三%となり、正規公務員においてかなりの割合を占める一般事務職員等は男性職種であることがわかる。次に人数の多い教員・講師の場合は女性四三万七五二五人、男性四一万一九二七人で、女性割合は五一・五%となり、教育職は性に対して中立であるといえる。

一方、看護師等、保育士等、給食調理員のようなケアワーク職種は、圧倒的に女性の方が多く、女性職であることが明確である。

非正規公務員の職種別性別傾向をみると、正規公務員の職種別性別性質をストレートに反映するだけでなく、女性職種化ドライブがかかっていることがわかる。つまり正規公務員で女性割合の高い職種は非正規公務員ではさらに女性割合が高まり、たとえば看護師等ならば正規九三・七↓非正規九七・八、保育士等正規九〇・六↓非正規九六・五、給食調理員正規七七・八↓非正規九七・一である。また、男性職種の筆頭格の一般事務職員等の女性割合も正規三一・三↓非正規八〇・四である。

すなわち非正規化は女性職化を伴って進展するのであり、言い換えれば、女性職種が選ばれて非正規化するのである。

四　間接差別

図表15―3は、正規・非正規間の賃金の格差状況を職種別にみたものである。男性職種である一般事務職員では、フルタイムで働く非正規公務員の年収は一七三万六四六〇円。これに対し正規公務員は六四〇万八四八一円で、四分の一の年収水準であることがわかる。同じく男性職種の清掃作業員でも年収水準は約三割強である。女性職種の保育士、給食調理員では、三割台の年収水準となっている。性に中立な教員講師でも、非正規教員の年収水準は正規の半分以下にしかならない。非正規の教員や保育士のなかにはクラス担任を務める者もいる。とりわけ公立保育所に勤務する保育士の半数以上は非正規で、その年収は二〇〇万円少しの年収で、正規保育士と同様の勤務につく。

公務における雇用形態の差違による間接差別の苛烈さは、民間労働者との対比でさらに鮮明となる。民間労働者で見てみると（図表15―4―1）、フルタイムの一般の労働者の男性の一時間当たりの賃金は二二六二円、女性が一六九八円で、一般労働者のフルタイムで見ると、民間労働者における男女間の賃金格差は一〇〇対七五で、二五ポイントの格差である。

一方、同じことを地方公務員のフルタイムの男性正規職員と女性正規職員の時間給で比較してみると（図表15―4―2）、二二六八円対二〇一五円なので、男性一〇〇に対し女性八九で格差は一一ポイントである。この点だけを見れば公務員の方が民間よりも男女間の賃金格差は緩和されているように見える。これゆえ民間労働者に比して、公務員の男女間賃金格差は小さく、公平であると言われてきた。

図表15－3　正規・非正規間年収水準格差

	非正規公務員（2017）		正規公務員（2017.4.1）			格差X/Y
	平均月額（A）	年収換算額（A×12月）…X	月例給与平均額（B）	期末勤勉手当平均額（C）	年収換算額（B×12月+C）…Y	
一般事務職員	144,705	1,736,460	402,147	1,582,717	6,408,481	27.1%
図書館職員	154,168	1,850,016				28.9%
消費生活相談員	171,797	2,061,564				32.2%
教員・講師（義務教育）	257,839	3,094,068	418,462	1,745,337	6,766,881	45.7%
教員・講師（義務教育以外）	245,030	2,940,360	441,650	1,821,602	7,121,402	41.3%
保育所保育士	174,287	2,091,444	344,717	1,399,778	5,536,382	37.8%
給食調理員	151,294	1,815,528	350,259	1,512,589	5,715,697	31.8%
看護師	217,965	2,615,580	369,766	1,381,553	5,818,745	45.0%
清掃作業員	167,227	2,006,724	407,434	1,645,007	6,534,215	30.7%

出典）非正規公務員の数値は総務省「会計年度任用職員制度の準備状況等に関する調査の結果」（2018年４月１日時点）資料２－１より。2017年度における任期が11ヶ月以上のフルタイムの臨時・非常勤職員で、任期の最初の月についての一人あたり平均月額。正規公務員の数値は、総務省「平成29年地方公務員給与実態調査結果」。なお、正規公務員の保育士の数値は福祉職である。

注）図書館職員、消費生活相談員の正規公務員の給与実態を示すデータは総務省の給与実態調査では見当たらない。そこで一般事務職員の年収換算額で割り返して「格差X/Y」の値を求めた。

だがこれを雇用形態の差異で比較してみると様相が異なって見える。

　民間労働者のフルタイムの正社員の男性の時給は二二六二円だった。これに対し、パートの男性は一一三四円、パートの女性は一〇五四円である。フルタイム正社員はパートタイムの非正社員のほぼ倍の賃金である。このように雇用形態格差のほうが正社員間の男女格差よりも差が大きい。

　公務員の雇用形態間格差はさらに大きい。

　公務員のフルタイムの男性正社員が二二六八円、地方公務員のフルタイムの臨時職員の時間給は八四五円、パートタイムの非常勤職

図表15－4－1　民間労働者　男女間および正規・非正規間の賃金格差の状況：2016

単位：円、%

民間労働者		フルタイム（一般労働者）		パートタイム（短時間労働者）	正社員・非正社員間賃金格差	
		正社員(A)	非正社員(B)	非正規(C)	B/A	C/A
1時間当たり賃金	男性	2,262	1,526	1,134	67	50
	女性	1,698	1,222	1,054	72	62
男女間賃金格差(男性＝100)		75	80	93		

注1）2016年の民間の男性正社員の所定内賃金は349,000円、女性正社員の所定内賃金は262,000円、フルタイムの男性非正社員の所定内賃金は235,400円、フルタイムの女性正社員は188,600円（厚生労働省「2016年賃金構造基本統計調査」第6表）。これらを2016年の民間の月間所定内労働時間である154.3時間（厚生労働省「毎月勤労統計調査2016年分結果確報」）で除して1時間当たりの賃金を求めた。

注2）民間のパートタイムの1時間当たり賃金は厚生労働省「2016年賃金構造基本統計調査」第12表を参照した。

図表15－4－2　地方公務員　男女間および正規・非正規間の賃金格差の状況：2016・2018

単位：円、%

<table>
<tr><td colspan="2" rowspan="2">地方公務員</td><td colspan="2">フルタイム</td><td>パートタイム（短時間労働者）</td><td colspan="2">正社員・非正社員間賃金格差</td></tr>
<tr><td>正規(A)</td><td>臨時職員(B)</td><td>非常勤職員(C)</td><td>B/A</td><td>C/A</td></tr>
<tr><td rowspan="2">1時間当たり賃金</td><td>男性</td><td>2,268</td><td rowspan="2">845</td><td rowspan="2">1,080</td><td>37</td><td>48</td></tr>
<tr><td>女性</td><td>2,015</td><td>42</td><td>54</td></tr>
<tr><td colspan="2">男女間賃金格差(男性＝100)</td><td>89</td><td colspan="4"></td></tr>
</table>

注1）正規公務員の1時間当たり賃金については、総務省「2018年4月1日地方公務員給与実態調査結果」の一般行政職の男女別の平均基本給月額（給料＋扶養手当＋地域手当）を12倍し、これを2018年の年間官庁執務日数である245日と1日の所定内勤務時間の7.75時間で除して計算した。

注2）地方公務員の臨時職員、非常勤職員の賃金額は、総務省「臨時・非常勤職員に関する調査結果について（2016年4月1日現在）」の市区町村分のデータを使用。なお、非常勤職員は特別職非常勤職員のデータを使用。

員は一〇八〇円である。したがって男性の正規職員の時間給を分母にすると、フルタイムで働く臨時職員の賃金はその三七％つまり三分の一で、非常勤職員では半分弱となる。雇用形態の差異による賃金格差は民間より公務の方が大きい。

フルタイムの正社員間だけで見たら地方公務員の男女間賃金格差は小さいが、雇用形態の差異で比較してみると、民間よりも公務の方が格差は大きいのである。

日本の公務員賃金が民間労働者の賃金に比してどれほどのプレミアムを有するかを分析した研究でも、女性フルタイムの公務員賃金は民間の女性フルタイム労働者よりも一〇％ほど高い水準のプレミアムがあることから、公務部門は民間部門よりも男女差別が小さいように見えるが、「男性と比べ、女性の公的部門労働者の多くが低い賃金率のパートタイマーとして雇用されていることを考えると雇用形態による男女間の間接差別が存在する可能性を考慮する必要がある」と指摘されている[8]。

地方の非正規公務員の四人中三人は女性である。その女性非正規公務員は、男性が過半を占める正規公務員の年収の四分の一、月例給で三分の一の水準の賃金しか支払われていない。

性別に着目して賃金の差別があるものを直接差別と言い、一方、見た目は男女間の差ではないが、雇用形態を変えることによってどちらかの性に賃金格差が生じることを間接差別というが、間接差別の度合いは公務員の方が苛烈なのである。

そして会計年度任用職員制度は非正規公務員の処遇を改善しなかったのであり、したがって間接差別の状況は放置されたのである。

女性活躍推進法にみられるような率先垂範すべき立場の地方自治体の使用者のこのような振る舞いは、

同一労働同一賃金施策につきあわされる民間経営者に対して、「公務員がこういう状態なのだから、何もしなくていい」というメッセージとなって伝わる。男女間賃金格差が小さいと言われていた公務員でさえ民間以上の雇用形態格差が放置されているのだから、いくら政府が女性活躍、同一労働同一賃金と言ったところで、それは絵空事となる。(9)

五　マタニティーハラスメントの制度化

賃金以外の休暇等の勤務条件でも、地方公務員の正規・非正規間で大きな格差が生じている。たとえば育児休業制度である。

地方自治体に勤務する非正規公務員に関しては、地方公務員の育児休業等に関する法律（以下、「地公育休法」という）に基づく条例制定により、一定の要件（①一年以上勤務、②子が一歳に達する日を超えて引き続き勤務することが見込まれる者）を満たす一般職非常勤は、育児休業と部分休業を取得することができた。また常勤の臨時的任用職員や週三日以上勤務の一般職非常勤は部分休業を取得することができた。

ところが地公育休法は、地方自治体の条例に基づき、育児休業を取得しようとする者が請求し、任命権者が承認するという仕立てになっている（形成権ではなく請求権）ので、非常勤職員の育児休業制度に係る条例を整備していない限り、非常勤職員は育児休業を請求できず、臨時的任用職員も部分休業を請求することができない。

二〇一六総務省調査によると、二〇一六年四月一日現在、育児休業の制度化状況は、一般職非常勤の場合は七七七任用団体中四六九団体で六〇％、特別職非常勤の場合は一二三五任用団体中三一八団体で二六％、一方、制度化予定なし団体は、それぞれ二九二団体（三八％）、八九二団体（七二％）に及ぶなど、地公育休法の趣旨に反し、非常勤職員が育児休業を取得できない状況のまま放置されてきた。

育児休業は、職場に復帰することを前提とした制度である。逆に言えば、育児休業を制度化していない自治体に勤務する女性の非正規公務員は、職場を失うことを覚悟して、妊娠・出産に備えることになる。

さらに産前産後休暇などの女性保護規定に関しても、女性正規・非正規間の制度上の格差がある。

女性保護規定とは、女性の妊娠・出産という母性機能に着目し、健全な母体の保持のための措置を使用者に義務付けるもので、労基法は妊娠出産等に関わる規定を設け、一九九八年改正の雇用の分野における男女の均等な機会及び待遇の確保等に関する法律（以下、「男女雇用機会均等法」という）も妊産婦の勤務軽減措置等などの内容を充実・強化して、妊産婦の保健指導休暇を規定した。

労基法上の妊産婦等保護規定は、危険有害業務の就業制限（労基法六四条の三）、産前産後休暇（労基法六五条一項、二項）、妊産婦の業務軽減（労基法六五条三項）、妊産婦の時間外労働・休日労働・深夜業の制限（労基法六六条）の定めがある。

また、男女雇用機会均等法では、保健指導（男女雇用機会均等法一二条）、勤務時間の変更・勤務の軽減等（男女雇用機会均等法一三条一項）、通勤緩和措置・妊娠中の休憩に関する措置・妊娠中又は出産後の症状等に対応する措置（男女雇用機会均等法一三条二項）が定められている。

これに関連して、労基法では生理休暇を定め、使用者は生理日の就業が著しく困難な女性が休暇を請求したときは、その者を生理日に就業させてはならないとしている（労基法六八条）。

地方公務員の場合は、上記の労基法および男女雇用機会均等法の該当する条文を適用除外していないので、常勤職員か非常勤職員か、正規職員か非正規職員かに関わりなく、女性労働者に直に適用される。ただし地公法二四条五項により、勤務時間条例等に定めておく必要がある。

ところが地方自治体では、労基法上の措置さえ、条例化していない団体が散見されてきた。たとえば臨時的任用職員における制度化状況は、産前産後休暇が五六・八％、生理休暇が五八・〇％である。非常勤職員でも七～八割の団体で制定されているに過ぎなかった。

会計年度任用職員制度の導入にあたり、未整備（＝未条例化）が問題となり、総務省が各地方自治体に制度化を強く働きかけ、見かけ上は、条例化してきたようなのだが、問題はその内容で、無給の休暇を基本とする国家公務員の非常勤職員の休暇制度（人事院規則一五―一五第四条二項）に準拠して制度化することを求めたのである。

国の非常勤職員の女性保護規定のうち、産前産後休暇（同項一号・二号）、生理休暇（同項八号）は、いずれも無給の休暇である。これらは正規職員の場合は有給の休暇として認められている。

また、正規職員には有給の職務専念義務免除である保健指導も、どういうわけか、非常勤職員に関しては無給の休暇に分類されている（同項九号）。妊産婦の通勤緩和措置（人事院規則一〇―七第七条）は、無給の扱いとしているようなのだが、特段に無給と明記した規定もなく、また、給与からの減額措置に係る規定も定められていないことから、判然としない。

いずれにせよ、同じ女性職員でありながら、生理休暇や産前産後休暇、保健指導や通勤緩和措置のために勤務しないことを承認された期間や時間について、正規は有給で非正規は無給なのは、非正規であることを唯一の理由とする不合理な格差である。

そしてこのような取り扱いの結果は、就業継続の問題に真っ先に現れる。「第一四回出生動向基本調査」[10]の個票データを用いて、公務員女性の就業継続と出生行動の実態を分析した新谷由里子は、出産前後の就業継続について、女性正規公務員は九割弱と大部分が就業継続しているが、非正規公務員だと就業継続率は非常に低く、民間の派遣、パートなど非正規雇用と変わらず二割程度であることを明らかにしている[11]。

非正規公務員に退職の覚悟を強いる地方自治体は、「マタニティーハラスメントを制度化」しているといわざるをえない。

（1）「女性の職業生活における活躍の推進に関する基本方針について」（平成二七年九月二五日、閣議決定）、「女性の職業生活における活躍の推進に関する基本方針の策定について（通知）」（府共第七七五号、平成二七年九月二五日）。

（2）「事業主行動計画策定指針」（平成二七年一一月二〇日、内閣官房・内閣府・総務省・厚生労働省告示第一号）。

（3）「事業主行動計画策定指針」（内閣官房、内閣府、総務省、厚生労働省告示第一号、平成二七年一一月二〇日）。

（4）「「女性の職業生活における活躍の推進に関する法律に基づく特定事業主行動計画の策定等に係る内閣府令」及び「事業主行動計画策定指針」の策定について（通知）」（府共第九四一号、平成二七年一一月三〇日、内閣府男女共同参画局長）。

（5）内閣府男女共同参画局、総務省自治行政局公務員部「女性活躍推進法に関する地方公共団体向けＦＡＱ令和二年三月改訂版」。

（6）会計年度任用職員制度施行時の二〇二〇年四月一日現在では、任期六月以上、週勤務時間一九時間二五分以上という従前からの調査の要件を満たす女性非正規公務員の割合は七六・六％だった。

（7）図書館員の非正規化過程については、拙著『非正規公務員』日本評論社、二〇一二年、三五頁以下、拙稿「貧困を構造化して経営される公立図書館」『埼玉自治研』（四八）二〇一七・三、三七頁以下。

（8）荒木祥太「日本の公務員賃金プレミアムに関する分析――ＰＩＡＡＣによる認知能力データを用いて」『RIETI Discussion Paper Series 20-j-017』二〇二〇・三、二三～二四頁。

（9）西村美香の次の指摘も参照されたい。「自治体が臨時・非常勤職員に大きく依存することは、ワーキングプア問題の解決に政府が消極的であるというメッセージとして官民の非正規雇用の増大を促し、それによって中長期的には個人消費の冷え込みや貧困など地域経済にマイナスとなる危険もある」。同「転換期を迎えた地方公務員の定員管理」『地方公務員月報』（六五六）二〇一八・三、一六～一七頁。

（10）国立社会保障・人口問題研究所「第一四回出生動向基本調査（結婚と出産に関する全国調査――第Ⅰ報告）わが国夫婦の結婚過程と出生力」（二〇一二）。

（11）新谷由里子「公務セクターにおける女性の就業状況と子育て支援環境」『人口問題』七一（四）、二〇一五・一二、三三三九頁。

第16章　女性を正規公務員で雇わない国家の末路

一　日本型雇用システムの下での女性の正規公務員の離職

前章で指摘したように日本の公務員は男性の方が多く、とりわけ一般行政職はこの傾向が強い。だが、後に述べるように、公務員が男性優位の国は先進諸国の中では一般的ではない。

地方自治体の正規公務員の性別人数を追ってみると、新卒採用時点では職員数に男女間の差違はあまりなく、勤続を重ねる中で、女性正規公務員が離職していくことがわかる。すなわち家庭的責任を一方的に負わされてきた女性正規公務員が、徐々に職場を離脱し、公務職場は男性優位の職場になっていったのである。

図表16―1は、二〇〇三年から五年ごとに、全地方自治体の一般行政職における年齢階層別の男女別人数を、男性を一〇〇として女性の正職員数を指数化したものである。

図表16－1　全地方自治体 一般行政職 男女別年齢階層別職員指数（男性＝100）

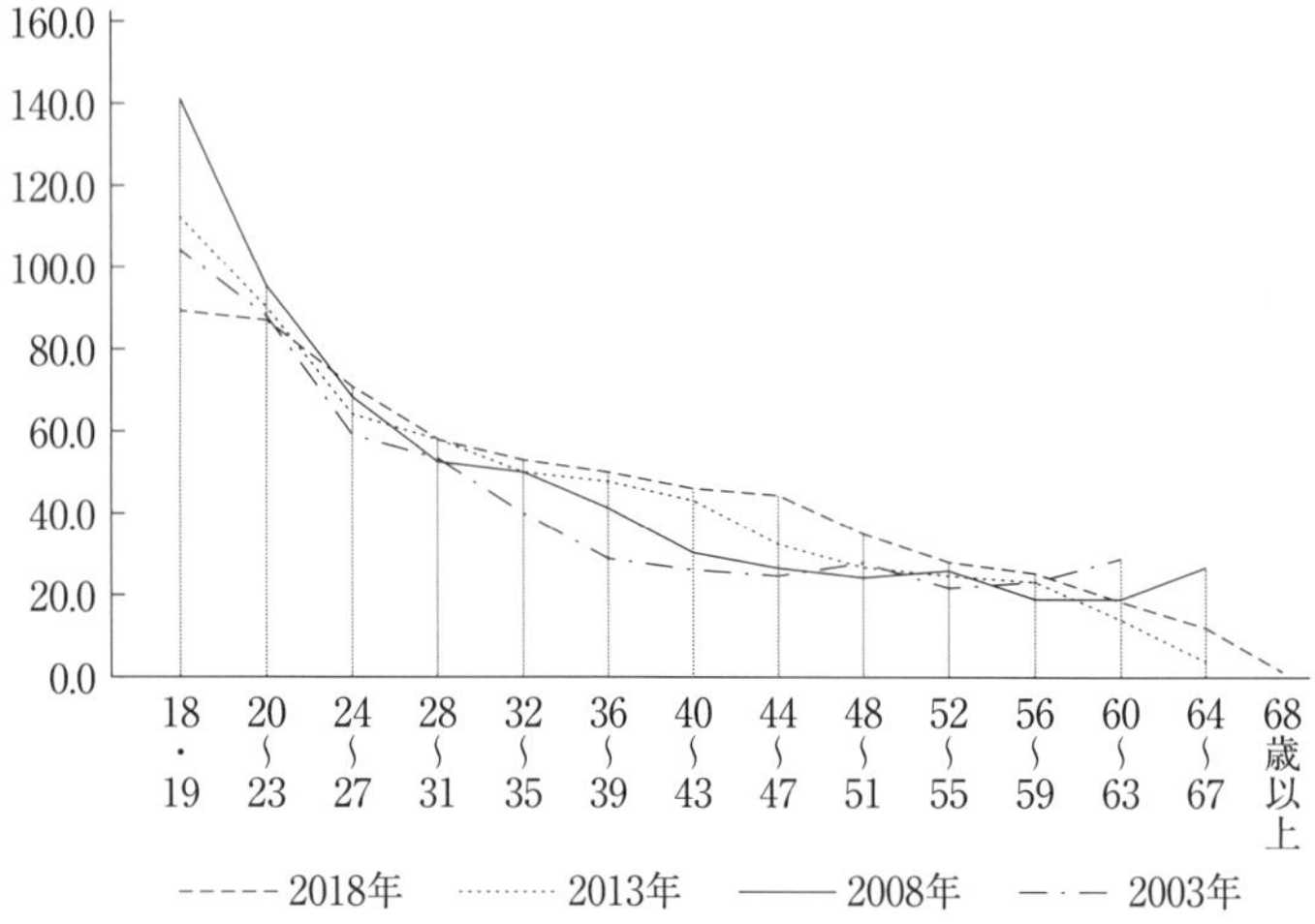

出典）地方公務員給与実態調査結果　2003年、2008年、2013年、2018年版より筆者作成。

全年齢層でみると、女性正規公務員の在職者数は、二〇〇三年は男性正規公務員の三分の一程度であったものが、一〇年後の二〇一三年には約四割となり、直近の二〇一八年には四四・八で男性正規公務員の二分の一程度にまで伸長している。

だが、採用段階では、男女間に在職者数の差異はあまりなかったのである。

一八・一九歳層は、高校新卒採用者が該当するが、二〇〇三年、二〇〇八年、二〇一三年はどの年をとっても女性の在職者数の方が多く、二〇一八年でも九割程度を維持している。二〇～二三歳層という大学新卒採用者が算入される年齢層でも、男女別の在職者数はほぼ拮抗している。

ところが勤続年数を重ねると、男女間の人数バランスが崩れてくる。

直近のデータの二〇一八年でみると、二四～

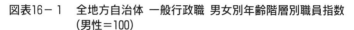

二七歳層は、男性一〇〇：女性七一・三である。この層は五年前の二〇一三年の二〇～二三歳層に重なるが、そこでは男性一〇〇：女性九〇・七で、ほぼ二〇ポイントも女性正規公務員の在職者指数が落ちている。二〇一八年のデータでは、三六～三九歳層で、女性正規公務員は、男性正規公務員の約半分となり、四八～五一歳層で三分の一、五〇歳代ではほぼ四分の一になる。このような傾向は、どの年の調査でも見てとれる。

もちろん同様の傾向は、日本の民間の女性正規労働者全般にみられる。確かにここ数年で、女性の労働力率が出産・育児期に低下するM字カーブは解消されてきた。だが、女性の雇用形態に着目すると、女性の正規雇用労働者比率は二〇代後半をピークに下がり続け、グラフにすると、「L」を伏せた「ヘ」のような形になる。内閣府の有識者懇談会「選択する未来2.0」は中間報告でこの問題を提起し、「L字カーブ」と紹介した。[1]

つまり女性の働き方は依然として、出産・育児・介護等により正規労働者のトラックから外れた女性労働者が労働市場に復帰する場合は、パートタイム等の非正規雇用しか用意されていないのであり、図表16―1に表れているように、女性正規公務員の在職状況もこの「L字カーブ」で、公務職場も、女性は正規職員として働き続けることは困難なのである。

正規の採用者数の男女比率は同じでも、勤続を重ねるうちに女性が職場を離脱せざるをえないのは、公務世界も日本型雇用システムのもとにあるからだ。

一九六〇年代の高度成長期に形成された日本型雇用システムのもとでは、新卒男性労働者が正社員として採用され、終身雇用・年功賃金制度の下、担当すべき職務は白紙委任、異動は無制限、仕事無定量で残業青天井の職場環境において支払われる給与で世帯の家計を支え、一方の女性は結婚や出産とともに退職して専業主婦となり、貧弱な福祉制度の中、彼女たち専業主婦がシャドーワークとして子育て・介護を担ってきた。日本型福祉国家とは、女性が専業主婦となり家庭で福祉国家を担うというものだった。このような社会システムの中で既婚女性向きの働き方として生み出されたのが日本型パート労働で、その労働は、家計の補助となればよい水準の程度のものとされてきたのである。

公務職場も日本型雇用システムのもとにある。ゆえに女性正規公務員も、正規として働き続けることが困難であり、ひとたび正規トラックから外れてから公務労働市場に復帰したとしても、低廉な労働力の非正規公務員として使われる。

さらに非正規公務員の場合は別の問題が付加される。公務員定数が削減されるなかにあって拡大する公共サービス需要に対処するため、一定の職種は元から非正規としてしか採用されないという問題である。このような「端《はな》から非正規職種」はどのように生じてきたのだろうか。

二　非正規公務員増加の理由

非正規公務員は、二〇一六総務省調査では総計約六四万人。市区町村では全職員の三人に一人は非正規公務員である。そして非正規公務員の四分の三は女性であることから、全職員の四人に一人は女性非正規公務員なのである。

非正規公務員は、いかなる要因をもってこれほど増えてきたのだろうか。

図表16－2　非正規公務員増加の３つのパターン

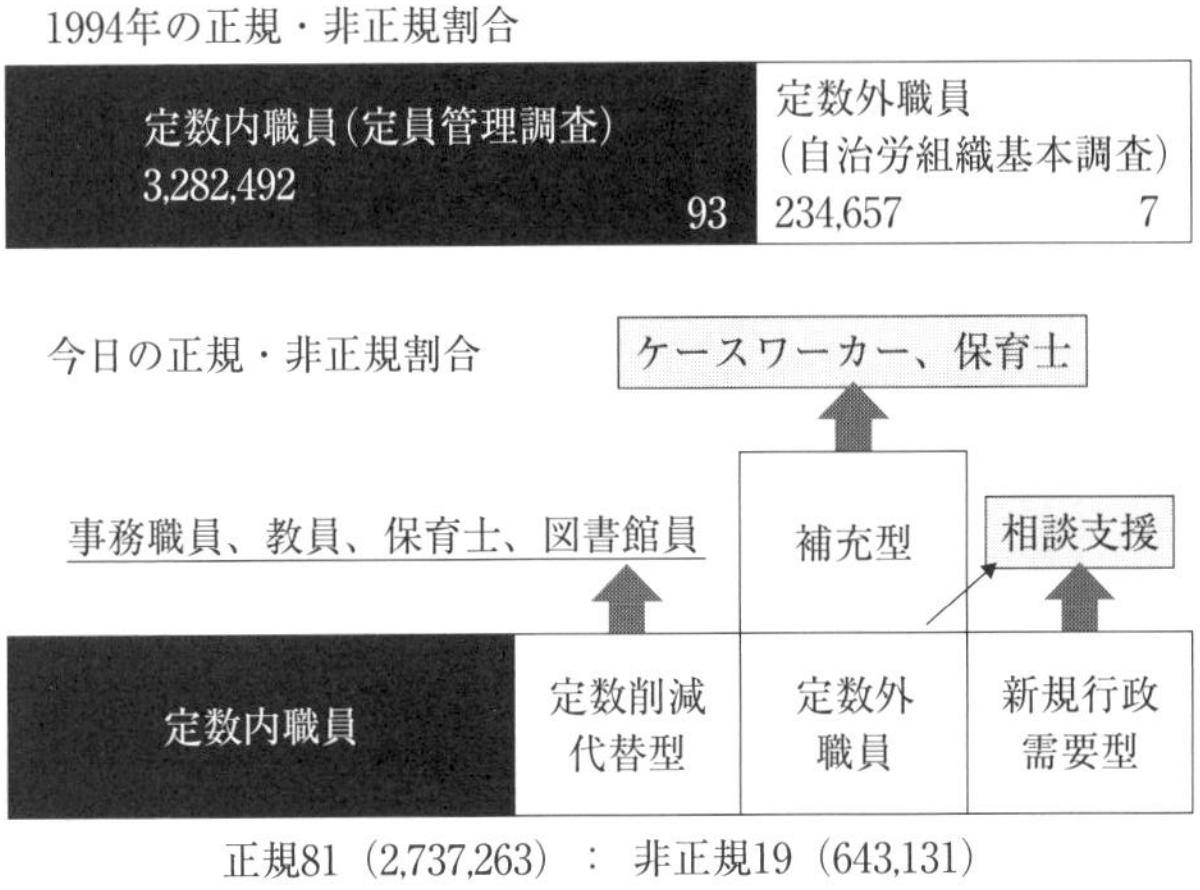

正規の地方公務員数のピークは一九九四年で、全自治体で三二八万二四九二人を数えた。一方、非正規公務員数に関わる国の調査は行われておらず、唯一、全日本自治団体労働組合（自治労）の組織基本調査があり、一九九四年の同調査では、全国の臨時・非常勤職員数について二三万四五六七人と報告している[2]。両報告を対比させると、一九九四年の正規・非正規の割合は、およそ九三対七である（図表16―2参照）。

一九九四年を起点とすると、正規公務員数は二〇一六年までの二二年間で五五万人減少し、一方、臨時・非常勤職員数は概ね四一万人が増加した。このほかアウトソーシングにより減少分を補った影響もあるだろうが確たることはわからない。

いずれにせよ、非正規公務員は正規公務員の定員削減を補い、かつ、正規公務員採用の抑制基調のなかで、新たな行政需要に対処するために、積極的に採用されてきた。

非正規公務員の増加のパターンは、以下の三つに分

図表16－3　職種別正規公務員の増減（1994-2016）

単位：人

職種	1994.4.1(A)	2016.4.1	増減数(B)	B/A(%)
一般事務職員	879,150	744,682	-134,468	-15.3
技術職員	278,562	217,443	-61,119	-21.9
医師	25,748	24,845	-903	-3.5
医療技術員	54,083	52,065	-2,018	-3.7
看護師等	160,641	168,138	7,497	4.7
保育士等	130,794	96,025	-34,769	-26.6
給食調理員	86,350	25,406	-60,944	-70.6
技能労務職員	277,853	94,060	-183,793	-66.1
教員・講師	963,542	842,561	-120,981	-12.6
図書館司書等	10,999	8,768	-2,231	-20.3
その他	414,770	463,270	48,500	11.7
警察官	223,739	259,158	35,419	15.8
消防吏員	143,481	159,374	15,893	11.1
その他	47,550	44,738	-2,812	-5.9
合計	3,282,492	2,737,263	-545,229	-16.6

出典）該当年の総務省（旧自治省）「地方公共団体定員管理調査結果」から筆者作成。

注）正規公務員の職種の分類については、「地方公共団体定員管理調査結果」の「第４表　職種別職員数」の区分・職員数を再分類したもの。

類できると考えられる。

代替型

急速に非正規公務員が増加しているのは、正規公務員から非正規公務員への置き換えが進んでいるからである。ここではこの現象を代替型と呼ぶこととする。

代替型の背景には、地方自治体の財政ひっ迫の影響から公務員が減り続けてきたという問題がある。図表16—3は、総務省（旧自治省）の地方公務員の定員管理調査から、正規公務員数について定員数がピークであった一九九四年と二〇一六年を比較したものである。

定員数がむしろ増えている警察官、消防吏員が含まれる「その他」と看護師等を除き、どの職種をとっても定員減である。「その他」は、警察官、消防吏員を除けばむしろ減少している。

また給食調理員と技能労務職員は、民間委託により大幅に削減されているが、これら大幅な定員削減職種を別にして、一般事務職員や技術職員が二割前後、保育士等が約三割、教員が一割超、図書館司書等が約二割の削減である。そしてこれらの職種は、非正規公務員への置き換えが進んでいった。

補充型

第二に、既存の公共サービスに係る行政需要は増えているという問題がある。増加する行政需要に対し、正規公務員ではなく非正規公務員を充てる方法を、ここでは補充型と呼ぶこととする。

たとえば保育サービスである。少子化なのに、認可保育園に入れない待機児童が大量に発生している。一九九〇年以降の雇用の非正規化、ワーキングプア化が進む中で、専業主婦は「絶滅危惧種」となって、生計維持者として働かざるをえなくなった。そうなると保育園と保育士が足りないという状況が露呈し、急ぎ保育サービスを拡充せざるをえなくなった。ところが定員削減という潮流の中で正規公務員を増やすことはできないため、正規職の保育士ではなく非正規の保育士を配置するという方法が取られてきた。

さらに生活保護CWである。貧困化と格差拡大が同時進行した結果、女性の高齢者世帯を中心に、生活保護受給者が急増した。法律上は、CW一人が担当する生活保護世帯数は福祉事務所設置市では八〇世帯が標準だが、それで済ませられる地方自治体はほとんどなく、まずは生活保護の決定・廃止に関与しない面接相談業務を非正規化し、その分の正規職員を訪問調査にあたる地域担当CWに充てるほか、それでも人員が不足する場合は、地域担当CWそのものも非正規公務員で補充するようになる（第8章参照）。
政令指定都市では、リーマンショック後の二〇一一年のCW一人当たりの保護利用世帯が、堺市一八三・一世帯、大阪市一五七・三世帯などとなり、これを解消するため、非正規公務員の採用形態の一つである任期付職員でCWを採用している。

新規需要型

新たな公共サービス需要に対し、正規公務員を配置するのではなく、最初から非正規公務員を採用して配置するものである。相談支援業務はこの典型例で、たとえば消費生活相談員では、二〇一九年四月一日現在、全国の消費生活センターに所属する三三七九人の消費生活相談員のうち、「定数内職員」といわれる正規公務員は六三人に過ぎず、ピーク時の一三四人（二〇一三年）から六年で半分以下にまで削減され、全体の一・九％に過ぎない。一方、「定数外職員」といわれる非正規公務員の相談員は二七四一人で、八一・一％を占める。つまり消費生活相談行政は、圧倒的に非正規公務員によって担われている。

消費生活相談行政は、時代とともに大きく変貌したものの、消費者行政発足当初から非正規公務員によって担われるものと認識されていた。

一九六六年八月四日付の国民生活審議会消費者保護部会「消費者保護組織および消費者教育に関する中間報告」では、「個別苦情の処理には豊富な商品知識が必要不可欠であるので、地方公共団体の個別苦情の受付窓口には日本消費者協会で養成している消費生活コンサルタントなどの商品知識の豊富な民間の専門家を、たとえば非常勤職員として、配置し、地方公共団体職員と共同で処理に当たらせる等の措置が望ましい」と提案し、これを受け、一九六六年八月二二日付け、都道府県知事に対する経済企画庁事務次官及び自治省事務次官の共同通達「地方公共団体における消費者行政の推進について」で、同旨の通達を出している。

このように非常勤職員としてはじまった消費生活相談員なのだが、消費者をめぐる環境は変化し、それにつれて相談内容への対応も、商品に対する苦情処理という段階から、業者と被害相談者間の紛争処理へと変化する。つまり相談員の役割は、法的知識を備え、合意解決に向けて相談者と事業者との交渉をあっせんするというものに変わっていった。相談員の地方消費者行政における立場も、担当の職員を補完するものから、より主体的、先導的なものへと移行していったのだが、その身分は今も非常勤職員のままで、むしろ非正規化が強まっている。

三　女性職種化を伴う非正規化

地方自治体は、非正規公務員に依存して公共サービスを提供している。そして非正規公務員の四人中三人は女性なのだから、非正規公務員の配置割合が増加した職種は女性職種化する。

この状況を図書館職員の性別割合から考察してみよう。

図書館に勤務する職員の勤務形態別構成割合は、一九八七年時点では、常勤で正規の専任職員が最も多く八二％を占め、非常勤職員はわずか一〇％に過ぎなかった。文部科学省「社会教育調査」に初めて図書館職員の男女別人数が掲載されたのが一九九九年だが、この時点でも、専任職員は全図書館員の六五％を占め、非常勤職員は三割程度であった。

　非常勤職員数が専任職員数を上回り、全図書館職員の半数以上を占めるようになったのは二〇〇八年で、構成割合は専任四四：非常勤五〇：兼任六である。二〇一一年からは指定管理者における図書館職員数もカウントされ、専任三四：非常勤四九：兼任六：指定管理者一一である。構成割合から判断すると専任職員分が指定管理者に移行したことになる。

　そして直近のデータである二〇一八年では、専任二六：非常勤四八：兼任五：指定管理者二一である。指定管理者の団体に雇用される者のほとんどは非正規労働者であることはつとに知られており、そうすると公立図書館に勤務する者の六九％は非正規公務員・非正規労働者である一方、図書館で働く正規の専任職員は四人に一人というマイノリティー状態なのである。

　次に図書館職員の勤務形態別女性構成割合を見てみよう。

　一九九九年時点では、図書館職員の六五％を占めていた専任職員の女性割合は五二％である。非常勤職員はこの時点ですでに女性割合八四％だが、構成割合は三割で総計に及ぼす影響は少なく、したがって全図書館員における女性割合は五九％にとどまっていた。おそらくこの時点までは、図書館職員は、相対的には女性職員が多めだが性に中立の職種だったと思われる。ところがその後は、非常勤職員数の構成割合の上昇に比例して、図書館職員の女性割合も高まる。そして、二〇一八年には図書館で働く人たちの七七％が女性、雇用形態別にみると、非常勤職員の約九割、専任職員の約六割が女性で、非正規

図表16－4　全図書館員における女性の図書館員の占める雇用形態別割合

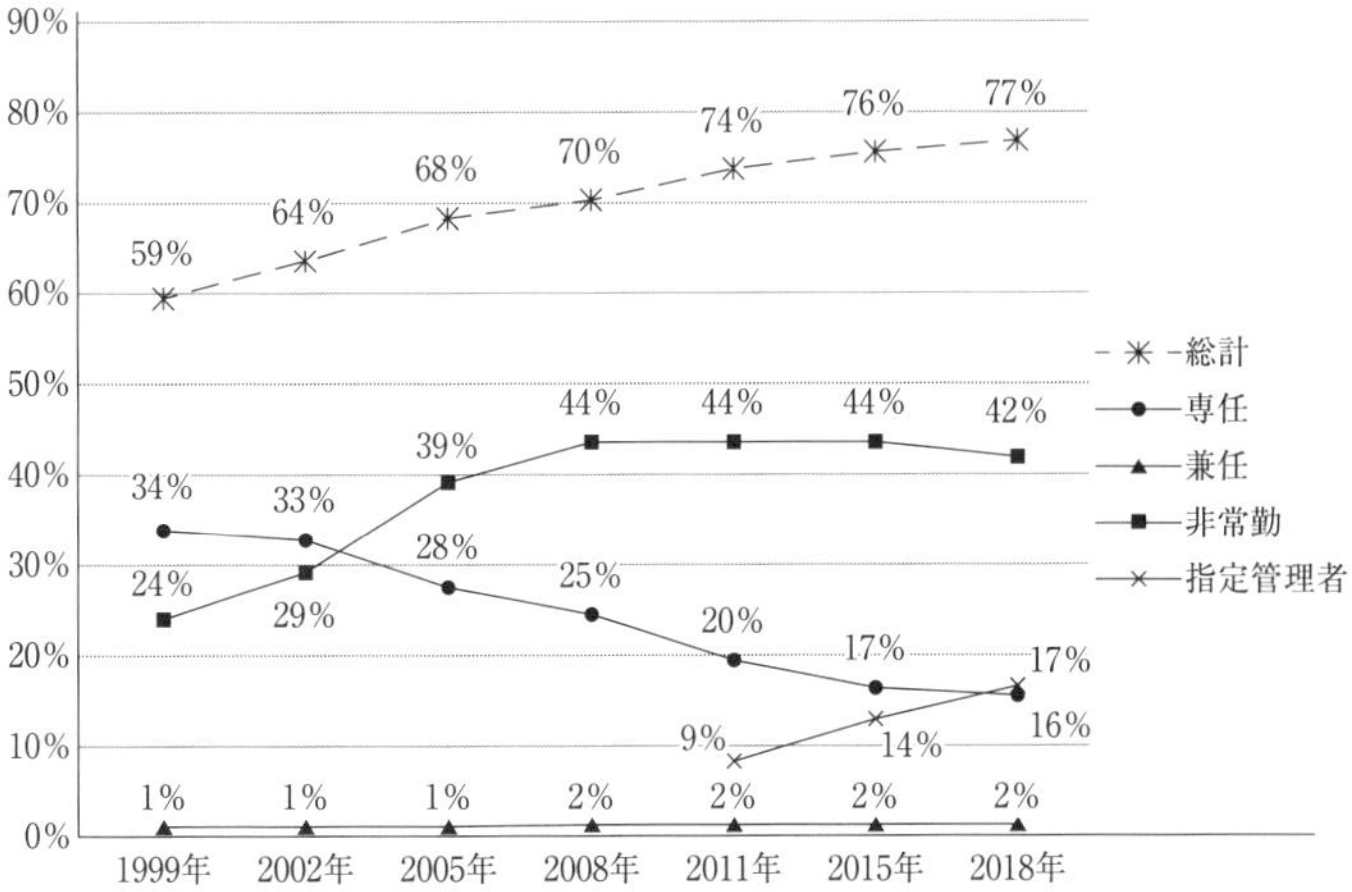

出典）文部科学省「社会教育調査」各年版より筆者作成

注）「専任」とは、常勤の職員として発令されている者であり、「兼任」とは、当該図書館以外の常勤の職員で兼任発令されている者であり、「非常勤」とは、非常勤の職員として発令されている者。

労働者が従業員の大半を占める指定管理者では、八割強が女性となっていった。

さらに図表16―4で示したように、図書館で働くすべての職員の女性割合は七七%で、これを性別・雇用形態別に分類すると、二〇一八年現在、四二%は女性・非常勤職員、一七%が指定管理館で働く女性・図書館員であり、図書館員の約六割が、直接・間接雇用の非正規の女性労働者である。

このように正規から非正規への代替は、それ自身がその職種の女性職種化をもたらすのである。

四　女性を正規で雇わない国家の末路

非正規化は女性職種化を伴って進展した。しかも、女性非正規公務員は、正規公務員が退出した後の代替として補充されただけ

図表16－5－1　被雇用者数に占める公務員数の割合（2007年、2009年、2017年）

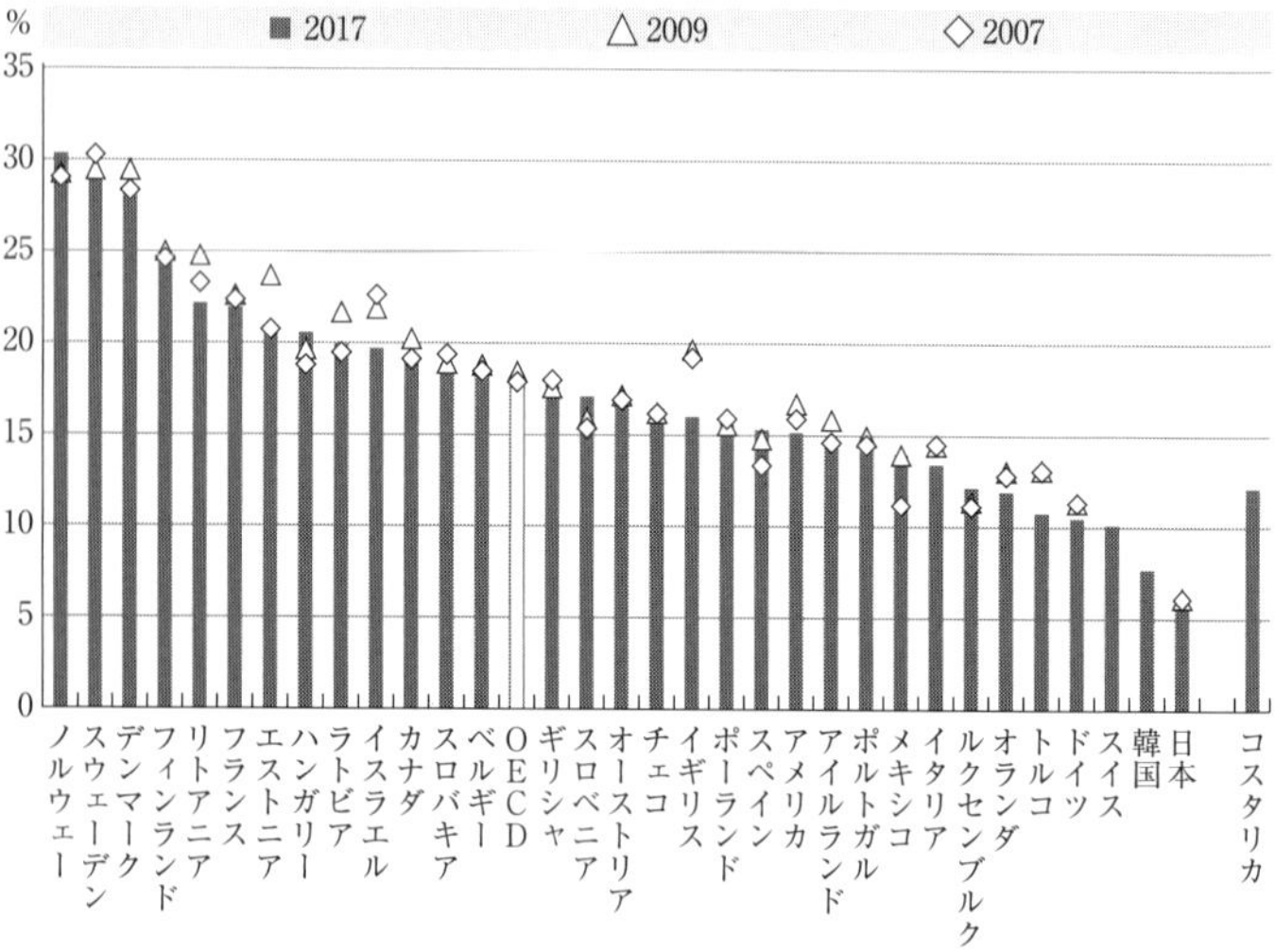

出典：OECD, 'Government at a Glance 2019', Figure 3.1. Employment in general government as a percentage of total employment, 2007, 2009 and 2017

でなく、一定の「端《はな》から非正規」職種に配置された。

日本は、国も地方も公務員を削減し続けてきたが、少ない人員で公務を回さなければならないことから、ケアワークを負わされた女性正規公務員を公務労働市場から退出させ、家庭的責任を「免除」された使い勝手のよい男性正規公務員が過半を占めるようになった。

日本はいまやOECD加盟三二か国で、被雇用者数に占める公務員数の割合が最も低い国になった（図表16―5―1）。二〇一七年の統計では、OECD諸国で最低の五・八九%にすぎない。OECD諸国平均が一七・七一%、最も割合が高いノルウェーが三〇・三四%、二位のスウェーデンが二八・八三%、「小さな政府」といわれるアメリカでも一五・一五%で、日本の公務

図表16－５－２　公務員における女性割合（2011年、2017年）

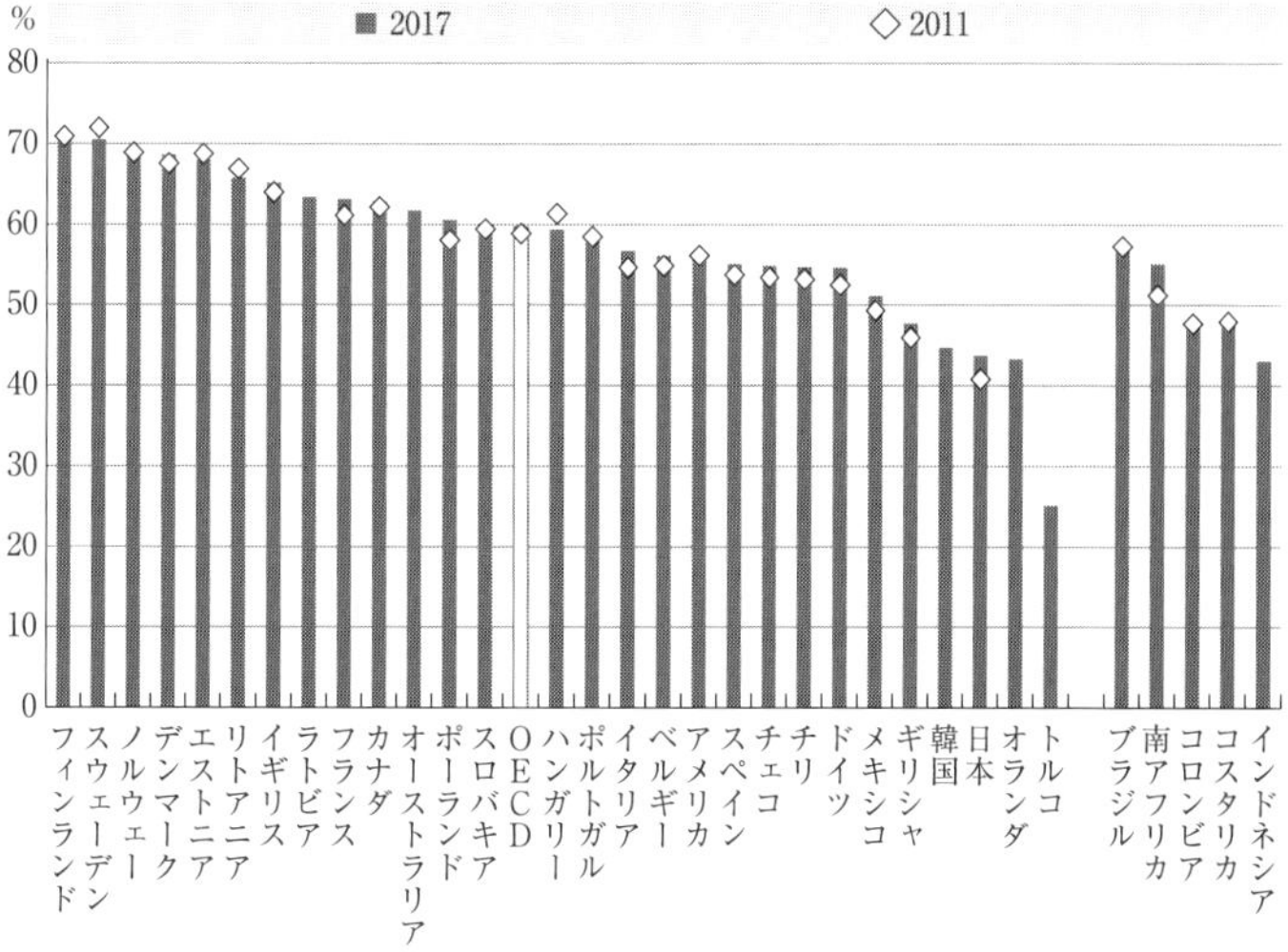

出典：OECD, 'Government at a Glance 2019', Figure 3. 5. Gender equality in public sector employment, 2011 and 2017

員の規模は、ノルウェーやスウェーデンの六分の一、アメリカの三分の一にすぎない。

公務員における女性割合（図表16―5―2）に至っては、OECD諸国平均が六割、最も女性割合の高いフィンランドと二位のスウェーデンが七割を占める中にあって、日本は女性を公務労働市場から退出させてきた結果、女性割合は四割台にとどまる。

多くのOECD諸国では、公的雇用に占める女性の割合は男性のそれを上回り、主に公務部門における雇用によって女性の就業率の上昇が促されてきたのだが、日本は、女性の就業率を高めてきた公務部門の雇用を縮小し、その少なすぎる公務員の中でもとりわけ女性公務員を公務労働市場から退出させてきた結果、女性が活躍できる場を奪ってきた。

これに加え、女性割合が高い看護師、保育士、給食調理員等のいわゆるケアワークで非

図表16－6　国別男女平等指数と公務員における女性割合の相関性（2017年）

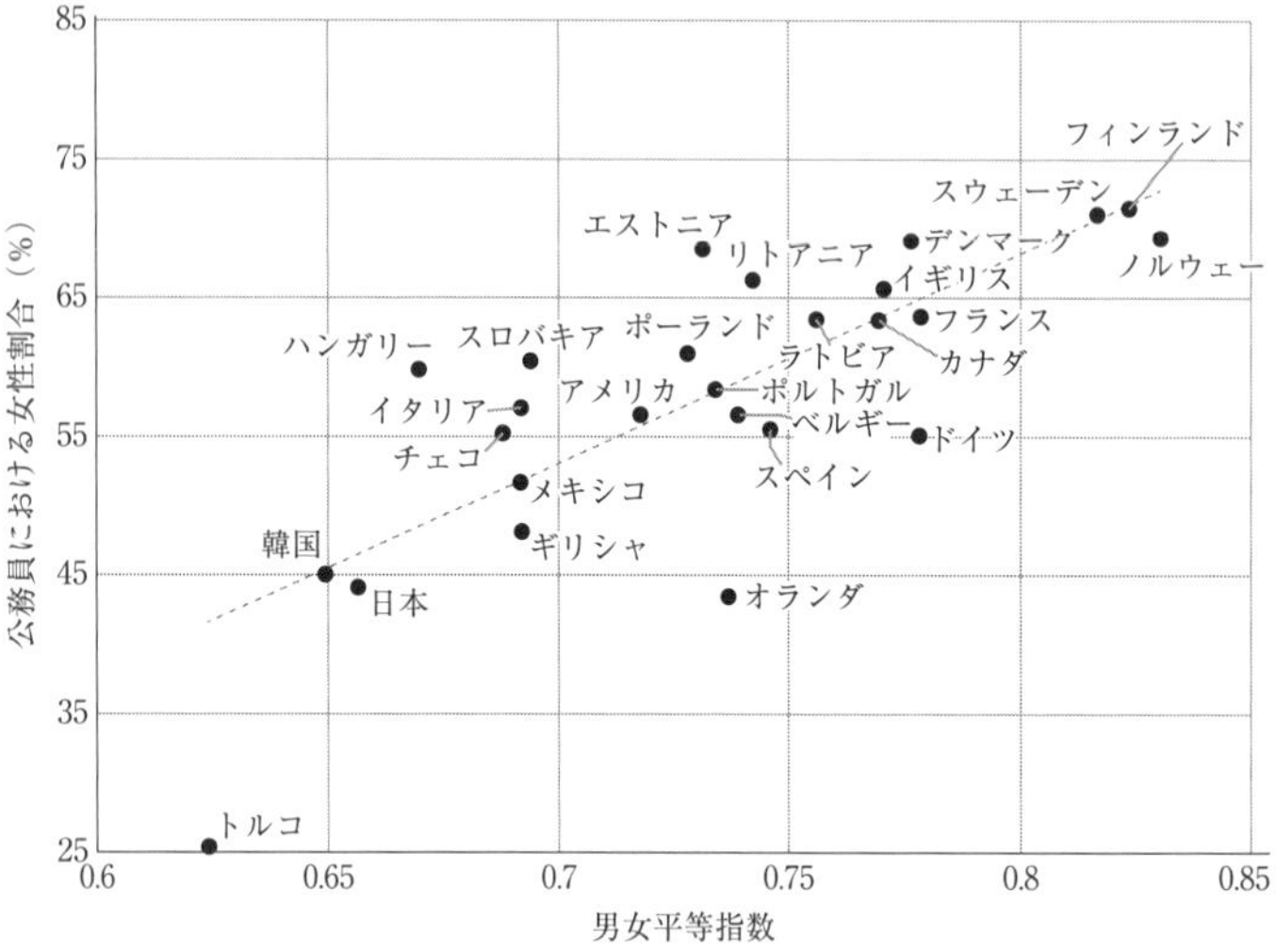

出典：World Economic Forum 'The Global Gender Gap Report 2017' Table 3: Global rankings, 2017 and OECD, 'Government at a Glance 2017', Figure 3.5. Gender equality in public sector employment, 2011 and 2017を筆者加工

正規化を止めどなく進めた結果、公的ケアサービスの供給が不足し、これが女性を家庭に縛りつける原因となって女性の労働参加を妨げるという悪循環に陥ってきた。そして「私活躍できねーじゃねーか」、「保育園落ちた、日本死ね！」というリアルが生まれた。

図表16―6は、世界経済フォーラムの国別男女平等指数（①）を横軸に、OECDの公務員における女性割合（②）を縦軸にして、各国をグラフ中にプロットした散布図「国別男女平等指数と公務員における女性割合の相関性（二〇一七年）」である。

①②の相関係数は＋0.7750で、統計学の教科書によれば「強い相関」に分類される。したがってプロットは、斜め右方向に順に並び、公務員における女性割合

が高い国ほど、男女平等指数も高くなる傾向となって現れる。

たとえば、①男女平等指数（〇・八三〇）で世界二位のノルウェーの②公務員における女性割合は六九・二八％でOECD諸国中三位、①が〇・八二三で世界三位のフィンランドは、②が七一・三六％で同一位、①が〇・八一六で五位のスウェーデンは、②が七〇・九六％で同二位、①が〇・七七八で一一位のフランスは②が六三・五五％で同九位と、いずれも公務員における女性割合はOECD平均を上回り上位に位置する。一方で、男女平等指数が二〇一七年段階で世界一一四位の日本は、②が四四・〇〇％でOECD諸国中二六位、男女平等ランキングが一一八位の韓国は、②が四四・九六％・同二五位で、いずれも世界最低水準である。

このように、男女間の格差が少なく、女性が活躍しうる社会に転換していくためには、雇用が安定し、それなりの賃金水準が得られる公務員における女性割合を高めていくことが決定的な要素となる。

ところが日本は、公務において女性の活躍の場を極端に狭めた「女性を正規で雇わない国家」なのであり、その結果は女性が活躍できない男女不平等社会なのである。

五　社会改革の肝としての非正規公務員問題

男女平等ランキングの高い国は、北欧諸国に集中している。男女平等社会を実現できたのは、女性を公務員として多く雇ったからである。

『市民を雇わない国家』を著した前田健太郎氏は、次のように指摘する。

「例えば、スウェーデンの場合には労働力不足が深刻化した戦後の高度成長期に労働組合が移民労働者の受け入れを拒絶した結果、民間部門における女性の雇用が拡大し、一九八〇年代初頭にかけて公共部門の拡大と一層の女性の社会進出がもたらされた。このメカニズムを通じて、元来は女性の社会的地位が特に高くなかったスウェーデンは、現在では世界で最も男女が平等な社会として知られるようになった(3)」。

また、スウェーデンの経済学者スヴェン・スタインモも、次のように記す。「スウェーデンの女性は、両性の平等という観点と、外国からの移民労働者受け入れの代替としての、国内既存の労働力という観点から、労働市場参加を奨励された。しかし、一九五〇年代や六〇年代には、スウェーデンが世界最大の福祉国家を構築することになるとは誰も予測していなかった。だが現実にはそうなったのであり、そこで必要になった職の多くを女性が占めるようになった。……一九九〇年代の初頭、政府部門は他のどの産業よりも多くの労働力を雇用している。この事実がもたらす政治的現実として、「政府の縮小」は女性とその家族に深刻な影響を与える……(4)」

だから、女性の活躍の場を奪うことにつながる「小さな政府」路線などは取りようもないのである。

これに対し日本は、公務員数を減らし、公共サービスの供給を女性非正規公務員による提供にシフトしてきた結果、保育や介護などの公的ケアサービスの供給が不足し、女性の労働参加を妨げ、社会進出の阻害要因となるという悪循環を繰り返してきた。

非正規公務員問題を通じて見えてくるものは、この国の姿なのである。

（1）経済財政諮問会議・「選択する未来」委員会「選択する未来2.0　中間報告」二〇二〇年七月一日、二三頁。

（2）自治労の組織基本調査は、基本的には自治労加盟の単位組合が存在する地方自治体を中心とするもので、臨時・非常勤職員の実人員はこれより多いと思われる。なお、非正規公務員数の推移等については、拙著『非正規公務員の現在』日本評論社、二〇一五年、九五〜一九九頁の「第二部　歴史の中の非正規公務員」を参照。

（3）前田健太郎『市民を雇わない国家――日本が公務員の少ない国へと至った道』東京大学出版会、二〇一四年、二六二頁。

（4）スヴェン・スタインモ著／山崎由希子訳『政治経済の生態学』岩波書店、二〇一七年、六九〜七〇頁。

初出一覧

第1章　WEB論座連載「私は非正規公務員(5)」二〇一六年八月二二日
第2章　WEB論座連載「私は非正規公務員(7)」二〇一六年一一月二一日
第3章　WEB論座連載「私は非正規公務員(6)」二〇一六年九月二〇日
第4章　『生活協同組合研究』（五一二）二〇一八年九月、『地方公務員　安全と健康フォーラム』（一〇〇）二〇一七年一月
第5章　『DIGITAL　季刊現代の理論』（二三）二〇二〇年夏号
第6章　『都市問題』二〇一五年一〇月号
第7章　『月刊自治総研』二〇二〇年四月号
第8章　『公的扶助研究』（二五四）二〇一九年七月
第9章　『都市問題』二〇一六年七月号
第10章・第11章　『月刊自治総研』二〇一七年五月号
第12章・第13章　『月刊自治総研』二〇一七年七月号
第14章　『季刊労働法』二〇二〇年夏号

第15章　『月刊自治総研』二〇一六年六月号、『季刊労働法』二〇二〇年夏号
第16章　『月刊自治総研』二〇二〇年四月号、『議員NAVI　議員のためのウェブマガジン』二〇二〇年七月一〇日号

上林陽治（かんばやし・ようじ）
1960年　東京都に生まれる
1985年　國學院大學大学院経済学研究科博士課程前期（修士）修了
現在　公益財団法人地方自治総合研究所研究員（2007年〜）
関東学院大学兼任講師（2012年〜）

主な著作
『非正規公務員』日本評論社、2012年
『非正規公務員という問題』岩波ブックレット、2013年
『非正規公務員の現在——深化する格差』日本評論社、2015年
『会計年度任用職員のための働き方ガイドブック』第一法規、2019年
『未完の「公共私連携」——介護保険制度20年目の課題』（編著）
公人の友社、2020年

非正規公務員《ひせいきこうむいん》のリアル——欺瞞《ぎまん》の会計年度《かいけいねんど》任用職員制度《にんようしょくいんせいど》
●————2021年２月25日　第一版第一刷発行
2021年６月30日　第一版第二刷発行
著　者——上林陽治
発行所——株式会社　日本評論社
〒170-8474　東京都豊島区南大塚3-12-4　振替00100-3-16
電話03-3987-8621（販売）、-8631（編集）
https://www.nippyo.co.jp/
印刷所——精文堂印刷
製本所——難波製本
装　幀——神田程史

ISBN 978-4-535-55984-4